Goldmann Ratgeber Ⓖ

D1730194

Dr. Eva Marie von Münch

Eheschließung
Eheführung
Ehescheidung

Einführung in das neue
Ehe- und Scheidungsrecht

Mit den wichtigsten Gesetzesbestimmungen
in der ab 1. Juli 1977 geltenden Fassung

Originalausgabe

Wilhelm Goldmann Verlag

Gesamtauflage: 15 000

Made in Germany · 8/78 · 3. Auflage · 11115
© 1977, 1978 by Wilhelm Goldmann Verlag, München.
Umschlagentwurf: Creativ Shop, A. + A. Bachmann, München.
Satz und Druck: Presse-Druck Augsburg.
Verlagsnummer 10710 · Richter/Heiß
ISBN 3-442-10710-5

Inhalt

Dritter Teil:

Abkürzungen

Abs.	Absatz
Art.	Artikel
BGB	Bürgerliches Gesetzbuch
BGBl.	Bundesgesetzblatt
BGH	Bundesgerichtshof
EGBGB	Einführungsgesetz zum Bürgerlichen Gesetzbuch
EheG	Ehegesetz
FamRZ	Zeitschrift für das gesamte Familienrecht
GG	Grundgesetz für die Bundesrepublik Deutschland
HausratsVO	Hausratsverordnung
JWG	Jugendwohlfahrtsgesetz
JZ	Juristenzeitung
NJW	Neue Juristische Wochenschrift
OLG	Oberlandesgericht
PersStG	Personenstandsgesetz
RGBl.	Reichsgesetzblatt
StGB	Strafgesetzbuch
ZPO	Zivilprozeßordnung
Ziff.	Ziffer

Einleitung

Kaum ein Rechtsgebiet ist in den letzten Jahrzehnten so drastischen und grundsätzlichen Änderungen ausgesetzt gewesen wie das Ehe- und Scheidungsrecht. Der Grund hierfür liegt in der Wandlung der Struktur der Familie und im geänderten Verhältnis sowohl zwischen Mann und Frau als auch zwischen Eltern und Kindern. Emanzipation und Gleichberechtigung sind in der öffentlichen Diskussion zu Schlagworten geworden, die so häufig gebraucht werden, daß es mittlerweile schwerfällt festzustellen, was im Einzelfall damit gemeint ist. Im Bereich des Rechts hat die unter diesen Stichworten geführte Diskussion freilich zu ganz konkreten und handfesten Veränderungen geführt.

Noch zu Beginn dieses Jahrhunderts galt rechtlich wie tatsächlich der Grundsatz „Die Frau gehört ins Haus". In einer patriarchalischen Gesellschaft regierte der Mann: in der Politik, in der Wirtschaft, im geschäftlichen Leben, in der Familie. Die Rolle der Frau war die der Hausfrau, Mutter und Gattin. Alternativen dazu gab es kaum. Allenfalls konnte sie Lehrerin werden oder Gouvernante oder Hausmädchen oder Arbeiterin in einer Fabrik. Schon seit der Mitte des 19. Jahrhunderts hat sich die Frauenbewegung dagegen gewehrt und zunächst die Möglichkeit einer eigenen Berufstätigkeit und Ausbildung, später auch das Recht auf politische und rechtliche Gleichstellung der Frauen zu ihrem kämpferischen Ziel erklärt.

Das Ziel der Öffnung aller Berufe auch für Frauen wurde schrittweise verwirklicht. In Deutschland brachte die Weimarer Verfassung von 1919 das aktive und passive Wahlrecht für Frauen; ihr tatsächlicher Einfluß auf die Politik ist freilich bis heute relativ gering geblieben. Der Prozentsatz der weiblichen Abgeordneten war in der Nationalversammlung von 1919 sogar deutlich höher als heute: er betrug 1919 9,6%, im siebten Deutschen Bundestag dagegen nur 6,8%.

In der Weimarer Verfassung stand der Art. 119 Abs. 1: „Die Ehe beruht auf Gleichberechtigung der beiden Geschlechter." Dieser Satz war freilich nicht unmittelbar geltendes Recht; Juristen nannten ihn einen Programmsatz: erstrebenswert aber unverbindlich. So blieb denn auch das Eherecht unverändert: Ein Mann konnte den Arbeitsvertrag seiner Ehefrau kündigen, ohne sie auch nur zu fragen; hatte sie eigenes Vermögen, so verwaltete dies der Mann, er bestimmte auch, was mit ihren Einkünften geschehen sollte; nur ein Ehevertrag, dem beide Partner zustimmen mußten, konnte dies ändern. Auch in den Fragen der Kindererziehung bestimmte der Vater die Richtung, die Mutter hatte sich zu fügen. Ihr blieb nur der Rückzug in den Haushalt.

Erst das Grundgesetz für die Bundesrepublik Deutschland hat im Jahre 1949 in seinem Art. 3 die Gleichberechtigung zwischen Mann und Frau für unmittelbar geltendes Recht erklärt, mit der zusätzlichen Bestimmung des Art. 117, daß am 31. März 1953 alle Rechtsbestimmungen, die gegen den Gleichheitsgrundsatz der Verfassung verstießen, automatisch ihre Gültigkeit verloren. Gerade diese Bestimmung erwies sich als notwendig und sinnvoll: Da der Gesetzgeber untätig blieb, übernahmen es die Gerichte, die dem Gleichheitsgrundsatz widersprechenden Vorschriften Schritt für Schritt für verfassungswidrig und unwirksam zu erklären.

Erst 1957 ist mit dem Gleichberechtigungsgesetz diese inzwischen schon 4 Jahre alte Rechtsprechung in die einzelnen Gesetze – vor allem in das BGB – eingearbeitet worden. Sogar das Gleichberechtigungsgesetz sah für den Fall, daß Eltern sich bei der Kindererziehung nicht einigen können, den Stichentscheid des Vaters vor. Noch einmal war es das Bundesverfassungsgericht, das diese Bestimmung für verfassungswidrig und nichtig erklärt hat.

Im Jahre 1961 brachte das Familienrechtsänderungsgesetz eine Reihe von Neuerungen im Verhältnis zwischen Eltern und Kindern und eine Erschwerung der Scheidung zerrütteter Ehen durch die Änderung des § 48 EheG. Im Jahre 1970 wurde die rechtliche Stellung der nichtehelichen Kinder reformiert, und 1974 brachte das Gesetz zur Neuregelung des Volljährigkeitsalters einige Änderungen des Heiratsalters.

Mit dem Ersten Eherechtsreformgesetz vom 14. Juni 1976, das am 1. Juli 1977 in Kraft getreten ist, ist nun auch das Ehe- und Scheidungsrecht grundsätzlich neu geregelt worden. Im Bereich der persönlichen Ehewirkungen ist dieses Gesetz so etwas wie der Schlußstein der rechtlichen Durchsetzung des Gleichberechtigungsgebots des Grundgesetzes (das immerhin bald 30 Jahre alt wird). Im Scheidungsrecht waren es nicht so sehr Fragen der Gleichberechtigung oder Emanzipation der Frau, die im Vordergrund standen, hier bestand vielmehr schon lange die Überzeugung, daß eine Feststellung der Schuld nach dem Scheitern einer Ehe kaum möglich ist und daß deshalb auch die Scheidungsfolgen nicht aus einem solchen Schuldspruch abgeleitet werden sollten. Das bisher geltende Schuldprinzip wurde durch das Zerrüttungsprinzip ersetzt. Beim Unterhalt geschiedener Eheleute soll in Zukunft nicht mehr die Schuld, sondern der Schutz des wirtschaftlich schwächeren Partners Grundlage für die Unterhaltsansprüche sein.

Im folgenden wird in einem einführenden Teil zunächst das Recht der Eheschließung behandelt werden. Die rechtlichen Voraussetzungen einer gültigen Ehe, die Form einer Eheschließung und die Folgen einer nicht fehlerfrei zustande gekommenen Heirat sollen dabei nacheinander dargestellt werden. Im zweiten Teil wird das eigentliche Eherecht behandelt, vor allem also die Rechtspflichten zwischen Mann und Frau in der Ehe in persönlicher wie in finanzieller Hinsicht. Dabei wird vor allem auf die Veränderungen gegenüber dem bisher geltenden Recht hingewiesen. Schließlich wird im dritten Teil das neue Scheidungsrecht in seinen Grundzügen erläutert werden. Im Anhang findet der Leser die wichtigsten einschlägigen Bestimmungen des BGB, des Ehegesetzes und einiger anderer Gesetze.

Diese Darstellung des Ehe- und Scheidungsrechts kann keinen Anspruch auf absolute Vollständigkeit und wissenschaftliche Gründlichkeit erheben. Sie will den interessierten Laien in verständlicher Form mit dem neuen Recht bekannt machen und ihn in die Problematik einführen.

Erster Teil:

Eheschließungsrecht

I. Sachliche Voraussetzungen einer gültigen Ehe

Heiraten kann nur, wer ehefähig ist. Keinesfalls ehefähig sind dauernd Geistesgestörte und wegen Geisteskrankheit Entmündigte. Sie können überhaupt nicht heiraten (§ 2 EheG).

1. Heiratsalter

Seit dem neuen Volljährigkeitsgesetz, das am 1. Januar 1975 in Kraft getreten ist, können Männer und Frauen heiraten, wenn sie volljährig sind (§ 1 Abs. 1 EheG). Volljährig werden beide mit der Vollendung des 18. Lebensjahres. Grundsätzlich kann man also vom 18. Geburtstag an heiraten. Damit ist dem Gleichheitssatz des Grundgesetzes entsprechend die früher geltende unterschiedliche Behandlung von Mann und Frau weggefallen.

Von diesem Alterserfordernis kann das Vormundschaftsgericht einen der beiden Verlobten befreien, wenn der andere Verlobte bereits volljährig (also mindestens 18 Jahre alt) ist (§ 1 Abs. 2 EheG). Auch diese gesetzliche Vorschrift gilt für beide Geschlechter in gleicher Weise, es ist also unerheblich, ob eine bereits volljährige Frau einen minderjährigen Mann oder umgekehrt ein volljähriger Mann ein minderjähriges Mädchen heiraten möchte.

Das Vormundschaftsgericht kann freilich nur dann vom Alterserfordernis befreien, wenn der minderjährige Verlobte mindestens 16 Jahre alt ist. Nach dem bis zum 1. Januar 1975 geltenden alten Recht konnte eine Frau auch dann eine Befreiung vom Alterserfordernis erhalten, wenn sie jünger als 16 war. Das neue Recht hat also für Frauen eine Einschränkung der Ehefähigkeit gebracht: Nach dem jetzt geltenden § 1 Abs. 2 EheG können weder Mann noch Frau vor ihrem 16. Geburtstag heiraten. Es gibt hier keinerlei Ausnahmen.

Darüber, ob ein Verlobter vom Alterserfordernis befreit werden soll oder nicht, entscheidet das Vormundschaftsgericht. Es wird vor seiner Entscheidung zunächst prüfen, ob die Altersvoraussetzungen gegeben sind, ob also der minderjährige Verlobte bereits 16 Jahre alt und der Verlobte, den er heiraten will, mindestens 18 Jahre alt ist. Darüber hinaus wird das Vormundschaftsgericht prüfen, ob die beiden Verlobten für die Eheschließung reif genug sind, ob z. B. die geplante Heirat eher eine Trotzreaktion auf elterliche Erziehungsmaßnahmen oder eine bloße Kinderei ohne ernsthaften Hintergrund ist. Solche Fälle sind zwar nicht besonders häufig, sie kommen aber gelegentlich vor. Der Sinn der Vorschrift ist es, den minderjährigen heiratswilligen Verlobten vor einer unüberlegten Heirat zu schützen.

In der weitaus größten Zahl der Fälle, in denen beim Vormundschaftsgericht die Befreiung vom Alterserfordernis beantragt wird, ist der Grund eine Schwangerschaft. Wird nun das Vormundschaftsgericht bei einer bestehenden Schwangerschaft immer Befreiung erteilen? In aller Regel wird es dies wohl tun, wenn die *Frau* die jüngere ist und *sie* den Antrag auf Befreiung stellt. Durch diese Befreiung erhält sie die Möglichkeit, den Vater des Kindes zu heiraten, sie erwirbt dadurch einen Unterhaltsanspruch gegen ihn und damit die Chance, ihr Kind selbst zu versorgen und zu betreuen. Für eine Frau ist es heute, trotz aller rechtlichen Verbesserungen für nichteheliche Kinder, noch immer einfacher, ein Kind in einer Familie, auf der Grundlage einer Ehe großzuziehen. Eine alleinstehende Mutter mit einem nichtehelichen Kind ist zwar nicht mehr rechtlos oder gar geächtet – wie das in früheren Zeiten der Fall war –, ihre finanzielle persönliche Sicherung ist aber sehr viel schwächer als die einer verheirateten Frau. In den meisten Fällen wird der Vormundschaftsrichter einer minderjährigen schwangeren Frau die Befreiung vom Alterserfordernis nicht versagen. Nur wenn er den Eindruck hat, daß der Vater des Kindes ohnehin nicht für seine Familie sorgen werde, die Heirat also eher eine formale Angelegenheit ist, um der „Schande" einer nichtehelichen Geburt zu entgehen, kann es sein, daß er die Befreiung ablehnt. Sein Argument wird dann der Schutz der Minderjährigen sein.

Wenn umgekehrt die schwangere Frau über 18 Jahre alt und der Vater des Kindes noch minderjährig ist und er die Befreiung vom Alterserfordernis beantragt, wird die Entscheidung des Vormundschaftsgerichts abwägen müssen, ob die Befreiung im Interesse des minderjährigen jungen Mannes erteilt werden kann oder nicht. Daß er der Frau gegenüber unterhaltspflichtig wird, ist eine Belastung, die das Vormundschaftsgericht in manchen Fällen dazu bringen mag, die Befreiung abzulehnen, zumal bei ihm die Vorteile, die die schwangere Frau von einer Heirat hat, nicht vorliegen, es ist ja die Frau, die das Baby bekommt.

Kann also eine minderjährige schwangere Frau mit großer Wahrscheinlichkeit eine Befreiung vom Alterserfordernis bekommen, so ist es bei einem minderjährigen Mann eher zweifelhaft, und zwar gerade dann, wenn seine ältere Verlobte ein Kind erwartet. Der Grund für dieses Ergebnis liegt in der gegenwärtigen Familienstruktur, bei der nicht nur die Geburt, sondern auch die Pflege und Erziehung der Kinder ganz überwiegend als Sache der Frau angesehen wird. Diese Aufgabe macht eine Ehe ihr leichter, insofern ist die Ehe für sie eher ein Vorteil.

Die Befreiung vom Alterserfordernis gilt immer nur für die Eheschließung mit einem bestimmten Partner. Heiraten die Verlobten trotz der Befreiung vom Alterserfordernis doch nicht, so muß der Minderjährige für die Heirat mit einem neuen Partner erneut Befreiung beantragen.

Zuständig für die Befreiung ist das Vormundschaftsgericht (Amtsgericht), in dessen Bezirk der Minderjährige seinen Wohnsitz hat. Gegen die Ablehnung des Antrages können der minderjährige Verlobte und sein gesetzlicher Vertreter (normalerweise die Eltern, manchmal auch ein Vormund) Beschwerde einlegen, wenn sie die Entscheidung für falsch halten.

2. Einwilligung der Eltern

Sind beide Verlobte volljährig, so ist eine Zustimmung ihrer Eltern zur Heirat nicht erforderlich. 18jährige können also auch dann heiraten, wenn ihre Eltern gegen die Eheschließung sind; verbieten können Eltern ihren volljährigen Kindern eine Heirat nicht.

Ist jedoch einer der Verlobten noch minderjährig, so braucht er für eine Heirat nicht nur eine vormundschaftsgerichtliche Befreiung vom Alterserfordernis (davon haben wir bereits gesprochen), er muß außerdem die Einwilligung seines gesetzlichen Vertreters haben (§ 3 EheG). Das sind normalerweise beide Eltern, beim nichtehelichen Kind die Mutter, manchmal ein Vormund, unter Umständen ein Pfleger.

Verweigert der gesetzliche Vertreter die Einwilligung „ohne triftige Gründe, so kann der Vormundschaftsrichter sie auf Antrag des Verlobten, der der Einwilligung bedarf, ersetzen" (§ 3 Abs. 3 EheG). Das gleiche gilt für andere beschränkt Geschäftsfähige – also für wegen Geistesschwäche, Trunksucht oder Verschwendung Entmündigte oder unter vorläufiger Vormundschaft stehende Personen.

Ein Minderjähriger (oder aus anderen Gründen beschränkt Geschäftsfähiger) kann sich also mit Unterstützung des Vormundschaftsgerichtes über den Willen der Eltern oder seines Vormundes hinwegsetzen. Die Einwilligung des gesetzlichen Vertreters kann aber nur dann ersetzt werden, wenn sie *ohne triftigen Grund* verweigert wird. Was als triftiger Grund für die Verweigerung anzusehen ist und was nicht, richtet sich nach den Umständen des Einzelfalles. Die Entscheidung soll auch hier im Interesse des Minderjährigen, also zu seinem Wohl erfolgen. Danach können in geringerem Umfang und in zweiter Linie auch Interessen der Eltern oder der Familie berücksichtigt werden.

In einem Fall, in dem ein minderjähriges Mädchen einen mohammedanischen Arzt mit irakischer Staatsangehörigkeit heiraten wollte, ihr Vater aber seine Einwilligung verweigerte, kam das Gericht zu dem Schluß: „Das Vormundschaftsgericht hat ... dann einzugreifen, wenn sich die Entscheidung des Einwilligungsberechtigten bei Abwägung des Für und Wider nach sachgemäßer Auffassung nicht rechtfertigen läßt, wobei die (objektiven) Interessen des Kindes stets in erster Linie zu berücksichtigen sind." Wegen der bedeutenden und schwerwiegenden Unterschiede in der rechtlichen Stellung der Frau nach mohammedanischer Tradition im irakischen Recht gegenüber europäischen Rechtsordnungen meinte das Gericht, die Verweigerung der Einwilligung durch den Vater sei objektiv gerechtfertigt (FamRZ 1963, S. 443).

Antragsberechtigt ist der Minderjährige selbst. Die Eltern sind vor der Entscheidung des Gerichts zu hören (§ 1695 BGB). Sowohl die Eltern als auch der Minderjährige können gegen die Entscheidung sofortige Beschwerde einlegen.

3. Eheverbote

Das Ehegesetz nennt in seinen Paragraphen 4 bis 10 eine Reihe von Tatbeständen, die einer Eheschließung entgegenstehen, und bei deren Vorliegen der Standesbeamte die Trauung, ja schon vorher die Bestellung des Aufgebotes ablehnen wird. Das Gesetz nennt diese Tatbestände Eheverbote.

Verboten ist die Ehe zwischen *Verwandten in gerader Linie,* also von allen Personen, deren eine von der anderen abstammt wie Eltern, Kinder und Großeltern usw. Verboten ist außerdem eine Ehe zwischen *Geschwistern* und zwischen *Verschwägerten* in gerader Linie (§ 4 Abs. 1 EheG). Erlaubt ist danach eine Ehe zwischen Vettern und Kusinen (sie sind nicht in gerader Linie verwandt), ebenso zwischen Onkel und Nichte. Erlaubt ist auch eine Ehe zwischen Kindern, die in derselben Familie aufwachsen, wenn Mann und Frau beide bereits Kinder in die Ehe mitgebracht haben; sie sind nicht Geschwister, denn sie haben keine gemeinsamen Vorfahren. Bringt jedoch nur ein Elternteil ein Kind mit in die Ehe, so ist eine Ehe zwischen diesem Kind und den späteren gemeinsamen Kindern verboten, denn sie sind halbblütige Geschwister, weil sie ein Elternteil gemeinsam haben. Für *Adoptivkinder* gilt grundsätzlich das gleiche wie für andere leibliche Kinder. Seit dem neuen Adoptionsrecht werden sie mit den Adoptiveltern und deren Verwandten verwandt – genau wie leibliche Kinder. Eine Ehe zwischen einem Adoptivkind und einem Adoptivelternteil wird jedoch dann möglich, wenn das Adoptionsverhältnis aufgelöst wird (§ 7 EheG).

Vom Eheverbot der Schwägerschaft kann das Vormundschaftsgericht Befreiung erteilen (§ 4 EheG). Die Befreiung soll in der Regel erteilt und nur dann versagt werden, *wenn wichtige Gründe* der Eheschließung entgegenstehen. Einen solchen wichtigen Grund nehmen die Gerichte immer dann an, wenn die Ehe nach den Umständen des Einzelfalls als widernatürlich und dem sittlichen Wesen der Ehe widersprechend anzusehen ist.

So hat das Gericht in einem Fall, in dem ein geschiedener Mann die nichteheliche sehr viel jüngere Tochter seiner geschiedenen Frau heiraten wollte, die Befreiung nicht erteilt (FamRZ 1963, S. 248), obwohl das Mädchen bereits ein Kind von ihrem ehemaligen Stiefvater hatte. Es erschien dem Gericht „anstößig", daß durch die geplante Eheschließung das Verhältnis Stiefvater–Stieftochter zu einem Ehegattenverhältnis geworden wäre und daß das Mädchen damit zur Stiefmutter ihrer fünf Halbgeschwister geworden wäre, die ihre Mutter aus der geschiedenen Ehe mit dem Mann hatte.

Eine Befreiung vom Eheverbot der Verwandtschaft gibt es nicht bei echten Blutsverwandten. Der Grund für dieses Verbot liegt in medizinischen, die Erbanlagen betreffenden Erwägungen. Für *Adoptivgeschwister*, die zwar rechtlich verwandt, aber nicht blutsverwandt sind, gelten solche Erwägungen nicht. Für sie ist deshalb eine Befreiung von diesem Eheverbot durch das Vormundschaftsgericht möglich (§ 7 Abs. 2 EheG).

Verboten ist eine Ehe mit jemandem, der bereits (oder noch) verheiratet ist (§ 5 EheG). Eine Befreiung von diesem Eheverbot ist nicht möglich, im Gegenteil – eine Doppelehe ist nicht nur verboten, sie ist auch strafbar (§ 171 StGB). Eine Eheschließung wird jedoch möglich, sobald die frühere Ehe aufgehoben, für nichtig erklärt oder geschieden ist.

Für Frauen besteht ein Eheverbot, wenn sie verheiratet gewesen sind, für die ersten 10 Monate nach Auflösung oder Nichtigerklärung ihrer früheren Ehe. Der Grund für diese Bestimmung liegt darin, daß die Rechtsstellung eines etwa noch aus der früheren Ehe stammenden Kindes nicht verändert werden soll. Von diesem Eheverbot kann der Standesbeamte (in diesem Fall also nicht wie sonst das Vormundschaftsgericht) Befreiung erteilen. Diese Befreiung soll der Standesbeamte nur versagen, wenn ihm bekannt ist, daß die Frau von ihrem früheren Mann schwanger ist.

Nach § 9 EheG benötigt jemand, der ein Kind hat, für dessen Vermögen er sorgt oder das unter seiner Vormundschaft steht, sowie jemand, der mit einem Abkömmling, der minderjährig ist oder unter Vormundschaft steht, im Güterstand der fortgesetzten Gütergemeinschaft lebt, zur Eingehung einer Ehe ein Zeugnis des Vormundschaftsrichters darüber, daß er alle Pflichten, die aus der Vermögensverwaltung sich ergeben, erfüllt hat. Das Kind soll dadurch vor finanziellen Nachteilen bei der Wiederverheiratung seiner Eltern geschützt werden.

Möchte ein deutscher Staatsangehöriger eine Ausländerin oder umgekehrt eine Deutsche einen Ausländer in Deutschland heiraten, so wird die Eingehung der Ehe für jeden Verlobten nach den Gesetzen seines Heimatstaates beurteilt (Art. 13 EGBGB). Für den Deutschen gilt also deutsches Recht, für den Ausländer das Recht seines Heimatstaates. Für den Deutschen gelten mithin die Erfordernisse des deutschen Rechts; für den Ausländer dagegen gelten die Eheverbote seines Heimatrechts.

Wenn ein Ausländer vor einem deutschen Standesbeamten heiraten will, so bestimmt daher § 10 EheG, daß er ein Zeugnis der inneren Behörden seines Heimatlandes vorlegen muß, aus dem sich ergibt, daß der Eheschließung nach den Gesetzen dieses Heimatlandes kein Ehehindernis entgegensteht. Von diesem Erfordernis kann Befreiung erteilt werden; sie soll jedoch nur Staatenlosen und Staatsangehörigen solcher Staaten erteilt werden, deren Behörden keine Ehefähigkeitszeugnisse ausstellen. Dazu gehören: Argentinien, Belgien, Brasilien, Bulgarien, Frankreich, Griechenland, Indien, der Iran, Mexiko, Rumänien, die Sowjetunion.

In besonderen Fällen darf die Befreiung auch Angehörigen anderer Staaten erteilt werden. Zuständig für die Befreiung ist der Oberlandesgerichtspräsident, in dessen Bezirk die Ehe geschlossen werden soll.

II. Form der Eheschließung

1. Aufgebot

Wer heiraten will, muß zunächst einmal ein Aufgebot bestellen (§ 12 EheG). Die Verlobten müssen dem Standesbeamten, in dessen Bezirk einer von ihnen seinen Wohnsitz oder seinen gewöhnlichen Aufenthalt hat, ihre Geburtsurkunden, beglaubigte Abschriften des Familienbuches oder Auszüge daraus vorlegen. Der Standesbeamte prüft dann, ob der Heirat ein Ehehindernis entgegensteht (vgl. hierzu S. 15 ff.). Stehen Ehehindernisse entgegen, so lehnt der Standesbeamte das Aufgebot ab, die beiden dürfen ja dann nicht oder noch nicht heiraten. Stellt er kein Ehehindernis fest, so erläßt er das Aufgebot; es wird eine Woche lang öffentlich ausgehängt (§ 3 PersStG). Dadurch soll die beabsichtigte Eheschließung bekannt gemacht werden und Personen, die dagegen Einwendungen erheben zu können glauben, die Möglichkeit gegeben werden, diese dem Standesamt mitzuteilen. Das Aufgebot soll also zur Feststellung etwa bestehender Eheverbote dienen. In der Großstadt erfüllt es seinen Zweck heute praktisch nicht mehr, es ist aber dennoch Voraussetzung für eine Eheschließung.

Ein Aufgebot behält seine Wirkung für 6 Monate. Ist bis dahin die Eheschließung nicht erfolgt, so muß – wenn die Verlobten später heiraten wollen – ein neues Aufgebot bestellt werden. Ohne Aufgebot ist eine Heirat dann möglich, „wenn die lebensgefährliche Erkrankung eines der Verlobten den Aufschub der Eheschließung nicht gestattet" oder wenn der Standesbeamte vom Erfordernis des Aufgebots Befreiung erteilt (§ 12 EheG).

2. Obligatorische Zivilehe

Nach § 13 EheG wird eine Ehe dadurch geschlossen, daß die Verlobten vor dem Standesbeamten persönlich und bei gleichzeitiger Anwesenheit erklären, die Ehe miteinander eingehen zu wollen.

Das ist der Grundsatz der obligatorischen Zivilehe. Er besagt, daß eine kirchliche Trauung ohne rechtliche Bedeutung ist. Rechtswirksam heiraten kann man nur vor dem Standesbeamten. Sonst kommt eine rechtsgültige Ehe nicht zustande.

Eine Ausnahme von diesem Grundsatz gilt nach § 15a EheG nur dann, wenn keiner der Verlobten deutscher Staatsangehöriger ist. *Ausländer* können „vor einer von der Regierung des Landes, dessen Staatsangehörigkeit einer der Verlobten besitzt, ordnungsgemäß ermächtigten Person in der von den Gesetzen dieses Landes vorgeschriebenen Form" heiraten. Eine solche „ordnungsgemäß ermächtigte Person" kann auch ein Priester sein, wie nach griechischem oder spanischem Recht. Doch muß auch in diesem Fall der Priester von der Regierung des auswärtigen Staates zur Vornahme von Eheschließungen ermächtigt sein. Auch Griechen und Spanier können daher nicht vor jedem beliebigen Priester allein auf Grund seiner kirchlichen Zuständigkeit heiraten. In diesen Fällen empfiehlt sich die vorherige Nachfrage bei einem Konsulat oder bei der Botschaft des betreffenden Staates.

Zuständig für eine Eheschließung nach deutschem Recht ist nach § 15 EheG der Standesbeamte, in dessen Bezirk einer der Verlobten seinen Wohnsitz oder seinen gewöhnlichen Aufenthalt hat. Hat keiner der Verlobten einen Wohnsitz oder seinen gewöhnlichen Aufenthalt im Inland, so sind die Standesbeamten des Standesamtes I in Berlin und der Hauptstandesämter München, Baden-Baden und Hamburg zuständig.

Bei der Trauung soll der Standesbeamte die Verlobten einzeln und nacheinander in Gegenwart von zwei Zeugen fragen, ob sie miteinander die Ehe eingehen wollen. Bejahen sie das, so soll er „im Namen des Rechts aussprechen, daß sie nunmehr rechtmäßig verbundene Eheleute" sind. Dann wird die Eheschließung in das Familienbuch eingetragen.

Als Ausnahme von dieser Vorschrift gab es während des Krieges auch ohne gleichzeitige Anwesenheit vor einem Standesbeamten die Möglichkeit der *Ferntrauung*. Danach konnten Wehrmachtsangehörige, die infolge des Krieges nicht vor dem Standesbeamten erscheinen konnten, ihren Willen, die Ehe einzugehen, auch zur Niederschrift des Bataillonskommandeurs erklären.

III. Folgen fehlerhafter Eheschließung

Wir haben gesehen, daß für eine Eheschließung eine Reihe von formellen Voraussetzungen vorliegen muß und daß es eine ganze Anzahl von Eheverboten gibt, von denen man jedoch unter gewissen Voraussetzungen befreit werden kann. Daran knüpft sich nun die Frage: Was geschieht, wenn eine oder mehrere Formalitäten nicht beachtet worden sind – wenn also beispielsweise kein Aufgebot erlassen worden ist oder kein Standesbeamter mitgewirkt hat –, und was geschieht, wenn der Standesbeamte ein Eheverbot nicht bemerkt und die Verlobten trotz einer bereits bestehenden Ehe oder trotz einer bestehenden Schwägerschaft getraut hat?

Auf diese Fragen gibt es keine einheitliche Antwort. Je nachdem, welche Voraussetzung gefehlt hat, ist auch die Rechtsfolge, die unsere Rechtsordnung dafür bereithält, verschieden:

1. Die Nichtehe

Es gibt wesentliche Voraussetzungen für eine rechtlich wirksame Eheschließung und Ehehindernisse, die eine Ehe gar nicht erst zustande kommen lassen. Liegt eine solche wesentliche Voraussetzung nicht vor oder bestand ein absolutes Eheverbot, so liegt eine Nichtehe vor. Das Fehlen anderer Voraussetzungen und das Vorliegen anderer Eheverbote führen zur Vernichtbarkeit der Ehe (man spricht hier auch von „nichtigen Ehen", diese sind also etwas anderes als Nichtehen), wieder andere führen zur Aufhebbarkeit der Ehe, und schließlich berühren manche den Bestand einer dennoch geschlossenen Ehe überhaupt nicht.

Eine Nichtehe liegt vor, wenn die Eheschließung nicht vor einem Standesbeamten stattgefunden hat (§ 11 EheG). Dann ist überhaupt keine Ehe geschlossen worden, die beiden Verlobten sind weiterhin unverheiratet. Eine Ausnahme gilt nach § 11 Abs. 2 EheG dann, wenn jemand ohne Standesbeamter zu sein das Amt eines Standesbeamten öffentlich ausübt und die Ehe in das Familienbuch eingetragen hat. Dann kommt eine vollgültige Ehe zustande, obwohl kein Standesbeamter mitgewirkt hat. Heiraten die Verlobten aber nur vor einem Geistlichen, so sind sie rechtlich nicht verheiratet. Standesbeamter ist in der Regel der Bürgermeister, in größeren Gemeinden und Städten sind besondere Beamte als Standesbeamte bestellt. Ein Standesbeamter, der nicht in dem Bezirk tätig wird, für den er als Standesbeamter bestellt wurde, ist für die Trauung nicht zuständig, also nicht Standesbeamter im Sinne des Gesetzes. Wollen sich also die Verlobten beispielsweise von einem Verwandten trauen lassen, der Standesbeamter ist, so kann er das nur in dem Bezirk tun, für den er bestellt ist.

Weitere Fälle der Nichtehe liegen vor, wenn zwei Personen gleichen Geschlechts geheiratet haben, denn begrifflich ist eine Ehe nur zwischen Personen verschiedenen Geschlechts möglich. Heiraten also zwei Männer oder zwei Frauen, so handelt es sich um eine Nichtehe, und zwar auch dann, wenn die Eheschließung vor einem Standesbeamten stattgefunden hat und in das Familienbuch eingetragen worden ist.

2. Die nichtige Ehe

Im Unterschied zur Nichtehe ist eine nichtige oder vernichtbare Ehe zunächst so zu behandeln, als wäre sie wirksam. Nach § 23 EheG kann sich niemand auf die Nichtigkeit einer Ehe berufen, solange sie nicht durch ein gerichtliches Urteil für nichtig erklärt worden ist. Erst das Nichtigkeitsurteil macht eine Ehe von Anfang an unwirksam. Sie ist zu unterscheiden von der Aufhebung der Ehe und von der Scheidung. Die Nichtigerklärung wirkt rückwirkend auch für die Vergangenheit, die Aufhebung und die Scheidung wirken nur für die Zukunft, für die Vergangenheit hat die Ehe bestanden. Aber auch eine nichtige Ehe ist nicht ganz ohne Rechtsfolgen. Vor allem sind Kinder aus einer für nichtig erklärten Ehe eheliche Kinder (§ 1591 BGB), dagegen sind Kinder aus einer Nichtehe nicht ehelich.

Nichtigkeitsgründe

Nichtig ist eine Ehe, wenn die Verlobten nicht persönlich und bei gleichzeitiger Anwesenheit vor einem Standesbeamten erklärt haben, die Ehe miteinander eingehen zu wollen (§ 17 EheG). Nichtig ist also z. B. die Eheschließung, wenn einer der Verlobten nicht persönlich anwesend war, sondern nur einen Stellvertreter oder einen Boten geschickt hat. Nichtig ist sie auch dann, wenn eine Erklärung, die Ehe miteinander eingehen zu wollen, gar nicht abgegeben wurde, oder wenn diese Erklärung unter einer Bedingung oder einer Zeitbestimmung abgegeben worden ist. – Nach § 17 Abs. 2 EheG ist jedoch die Ehe trotz dieser Formmängel als von Anfang an gültig anzusehen, wenn nach der Eheschließung die Ehegatten 5 Jahre miteinander gelebt haben und keiner der beiden Nichtigkeitsklage erhoben hat. Ist einer von ihnen vor Ablauf dieser 5 Jahre gestorben, so gilt das gleiche, falls beide bis zu seinem Tod mindestens 3 Jahre miteinander wie Ehegatten gelebt haben.

Nichtig ist eine Ehe nach § 18 EheG, wenn zur Zeit der Eheschließung einer der beiden Ehegatten geschäftsunfähig oder einer der Ehegatten bei der Eheschließung bewußtlos oder vorübergehend geistesgestört war. – Auch diese Ehe ist jedoch als von Anfang an gültig anzusehen, wenn der Geschäftsunfähige, Bewußtlose oder Geistesgestörte nach Wegfall dieser Störung zu erkennen gibt, daß er die Ehe fortsetzen will.

Nichtig ist nach § 20 EheG eine Ehe ferner dann, wenn einer der beiden Ehegatten zur Zeit der Eheschließung mit einem Dritten wirksam verheiratet war. Dies gilt auch dann, wenn die Ehe später aufgelöst worden ist. Wer also entgegen dem Eheverbot der Doppelehe heiratet, schließt eine nichtige Ehe. Eine Ausnahme gilt nach § 38 EheG nur, wenn einer der beiden Ehegatten zwar bereits verheiratet ist, sein erster Ehegatte aber für tot erklärt ist und (ohne daß dies die beiden Ehegatten bei der Eheschließung wissen) dennoch lebt. Dann wird mit der Schließung der neuen Ehe die frühere Ehe aufgelöst und bleibt auch aufgelöst, wenn die Todeserklärung aufgehoben wird. Der überlebende Ehegatte kann in diesem Fall aber auch die neue Ehe aufheben lassen, jedoch nur, wenn er zu seinem früheren Ehegatten zurückkehren und ihn wieder heiraten will (§§ 38 und 39 EheG).

Schließlich ist eine Ehe dann nichtig, wenn sie – entgegen dem Verbot nach § 4 EheG – zwischen Verwandten und Verschwägerten geschlossen wird. Die Ehe zwischen Verwandten ist unheilbar nichtig, die Ehe zwischen Verschwägerten ist als von Anfang an gültig anzusehen, wenn die Befreiung von diesem Eheverbot nachträglich erteilt wird.

Die Nichtigkeitsgründe sind im Ehegesetz abschließend aufgeführt, d. h. andere Nichtigkeitsgründe als die hier aufgezählten gibt es nicht. Dies bedeutet: Sofern nicht eine Nichtehe vorliegt oder einer der eben dargestellten Nichtigkeitsgründe gegeben ist, ist eine Ehe geschlossen, also voll gültig. Es kann allerdings sein, daß sie für die Zukunft auflösbar ist. Eine Reihe von Formmängeln bei der Eheschließung führt nämlich weder dazu, daß eine Nichtehe vorliegt, noch dazu, daß die Ehe vernichtbar (nichtig) ist, sondern sie führt lediglich zur Aufhebbarkeit der Ehe.

3. Die aufhebbare Ehe

Die Aufhebung einer Ehe ist im Unterschied zur Nichtigerklärung eine Form der Auflösung für die Zukunft. Auch sie erfolgt durch gerichtliches Urteil. Im Unterschied zum Nichtigkeitsurteil, das eine Ehe rückwirkend – wenn auch mit Einschränkungen, insbesondere hinsichtlich der Kinder – beseitigt, löst ein Aufhebungsurteil die Ehe nur für die Zukunft auf, für die Vergangenheit bleibt sie in vollem Umfang bestehen. Von der Scheidung unterscheidet sich die Aufhebung nicht in ihrer Rechtswirkung – beide lösen die Ehe für die Zukunft auf –, wohl aber in ihren Voraussetzungen. Bei der Eheaufhebung werden solche Mängel berücksichtigt, die zur Zeit der Eheschließung bereits bestanden haben, bei der Scheidung dagegen werden später eingetretene Umstände berücksichtigt.

Aufhebungsgründe

Auch die Aufhebungsgründe sind im Ehegesetz abschließend geregelt, d. h. andere als die dort vorgesehenen Aufhebungsgründe gibt es nicht.

Eine Ehe ist aufhebbar, wenn sie ohne (vorherige oder später erfolgte) Zustimmung des gesetzlichen Vertreters geschlossen wurde, wenn die Eheschließung auf einem Irrtum beruhte oder wenn ein Ehegatte durch arglistige Täuschung oder durch Drohung zur Eheschließung bestimmt worden ist; sie ist außerdem aufhebbar, wenn ein für tot erklärter Ehegatte, dessen Ehepartner erneut geheiratet hat, wieder auftaucht.

Die ersten drei der genannten Aufhebungsgründe sollen nun ausführlicher dargestellt werden:

Wenn ein Ehegatte bei der Eheschließung *beschränkt geschäftsfähig* war, wenn er noch *minderjährig* war, und *der gesetzliche Vertreter nicht zugestimmt hatte,* so ist die Ehe aufhebbar (§ 30 EheG). Solange die beschränkte Geschäftsfähigkeit noch besteht, kann nur der gesetzliche Vertreter die Aufhebung verlangen. Problematisch kann ein solcher Fall werden, wenn die beiden Ehegatten selbst an der Ehe festhalten wollen, der gesetzliche Vertreter aber gegen den Willen der Ehegatten die Aufhebung betreibt. Für diesen Fall bestimmt § 30 Abs. 3 EheG: „Verweigert der gesetzliche Vertreter die Genehmigung ohne triftige Gründe, so kann der Vormundschaftsrichter sie auf Antrag eines Ehegatten ersetzen" (vgl. dazu oben S. 18). Die Aufhebung ist ausgeschlossen, wenn der gesetzliche Vertreter die Ehe nachträglich genehmigt oder der Ehegatte, nachdem er unbeschränkt geschäftsfähig geworden ist, zu erkennen gegeben hat, daß er die Ehe fortsetzen will (§ 30 Abs. 2 EheG).

§ 31 EheG enthält zunächst die folgenden drei *Aufhebungsgründe wegen Irrtums*: Ein Ehegatte kann die Aufhebung der Ehe verlangen, wenn er bei der Eheschließung entweder nicht gewußt hat, daß es sich um eine Eheschließung handelt, oder wenn er das zwar wußte, aber eine Eheschließungserklärung nicht hat abgeben wollen, oder wenn er sich über die Person des anderen Ehegatten geirrt hat, wenn also eine Personenverwechslung vorgelegen hat. Alle drei Fälle sind äußerst selten; die Bestimmung hat daher keine große Bedeutung. – Sehr viel größer ist im Gegensatz dazu die praktische Bedeutung von § 32 EheG. Danach kann ein Ehegatte dann die Aufhebung der Ehe begehren, wenn er sich *über persönliche Eigenschaften des anderen Ehegatten geirrt* hat, die ihn bei Kenntnis der Sachlage und bei verständiger Würdigung des Wesens der Ehe von der Eheschließung abgehalten hätten. Welche persönlichen

Eigenschaften das sein können, ist von der Rechtsprechung näher bestimmt worden. Erstens geht man davon aus, daß eine bestimmte Eigenschaft objektiv geeignet sein muß, jemanden von einer Ehe abzuhalten, zweitens muß aber auch ein subjektives Merkmal hinzukommen: gerade diese Eigenschaft müßte auch diesen bestimmten Ehegatten bei Kenntnis der Sachlage von der Eheschließung abgehalten haben.

Beispiel: Impotenz des Mannes und Unfruchtbarkeit der Frau sind nach der Rechtsprechung objektiv geeignet, den anderen von der Ehe abzuhalten. Subjektiv wird das im Normalfall auch so sein; heiratet aber ein 80jähriger eine 75jährige, so wird die subjektive Voraussetzung in der Regel fehlen, weil diese persönlichen Eigenschaften ohnehin nicht vorausgesetzt werden können.

Auch ein Irrtum über andere körperliche Eigenschaften, wie unheilbare Krankheiten, Trunksucht, abartige sexuelle Veranlagung, über das Alter des Partners oder über seine Charaktereigenschaften können zur Aufhebung der Ehe berechtigen.

In einem vom Bundesgerichtshof entschiedenen Fall hatte ein Bauer eine Frau geheiratet, die an krankhafter Schlafsucht litt. Durch diese Krankheit kam es bei ihr häufig während der Arbeit auf dem Feld, im Stall oder in der Küche zu krankhaften Schlafanfällen, manchmal mehrmals am Tag. Der Bundesgerichtshof meint, bei verständiger Würdigung des Wesens der Ehe hätte diese Eigenschaft der Frau den Mann von der Heirat abgehalten. Krankhafte Schlafsucht sei objektiv eine körperliche Eigenschaft, die geeignet sei, jemanden von der Eingehung der Ehe abzuhalten, und auch subjektiv könne nach den Lebensverhältnissen des Mannes diese Eigenschaft der Frau nur als störend empfunden werden. Denn auf dem Lande sei die Ehegemeinschaft eine Arbeitsgemeinschaft. Kein Bauer werde eine Frau heiraten, die keine Hilfe, sondern eine Last sei (NJW 1957, S. 1517).

Die fehlende Jungfräulichkeit ist nach der Rechtsprechung normalerweise kein Eheaufhebungsgrund; sie kann aber im Zusammenhang mit einem vorehelichen unsittlichen Lebenswandel, von dem der andere Ehegatte nichts wußte, erheblich sein.

Glaubte der Mann bei Eheschließung, die Frau erwarte ein Kind von ihm, und stellt sich nach der Geburt heraus, daß das Kind von einem anderen Mann stammte, so kann er Aufhebung der Ehe verlangen (FamRZ 1966, S. 150).

Zu den persönlichen Eigenschaften, die zur Eheaufhebung berechtigen, zählen grundsätzlich nicht die Vermögensverhältnisse des Partners, seine Staatsangehörigkeit, seine Rasse, seine Konfession, seine Familienverhältnisse und andere äußere Umstände. Diese können jedoch unter Umständen dann zur Aufhebung berechtigen, wenn zugleich eine *arglistige Täuschung* vorliegt. Nach § 33 EheG kann nämlich ein Ehegatte die Aufhebung der Ehe begehren, wenn er zur Eingehung der Ehe durch arglistige Täuschung über solche Umstände bestimmt worden ist, die ihn bei Kenntnis der Sachlage und bei richtiger Würdigung des Wesens der Ehe von der Eingehung der Ehe abgehalten hätten. Hier kommt es nicht auf besondere persönliche Eigenschaften an, es genügt die Täuschung über irgendwelche Umstände, die den Ehegatten von der Eheschließung abgehalten hätten. Ausgeschlossen als Aufhebungsgrund ist allerdings nach § 33 Abs. 3 EheG die Täuschung über die Vermögensverhältnisse. Dagegen kann die Täuschung über die Familienverhältnisse, über Vorstrafen, über das Bestehen einer Schwangerschaft und ähnliches berücksichtigt werden. Erforderlich ist aber, daß der andere getäuscht wurde. Es reicht nicht, wie beim Irrtum über persönliche Eigenschaften (§ 32 EheG), daß ein Ehegatte sich irrt, der Irrtum muß vielmehr vom anderen Ehegatten durch Vorspiegelung falscher Tatsachen oder durch Entstellung des wahren Sachverhalts arglistig herbeigeführt worden sein. Arglist wird nicht dadurch ausgeschlossen, daß der Täuschende durch Aufregung, Ängstlichkeit oder Scham zur Täuschung veranlaßt wurde. Also auch eine Verlobte, die ihrem Verlobten aus Scham ihre vorehelichen Beziehungen zu einem anderen Mann verschweigt, handelt arglistig, wenn sie auf seine Frage eine unrichtige Antwort gibt. Entscheidend ist, daß der Täuschende selbst davon ausging, der andere würde ihn bei Kenntnis der vollen Wahrheit nicht heiraten wollen. Verschweigen allein genügt meistens nicht.

Nur wenn nach den Umständen eine sogenannte Offenbarungspflicht anzunehmen ist, ist schon das bloße Verschweigen als arglistige Täuschung anzusehen. Eine solche Offenbarungspflicht kann sich dann ergeben, wenn der andere ausdrücklich nach bestimmten Dingen fragt, sie kann aber auch aus sonstigen Umständen folgen. So geht man davon aus, daß eine frühere Ehe, etwa vorhandene Kinder und ähnliche für die persönlichen Verhältnisse gerade in bezug auf eine Eheschließung wesentliche Umstände mitgeteilt werden müssen und nicht verschwiegen werden dürfen.

So ist in einem Fall, in dem die Frau ihrem Mann verschwiegen hatte, daß auch ein anderer Mann als Erzeuger des von ihr erwarteten Kindes in Frage kam, die Ehe wegen arglistiger Täuschung für aufhebbar angesehen worden.

Eine Aufhebung der Ehe ist nach § 34 EheG schließlich auch möglich, wenn ein Ehegatte zur Eingehung der Ehe widerrechtlich durch *Drohung* bestimmt worden ist.

In allen Fällen der Aufhebbarkeit wegen Irrtums, arglistiger Täuschung oder Drohung ist die Aufhebung jedoch dann ausgeschlossen, wenn der Irrende, Getäuschte oder Bedrohte nach Wegfall dieser Umstände zu erkennen gegeben hat, daß er die Ehe fortsetzen will. Ob der andere die Ehe fortsetzen will, ist dagegen für die Aufhebbarkeit ohne Bedeutung.

Wir haben gesehen: Die genannten Aufhebungs- und Nichtigkeitsgründe sind im EheG abschließend aufgezählt. Das bedeutet, daß in allen anderen Fällen eine Ehe rechtswirksam zustande gekommen, also voll gültig ist. Die anderen Eheverbote und formalen Voraussetzungen bewirken zwar, daß der Standesbeamte eine Eheschließung nicht vornehmen darf und sie daher in der Regel auch ablehnen wird, ein Verstoß gegen diese Verbote berührt die Wirksamkeit der Ehe aber nicht.

Eine Ehe ist z. B. voll gültig, auch wenn das Auseinandersetzungszeugnis nach § 9 EheG nicht vorgelegen hat; das gleiche gilt, wenn ein Aufgebot nicht erlassen worden ist, wenn die Zeugen gefehlt haben und wenn der Standesbeamte die Frage an die Eheleute, ob sie die Ehe miteinander eingehen wollen, vergessen haben sollte.

Auch eine zwischen einem Adoptivelternteil und dem Adoptivkind dem Eheverbot des § 7 EheG zuwider geschlossene Ehe ist gültig. Nach § 1766 BGB wird jedoch mit der Eheschließung das Adoptionsverhältnis kraft Gesetzes aufgelöst. Heiratet also ein Mann seine Adoptivtochter, ohne das Adoptionsverhältnis vorher zu lösen, so wird sie seine Frau, hört aber zugleich auf, seine Tochter zu sein.

Zweiter Teil:

Eheführung (Eherecht)

Die vom Grundgesetz geforderte Gleichberechtigung der Frau ist im bisher geltenden Eherecht nicht voll verwirklicht gewesen. Es war eines der Ziele des Ersten Eherechtsreformgesetzes vom 14. Juni 1976, diese letzten Reste der rechtlichen Diskriminierung der Frauen zu beseitigen. Die Änderungen betreffen zunächst das *Namensrecht* (vgl. dazu unten unter I.). Sie betreffen außerdem die *Einzelheiten des persönlichen Zusammenlebens,* wie Haushaltsführung, Berufstätigkeit und Beitrag zum Familienunterhalt; diese Bestimmungen gelten für alle Ehen, auch für diejenigen, die vor Inkrafttreten des neuen Rechts, also vor dem 1. Juli 1977, geschlossen worden sind.

I. Ehename, Wohnsitz, Staatsangehörigkeit

Ehepaare führen einen gemeinsamen Familiennamen: den **Ehenamen.** Bisher galt es als selbstverständlich, daß bei einer Heirat die Frau den Namen wechselte, daß aus „Fräulein Müller" eine „Frau Schulze" wurde. Das war gesetzlich festgelegt. Auch nach dem jetzt geltenden neuen Recht haben Ehegatten einen gemeinsamen Familiennamen, dieser muß freilich bei Ehen, die nach dem 30. Juni 1976 geschlossen worden sind, nicht unbedingt der Name des Mannes sein. Familienname eines Ehepaares kann jetzt auch der Mädchenname der Frau sein, so daß der Mann bei der Heirat den Namen wechselt (§ 1355 BGB). *Wenn die Verlobten den Namen der Frau zum Familiennamen machen wollen, so müssen sie das bei der Heirat dem Standesbeamten gegenüber erklären.* Erklären sie nichts oder können sie sich nicht einigen, so wird der Name des Mannes Ehename. Insofern besteht noch eine leichte traditionell begründete Präferenz für den Namen des Mannes.

Derjenige Ehegatte, dessen Namen nicht Ehename wird *(und nur er),* kann einen Doppelnamen führen: Er kann dem Ehenamen seinen Geburtsnamen oder den zur Zeit der Eheschließung geführten Namen voranstellen. Heiratet also die verwitwete Frau Bolte (geborene Müller) den Herrn Meier und soll der gemeinsame Ehename Meier sein, so kann die Frau sich entweder Bolte-Meier oder Müller-Meier nennen. Den Doppelnamen trägt aber nur sie allein. Er erstreckt sich nicht auf den Ehegatten und auch nicht auf gemeinsame Kinder. Frauen, die nach bisher geltendem Recht dem Ehenamen (der bisher immer der Name des Mannes war) ihren Mädchennamen hinzugefügt hatten, können diesen Namen weiter führen.

In aller Regel haben Eheleute nicht nur einen gemeinsamen Namen, sondern auch einen gemeinsamen **Wohnsitz.** Die Wahl des Wohnsitzes gehört zu denjenigen Angelegenheiten der ehelichen Lebensgemeinschaft, die von den Ehegatten gemeinschaftlich beschlossen werden müssen. Die frühere Regelung, wonach die Frau automatisch den Wohnsitz ihres Ehemannes teilte, ist schon durch das Gleichberechtigungsgesetz von 1957 aufgehoben worden.

Daher ist es auch möglich, daß jeder Ehegatte einen anderen Wohnsitz hat. Das kann zwar im Einzelfall ehewidrig sein, trotzdem ist es rechtlich möglich. Der Grundsatz, daß eine Frau unabhängig von ihrem Ehemann ihren Wohnsitz selbst bestimmen kann, gilt auch für minderjährige verheiratete Frauen. Nach § 8 Abs. 2 BGB können sie einen Wohnsitz begründen und aufheben. Insofern sind minderjährige verheiratete Frauen und verheiratet Gewesene privilegiert. Ein Minderjähriger kann nämlich normalerweise seinen Wohnsitz nur mit Zustimmung seines gesetzlichen Vertreters (das sind in der Regel die Eltern) begründen und aufheben.

Wenn beide Ehepartner Deutsche sind, ist die **Staatsangehörigkeit** natürlich unproblematisch. Heiratet jedoch eine Deutsche einen Ausländer oder ein Deutscher eine Ausländerin, so könnte man annehmen, daß im ersten Fall die Deutsche automatisch die deutsche Staatsangehörigkeit verliert und im zweiten Fall die Ausländerin ohne weiteres die deutsche Staatsangehörigkeit erhält. Beides ist jedoch nicht der Fall:

Eine Deutsche heiratet einen Ausländer

Nehmen wir zunächst Fall 1: Eine Deutsche heiratet einen Ausländer. Früher verlor sie dadurch automatisch die deutsche Staatsangehörigkeit (§ 17 Ziff. 6 Reichs- und Staatsangehörigkeitsgesetz). Seit dem 31. März 1953, als der Grundsatz der Gleichberechtigung von Mann und Frau des Art. 3 unserer Verfassung unmittelbar geltendes Recht wurde, ist diese Vorschrift wegen des Verstoßes gegen den Gleichheitsgrundsatz nicht mehr in Kraft. Ebensowenig wie ein Mann, der eine Ausländerin heiratet, verliert daher heute eine Frau, die einen Ausländer heiratet, die deutsche Staatsangehörigkeit.

Nach § 25 des Reichs- und Staatsangehörigkeitsgesetzes verliert aber derjenige die deutsche Staatsangehörigkeit, der auf seinen Antrag (oder auf Antrag des gesetzlichen Vertreters) eine ausländische Staatsangehörigkeit erwirbt, wenn er im Inland weder seinen Wohnsitz noch seinen dauernden Aufenthalt hat und wenn er nicht vor dem Erwerb der ausländischen Staatsangehörigkeit auf seinen Antrag die schriftliche Genehmigung zur Beibehaltung seiner

Staatsangehörigkeit erhalten hat. Diese Vorschrift gilt gleichermaßen für Männer und Frauen.

Für unser Beispiel – eine Deutsche heiratet einen Ausländer – ergibt sich also: Die Frau verliert die deutsche Staatsangehörigkeit nicht automatisch mit der Heirat. Stellt sie jedoch vor, bei oder nach der Heirat einen Antrag auf Erwerb der Staatsangehörigkeit ihres Mannes und lebt sie mit ihrem Mann im Ausland, so verliert sie die deutsche Staatsbürgerschaft mit dem Erwerb der neuen Staatsbürgerschaft, sie teilt also dann ausschließlich die Staatsbürgerschaft ihres Mannes. Will sie die deutsche Staatsangehörigkeit nicht verlieren, so muß sie vor dem Erwerb der neuen Staatsangehörigkeit eine schriftliche Genehmigung für die Beibehaltung der deutschen Staatsangehörigkeit erwirken. Erhält sie diese Genehmigung, so ist sie eine Doppelstaaterin, hat also sowohl die deutsche wie auch die ausländische Staatsangehörigkeit.

Ein Deutscher heiratet eine Ausländerin

Die zweite Möglichkeit – ein Deutscher heiratet eine Ausländerin – wird jetzt ebenfalls für Mann und Frau gleich entschieden. Nach der bis 1969 geltenden Fassung des Reichs- und Staatsangehörigkeitsgesetzes hatten Ausländerinnen, die einen Deutschen heirateten, einen Anspruch auf Einbürgerung. Ob diese Vorschrift dem Gleichberechtigungsgrundsatz entsprach, war damals umstritten. Der Gesetzgeber hat sie gestrichen. Nach dem neuen § 9 des Reichs- und Staatsangehörigkeitsgesetzes sollen Ehegatten Deutscher eingebürgert werden, wenn sie 1. ihre bisherige Staatsangehörigkeit verlieren oder aufgeben und wenn 2. gewährleistet ist, daß sie sich in die deutschen Lebensverhältnisse einordnen. Außerdem müssen die allgemeinen Voraussetzungen für die Einbürgerung von Ausländern gegeben sein. Diese sind in § 8 des Reichs- und Staatsangehörigkeitsgesetzes aufgeführt: 1. Der Antrag auf Einbürgerung muß von einem unbeschränkt Geschäftsfähigen oder von seinem gesetzlichen Vertreter mit seiner Zustimmung gestellt werden; 2. der Antragsteller muß einen unbescholtenen Lebenswandel geführt haben; 3. der Antragsteller muß dort, wo er sich niedergelassen hat, eine Wohnung oder sonst ein Unterkommen gefunden haben, und er muß schließlich imstande sein, sich und seine Angehörigen an

diesem Ort zu ernähren. Erfüllt eine Ausländerin alle diese Voraussetzungen, so soll sie eingebürgert werden, „es sei denn, daß der
Einbürgerung erhebliche Belange der Bundesrepublik Deutschland,
insbesondere solche der äußeren oder inneren Sicherheit sowie der
zwischenstaatlichen Beziehungen entgegenstehen". Das dürfte wohl
in den wenigsten Fällen zutreffen. Eine Ausländerin behält die
Möglichkeit, die Einbürgerung zu beantragen, auch für ein Jahr nach
dem Tod des deutschen Ehegatten und nach einer Scheidung, wenn
ihr die Sorge für die Person eines Kindes aus der Ehe zusteht und
das Kind bereits die deutsche Staatsangehörigkeit besitzt.

II. Eheliche Lebensgemeinschaft

1. Persönliches Zusammenleben

Wer heiratet, möchte mit dem Ehepartner zusammenleben. Unsere Gesetze bezeichnen dies als „eheliche Lebensgemeinschaft". Das BGB bestimmt in seinem § 1353 Abs. 1, der grundlegenden und zentralen Vorschrift hierfür: „Die Ehe wird auf Lebenszeit geschlossen. Die Ehegatten sind einander zur ehelichen Lebensgemeinschaft verpflichtet." Der erste Satz (Ehe auf Lebenszeit) ist neu, er war bisher im Gesetz nicht enthalten. In das Eherechtsreformgesetz ist er auf Drängen der CDU/CSU hineingenommen worden. Er bedeutet freilich nicht, daß eine Ehe nicht aufgelöst und nicht geschieden werden könnte, sondern nur, daß grundsätzlich die Ehe fürs ganze Leben gedacht sein solle; im Grunde ist das eine Selbstverständlichkeit, denn wer ohnehin nicht zusammenbleiben will, braucht gar nicht erst zu heiraten.

Wie die eheliche Lebensgemeinschaft im einzelnen aussehen soll, zu der verheiratete Leute verpflichtet sind, ergibt sich nur zum Teil aus dem Gesetz. Eine allgemeine Definition dieses zentralen Begriffs gibt der Gesetzgeber nicht. In der Rechtsprechung wird eheliche Lebensgemeinschaft definiert als eine auf Lebensdauer geschlossene Gemeinschaft der Partner, die grundsätzlich das persönliche Zusammenleben in allen Bereichen umfaßt und durch gegenseitige Achtung, Rücksichtnahme und Treue, durch sexuelle Beziehungen, durch die Sorge für die Person des anderen und normalerweise durch die häusliche Gemeinschaft der Ehegatten gekennzeichnet ist, in der die gemeinsamen Kinder aufwachsen sollen.

Die Ausgestaltung des persönlichen Zusammenlebens kann dabei – je nach den äußeren Verhältnissen der Ehegatten – individuell verschieden sein. Die Ehe eines Flugkapitäns oder eines Seemanns wird anders aussehen als die eines seßhaften Beamten oder Arbeiters mit festgelegter Arbeitszeit.

Jeder der beiden Ehegatten ist verpflichtet, alles zu tun, um die Aufnahme oder Fortsetzung der ehelichen Lebensgemeinschaft zu ermöglichen, und alles zu unterlassen, was ihr schaden oder was sie verhindern könnte. Da das eheliche Zusammenleben so gut wie alle Lebensbereiche betrifft, ist es kaum möglich, alle Fragen, für die es Bedeutung haben kann, einzeln aufzuzählen. Einige Erfordernisse des ehelichen Zusammenlebens seien jedoch herausgestellt:

Sexuelle Beziehungen

Zur Verwirklichung der ehelichen Lebensgemeinschaft gehört insbesondere der intimste und persönlichste Bereich des ehelichen Zusammenlebens – der der sexuellen Beziehungen. Hierzu zwei Beispiele aus der Rechtsprechung, die freilich noch nach dem *alten Recht* entschieden worden sind, aber auch heute noch so oder ähnlich entschieden werden könnten, wenn es sich um eine streitige Scheidung vor Ablauf der Trennungsfrist handelt:

In einem Scheidungsprozeß klagte ein Ehemann gegen seine Frau und erklärte, die Ehe sei durch die Einstellung der Frau zum ehelichen Verkehr zerrüttet worden. Die Frau habe ihm gesagt, sie empfinde nichts beim ehelichen Verkehr und sei imstande, dabei Zeitung zu lesen; er möge sich selber befriedigen. Der eheliche Verkehr sei reine Schweinerei. Sie gebe ihm lieber Geld fürs Bordell. Der Bundesgerichtshof hat in seinem Urteil dazu festgestellt: „Die Frau genüge ihren ehelichen Pflichten nicht schon damit, daß sie die Beiwohnung teilnahmslos geschehen läßt. Wenn es ihr infolge ihrer Veranlagung oder aus anderen Gründen, zu denen die Unwissenheit der Eheleute gehören kann, versagt bleibt, im ehelichen Verkehr Befriedigung zu finden, so fordert die Ehe von ihr doch eine Gewährung ehelicher Zuneigung und Opferbereitschaft und verbietet es, Gleichgültigkeit oder Widerwillen zur Schau zu tragen. Denn erfahrungsgemäß vermag sich der Partner, der im ehelichen Verkehr seine natürliche und legitime Befriedigung sucht, auf die Dauer kaum jemals mit der bloßen Triebstillung zu begnügen, ohne davon berührt zu werden, was der andere dabei empfindet." Die Grundlage des ehelichen Verhältnisses werde durch eine „zynische Behandlung des Geschlechtsverkehrs" zerstört. Auch wenn eine Frau dabei unbefriedigt bleibe, so dürfe sie ihre persönlichen Gefühle nicht „in verletzender Form" aussprechen (FamRZ 1967, S. 210 ff.).

In einem anderen Scheidungsprozeß klagte ebenfalls ein Mann gegen seine Frau mit der Begründung, sie verweigere den ehelichen Verkehr. Der Grund dafür bestand darin, daß sie infolge einer Gebärmutterknickung Schmerzen beim ehelichen Verkehr empfand und daher versuchte, diesem möglichst aus dem Weg zu gehen. Der Bundesgerichtshof hat entschieden, daß die Frau verpflichtet sei, durch einen relativ ungefährlichen gynäkologischen Eingriff die Gebärmutterknickung beseitigen zu lassen, um dadurch einen normalen ehelichen Verkehr zu ermöglichen.

Das sei ihr allerdings nur zuzumuten, wenn sie überzeugt sein könne, daß dadurch die Zerrüttung der Ehe vermieden oder behoben werden könne und eine volle eheliche Gemeinschaft wieder ermöglicht werde (FamRZ 1967, S. 33 ff.).

Die beiden Urteile des Bundesgerichtshofs zeigen: Ehegatten sind zu einem gewissen Maß an gutem Willen und Opferbereitschaft verpflichtet. Sie müssen versuchen, die einmal geschlossene Ehe zu stützen und aufrechtzuerhalten; sie dürfen den anderen Ehegatten nicht unnötig verletzen oder verprellen. Diese Pflicht ist hier für die sexuellen Beziehungen ausgesprochen worden, sie gilt jedoch ebenso für alle anderen Bereiche der ehelichen Lebensgemeinschaft.

Der Bundesgerichtshof ist sogar so weit gegangen, in einem Fall, in dem der Mann nach mehrjähriger Ehe begonnen hatte, stark zu trinken und dann später mit Lähmungserscheinungen und anderen neurologischen Störungen, die Folgen seines Alkoholismus waren, in eine Heilanstalt eingewiesen werden mußte, der Frau die Pflicht aufzuerlegen, ihrem Mann das Zurückfinden in die eheliche Gemeinschaft möglich zu machen. Das Abgleiten des Mannes und seine Hilfsbedürftigkeit führten nach Ansicht des Bundesgerichtshofes zu der Verpflichtung, daß die Ehefrau ihm die Wiedereinordnung in die Gesellschaft und die Wiederaufnahme der ehelichen Lebensgemeinschaft so weit als möglich erleichtern sollte und die geschwächte Willens- und Widerstandskraft des Mannes zu berücksichtigen hatte (FamRZ 1967, S. 324 ff.).

Treue

Die Ehepartner sind zur gegenseitigen Treue verpflichtet. Zwar ist ein Ehebruch heute nicht mehr strafbar, das bedeutet aber nicht, daß er gesetzlich erlaubt ist. Auch wenn man heute wegen Ehebruchs nicht mehr strafrechtlich verfolgt werden kann, ist unsere Rechtsordnung der Meinung, eine Ehe habe monogam zu sein. Grundsätzlich verpflichtet sie daher die Ehepartner zur gegenseitigen Treue. Eine Verletzung der ehelichen Treue liegt aber nicht nur im Ehebruch selbst, sondern kann auch dann gegeben sein, wenn ein Partner, ohne die Ehe zu brechen, mit einem anderen intime Beziehungen unterhält, etwa ausgedehnte Reisen unternimmt

oder sich auf ein Heiratsinserat meldet oder wenn er sich trotz
bestehender Ehe mit einem Dritten verloben will. Es kommt hier
oft sehr auf den Einzelfall an. Natürlich kann ein Manager mit
seiner Sekretärin verreisen und im gleichen Hotel wie sie wohnen,
ohne daß er seiner Ehefrau gegenüber die Pflicht zur ehelichen
Treue verletzt. Wenn er jedoch die Sekretärin dort als seine Frau
ausgibt oder wenn er im Anschluß an eine Geschäftsreise mit ihr
ein Wochenende verbringt, so kann darin – auch ohne Ehebruch –
eine Verletzung der ehelichen Treuepflicht liegen.

Achtung und Rücksichtnahme

Die Verpflichtung zur gegenseitigen Achtung und Rücksichtnahme
ist vom Begriff her noch umfassender. Grobe und fortwährende
Beschimpfungen, Mißhandlungen, Beleidigungen, das Ausplaudern
von Intimitäten aus dem Eheleben, Lieblosigkeit, übermäßiges Geld-
ausgeben, unnatürlicher Geschlechtsverkehr, übermäßiger Tablet-
ten-, Drogen- und Rauschgiftkonsum – die Beispiele lassen sich
anhand der Boulevardpresse leicht vermehren –, all diese Fälle
können als Verletzung der Pflicht zur gegenseitigen Achtung und
Rücksichtnahme angesehen werden.

Häusliche Gemeinschaft

Normalerweise wird die eheliche Lebensgemeinschaft in der häuslichen Gemeinschaft verwirklicht. In der Regel umfaßt daher die
Pflicht zur ehelichen Gemeinschaft auch die Pflicht zum Zusammenleben der Ehegatten in einer gemeinsamen Wohnung. Je nach
dem Beruf des Mannes oder der Frau kann jedoch diese Pflicht zur
häuslichen Gemeinschaft verschieden gestaltet sein: Die Frau eines
Vertreters, der beruflich viel reisen muß, oder die Frau eines
Ingenieurs, der von seiner Firma für Monate in die Tropen geschickt
wird, kann von ihrem Mann nicht die Wiederherstellung oder
Intensivierung der häuslichen Gemeinschaft verlangen. Wenn aber
ein Ehegatte ohne Grund aus der gemeinsamen Wohnung einfach
auszieht und die häusliche Gemeinschaft damit aufhebt, so liegt
darin eine Verletzung seiner ehelichen Pflichten, er begeht eine
Eheverfehlung.

Entscheidungsfreiheit im eigenen Bereich

Die eheliche Lebensgemeinschaft umfaßt die gesamten Lebensverhältnisse der Ehegatten. Das bedeutet allerdings nicht, daß nach der Eheschließung alles nur noch gemeinsam oder mit der Zustimmung des anderen Ehepartners entschieden werden könnte. Vielmehr bleiben beide Ehegatten selbständig in ihrem eigenen Bereich, d. h. in persönlichen Angelegenheiten und – bei Vorliegen der Voraussetzungen – bei der Verwaltung des eigenen Vermögens (siehe hierzu S. 45).

Zu den persönlichen Angelegenheiten gehören beispielsweise die Kleidung und die Frisur. Ein Ehemann kann seine Frau nicht zwingen, Mini-Kleider zu tragen oder sich die Haare kurz schneiden zu lassen. Ebensowenig kann eine Frau ihrem Mann verbieten, einen Bart zu tragen. Zu den persönlichen Angelegenheiten gehören ferner die Lektüre, die Religion und auch eine politische Tätigkeit. Außerdem zählt die Entscheidung für einen bestimmten Beruf zu den persönlichen Angelegenheiten. Wollte also ein Ehemann seine Frau dazu zwingen, regelmäßig in die Kirche zu gehen oder der politischen Partei beizutreten, der er selbst angehört (oder sie vom Eintritt in eine andere politische Partei abhalten), so wäre das rechtlich nicht zulässig. Andererseits kann eine Frau einen Mann nicht daran hindern, einen gut bezahlten Job zugunsten eines für ihn interessanteren, aber weniger gut bezahlten aufzugeben, obwohl die Verringerung des Familieneinkommens auch sie betrifft. In diesen persönlichen Fragen kann jeder Ehegatte grundsätzlich selbst entscheiden, ohne daß er auf den anderen Rücksicht nehmen müßte. So jedenfalls ist die rechtliche Lage. Daß in einer harmonischen Ehe die Ehegatten auch in ihren persönlichen Angelegenheiten die Vorlieben und Wünsche des anderen berücksichtigen, steht auf einem anderen Blatt.

Einschränkungen der freien Entscheidung

Die freie Entscheidung im Bereich der persönlichen Angelegenheiten ist jedoch dann eingeschränkt, wenn der andere Ehegatte dadurch gefährdet wird oder die eheliche Lebensgemeinschaft betroffen ist. So kann ein Mann seiner Frau das Rauchen normalerweise nicht verbieten – das ist ihre persönliche Angelegenheit, die sie selbst entscheiden kann. Würde aber das Rauchen der Frau den Mann oder die Kinder gesundheitlich gefährden, beispielsweise weil eine Asthmaerkrankung dadurch ungünstig beeinflußt wird, so kann in einem solchen Fall die Frau dazu verpflichtet sein, auch in ihrem persönlichen Bereich darauf Rücksicht zu nehmen.

Auch bei einer Entscheidung, die die persönlichen Angelegenheiten eines Ehegatten betrifft, kommt es darauf an, daß der gegen den Willen seines Ehegatten handelnde andere Ehegatte seine Entscheidung nicht in verletzender Form trifft, so daß allein schon durch die Art der Entscheidung die eheliche Lebensgemeinschaft gefährdet wird. Dies soll anhand eines Beispiels, in dem es um einen Religionswechsel der Ehefrau geht, verdeutlicht werden:

Die beiden Ehegatten waren seit 20 Jahren miteinander verheiratet und hatten zwei Kinder. Sie gehörten zur Zeit der Eheschließung und auch später beide der evangelischen Kirche an. Nach 20jähriger Ehe begann nun die Frau, sich der Neuapostolischen Kirche zuzuwenden und regelmäßig deren Gottesdienste zu besuchen. Der Mann hatte dagegen zwar nichts einzuwenden, wehrte sich jedoch gegen den Glaubenswechsel und erklärte, einem Übertritt zur Neuapostolischen Kirche werde er niemals zustimmen: „Wir sind geschiedene Leute, wenn Du übertrittst." Dennoch verließ die Frau die evangelische Kirche und trat durch feierliche „Versiegelung" der Neuapostolischen Kirche bei.

Im Scheidungsprozeß erklärte der Bundesgerichtshof zunächst, daß der Übertritt eines Ehegatten zu einer anderen als der bisher beiden Ehegatten gemeinsamen Glaubensgemeinschaft allein keine Eheverfehlung sei. Das Grundrecht der Glaubens- und Bekenntnisfreiheit erlaube einen Glaubenswechsel auch in der Ehe. Aber: „Die grundsätzliche Freiheit eines Ehegatten, aus innerer Überzeugung die gemeinsame religiöse Grundlage der Ehe um des eigenen religiösen Weges willen zu verlassen, hebt jedoch seine Verantwortung für den anderen Ehegatten und dafür, daß beide trotz dieses Schrittes in gegenseitiger Achtung und Liebe verbunden bleiben, nicht auf. Ob diese Verbundenheit möglich ist, ob insbesondere der in der bisher gemeinsamen Glaubensgemeinschaft zurückgelassene Ehegatte trotz der Trennung seine eheliche Gesinnung zu bewahren oder doch alsbald wiederzugewinnen vermag, hängt in der Regel entscheidend davon ab, in welcher Weise und zu welchem Zeitpunkt der trennende Schritt vollzogen wird, ob und wie der übertretende Ehegatte sich bemüht, bei seinem Ehepartner Verständnis für seine Lage und seinen Entschluß zu wecken und sowohl in ihm wie auch in sich selbst den Glauben wachzuhalten, daß trotz der Trennung im religiösen Bekenntnis ein inneres Band zwischen ihnen bestehen bleibt ... Die Verantwortung, die in dieser Hinsicht den übertretenden Ehegatten trifft, wird um so größer sein, je ungewöhnlicher sein Schritt für das Verständnis des anderen Ehegatten ist" (FamRZ 1961, S. 21 ff.).

Daraus ergibt sich: In seinen persönlichen Angelegenheiten kann jeder Ehegatte zwar grundsätzlich selbst Entscheidungen treffen. Er muß aber die Auswirkungen seiner Entscheidungen auf den anderen Ehegatten bedenken und muß sich bemühen, die eheliche Lebensgemeinschaft nicht zu gefährden.

Verwaltung des eigenen Vermögens

Zum eigenen Bereich jedes Ehegatten gehört auch die Verwaltung seines eigenen Vermögens, soweit er nicht durch eine besondere güterrechtliche Bestimmung (siehe hierzu S. 65) beschränkt ist. Die Ehefrau kann also grundsätzlich ihr Vermögen selbst verwalten; sie ist, wenn sie nicht minderjährig ist, keinerlei Beschränkungen unterworfen. Eine minderjährige verheiratete Frau steht jedoch nicht unter der Vormundschaft ihres Mannes, sondern unter der Vormundschaft ihrer Eltern. Nach § 1633 BGB ist in diesem Fall zwar die Personensorge der Eltern eingeschränkt, ihre Sorge für das Vermögen des Kindes besteht aber unbeschränkt weiter.

Jeder Ehegatte hat jedoch den anderen darüber zu unterrichten, wie sich sein Vermögen im wesentlichen zusammensetzt. Die Rechtsprechung folgert diese Pflicht aus der allgemeinen Pflicht zur ehelichen Lebensgemeinschaft. Die Pflicht zur Unterrichtung des anderen Ehegatten bedeutet nicht, daß in allen Einzelheiten über das vorhandene Vermögen Auskunft erteilt oder gar Rechnung gelegt werden müßte. Der andere Ehegatte muß nur im großen und ganzen wissen, wie groß das Vermögen seines Ehegatten ist und aus welchen Teilen es sich in etwa zusammensetzt.

Gemeinsame Entscheidung der Ehegatten in gemeinschaftlichen Angelegenheiten

In allen Angelegenheiten, welche die Ehegatten gemeinsam betreffen, entscheiden sie gemeinsam. Alle Dinge des Zusammenlebens, etwa den gesamten Lebenszuschnitt, alle Anschaffungen außerhalb der Schlüsselgewalt (über die Schlüsselgewalt siehe S. 53) und die gesamte Ausgestaltung der ehelichen Lebensgemeinschaft im ein-

zelnen bestimmen die Ehegatten zusammen. Es gibt kein alleiniges
Entscheidungsrecht des Mannes mehr – § 1354 der alten Fassung
des Bürgerlichen Gesetzbuches ist durch das Gleichberechtigungsgesetz gestrichen worden. Es gibt auch keinen Stichentscheid des
Mannes in Zweifelsfragen. Die Ehegatten müssen sich einigen, sie
müssen eine gemeinschaftliche, für beide akzeptable Lösung finden.
Die Tatsache, daß die Ehefrau in vielen Fällen von ihrem Mann
finanziell abhängig ist, bedeutet nicht, daß sie sich deswegen ihrem
Mann bei Entscheidungen unterordnen müßte, die beide gemeinsam
betreffen. Außer in Fragen der Kindererziehung gibt es keine allgemeine Möglichkeit, das Vormundschaftsgericht anzurufen, wenn
eine Einigung nicht möglich erscheint. Führt die Disharmonie der
Ehegatten wirklich zur Zerrüttung der Ehe, so bleibt als letzte
Möglichkeit nur die Scheidung.

Die nach dem patriarchalischen Familienbild geschaffene starke
Stellung des Mannes ist in unserer heutigen Rechtsordnung also
nicht mehr vorhanden. Hierzu wiederum ein Beispiel aus der Rechtsprechung:

Ein verheirateter Zollsekretär lebte mit seiner Frau und dem gemeinsamen Kind, das an einer schweren Wirbelsäulenverkrümmung litt, seit
mehreren Jahren in Bayern. Um beruflich vorwärtszukommen, bewarb
er sich immer wieder um eine Versetzung zur Bundesfinanzverwaltung
ins Rheinland. Nach einiger Zeit wurde er tatsächlich dorthin versetzt
und zum Regierungsobersekretär ernannt. Seine Frau weigerte sich, zu
ihm zu ziehen und begründete dies einmal damit, daß keine geeignete
Wohnung für die Familie vorhanden sei, zum anderen damit, daß die
Umschulung für das Kind, das ohnehin in der Schule nur schwer mit-
komme, erhebliche Nachteile haben werde. Der Mann klagte daraufhin
auf Scheidung, weil die Weigerung der Frau, die häusliche Gemeinschaft
wiederherzustellen, eine schwere Eheverfehlung sei. Das Oberlandesgericht München meinte dazu: Eine der Hauptpflichten der ehelichen Lebensgemeinschaft ist die häusliche Gemeinschaft der Ehegatten, zu der die
Frau in diesem Fall grundsätzlich auch verpflichtet sei. Ein Versetzungs-
gesuch müßte jedoch der Ehemann – wie alle wichtigen Probleme des
ehelichen Zusammenlebens – mit der Ehefrau zuvor besprechen, und zwar
auch dann, wenn er der Alleinverdiener sei und die Versetzung seinem
weiteren beruflichen Fortkommen und damit zugleich seiner Familie för-
derlich wäre. Bei seiner Entscheidung müsse der Mann auf die Ansicht
seiner Ehefrau und auch auf das Wohl der Kinder Rücksicht nehmen. Solange noch keine Wohnung vorhanden sei und solange das Kind noch die
Schule besuche, könne sie die Wiederherstellung der häuslichen Gemeinschaft verweigern (FamRZ 1967, S. 394 ff.).

Im einzelnen wird die Frage, welche Dinge ein Ehegatte allein entscheiden kann und wann beide Ehegatten gemeinsam entscheiden, also sich einigen müssen, für verschiedene Ehen auch verschieden beantwortet werden müssen. Die Ehegatten können sich in ihrer Ehe Rechte und Pflichten und bestimmte Angelegenheiten teilen. Doch kann die Verpflichtung zur ehelichen Lebensgemeinschaft im ganzen nicht ausgeschlossen werden. Wollten die Ehegatten also vereinbaren, daß ein gemeinsames Leben gar nicht aufgenommen werden soll, oder daß man auf gegenseitige Treue von vornherein keinen Wert lege, so wäre eine solche Vereinbarung rechtlich unwirksam. Es gibt zwar in der neueren juristischen Literatur Tendenzen, die eine Lockerung der Pflicht zur ehelichen Lebensgemeinschaft – und zur ehelichen Treue insbesondere – anstreben, die Gerichte sind dem aber bisher nicht gefolgt.

2. Haushaltsführung und Berufstätigkeit

Die traditionelle Vorstellung von einer Normalfamilie ging davon aus, daß der Mann ausschließlich oder doch ganz überwiegend den Unterhalt der Familie zu verdienen habe und die Frau den inneren Bereich übernahm, wobei ihr insbesondere die Sorge für Essen, Kleidung, Wohnungspflege usw. oblag. Man spricht hier von dem *Leitbild der Hausfrauenehe*. Auf dieses wurde schon das junge Mädchen festgelegt, und nach diesem Ideal wurde es erzogen. Viele Ehepaare waren daher bereit, für die Erziehung und Berufsausbildung eines Sohnes mehr aufzuwenden (und wenn nötig auch auf mehr zu verzichten) als für die Erziehung und Berufsausbildung einer Tochter: Ein Mädchen „heiratet ja doch", gibt mit der Heirat oder nach der Geburt eines Kindes ihren Beruf ohnehin auf, es lohnt sich daher nicht, für sie eine kostspielige Berufsausbildung zu finanzieren. Auch heute dürfte dieses Leitbild in vielen Fällen noch gelten. Doch behalten mehr und mehr Frauen ihren Beruf jetzt auch nach der Heirat bei, manchmal, weil der Mann mit seiner Berufsausbildung noch nicht fertig ist und daher zunächst die Frau überwiegend den Familienunterhalt finanziert, manchmal, weil sie noch für die Wohnungseinrichtung oder die Aussteuer hinzuverdienen will oder muß, manchmal, weil ihr der Beruf Freude macht und die Hausfrauenidylle für sie keine verlockende Alternative ist.

In der Alltagswirklichkeit begegnet man daher heute der berufstätigen Mutter häufiger als früher. Allerdings ist die Mehrzahl der verheirateten Mütter immer noch Nur-Hausfrau. Das kann sich jedoch ändern – Kindergärten, Kindertagesstätten, Ganztagsschulen, Teilzeitbeschäftigungen für Frauen und vor allem eine stärkere Beteiligung der Männer (und Väter) an Haushaltsführung und Kindererziehung sind Voraussetzungen und Hilfen für eine solche Änderung im täglichen Familienleben.

Bisher hatte auch das BGB die Haushaltsführung kraft Gesetzes der Frau zugewiesen und damit das Leitbild der Hausfrauenehe gesetzlich festgelegt. Nach dem neuen § 1356 BGB müssen die Ehegatten die Frage, wer die Haushaltsführung übernehmen soll, gemeinsam regeln. Grundsätzlich sind *beide* für die Versorgung des Haushalts und die Erziehung der Kinder verantwortlich; eine primäre Verpflichtung *der Frau* zur Haushaltsführung gibt es nicht mehr. Eine zwischen den Ehegatten einmal getroffene Regelung kann freilich auch wieder geändert werden. Ein Ehepaar, das nach der Heirat die Hausarbeit gemeinsam erledigt hatte, kann – etwa nach der Geburt eines Kindes – vereinbaren, daß sich nun einer von beiden (oft wird es, es muß aber nicht die Frau sein) für einige Zeit ganz der Kindererziehung und Haushaltsführung widmen soll. Die Hausfrauenehe bleibt also weiterhin möglich.

Eigenständigkeit des haushaltsführenden Ehegatten

Wenn nach der Absprache der Ehegatten einer von ihnen den Haushalt führt, so leitet er ihn in eigener Verantwortung (§ 1356 Abs. 1 Satz 2 BGB). Das heißt: Dieser Ehegatte kann alle Dinge, die zur Haushaltsführung gehören, allein entscheiden. Er ist in diesem Bereich von den Weisungen des anderen Ehegatten unabhängig. Was im einzelnen zur Haushaltsführung gehört und was nicht, läßt sich allgemein schwer festlegen. Jedenfalls gehören dazu die Anschaffung von Lebensmitteln, von Haushaltsgeräten, von Wäsche und Putzmitteln, je nach dem Lebenszuschnitt der Ehegatten auch die Anstellung einer Putzhilfe oder eines Hausmädchens und die

Organisation des Ablaufs des Haushalts im ganzen. So könnte die haushaltsführende Frau etwa bestimmen, wann der Frühjahrshausputz stattzufinden hat oder welcher Typ des Staubsaugers angeschafft werden soll, ohne daß der Mann konsultiert werden oder zustimmen müßte. Dagegen ist beispielsweise die Anschaffung einer neuen Wohnungseinrichtung oder eines neuen Autos oder der Umzug in eine andere Wohnung nicht mehr Sache der Haushaltsführung, sondern eine gemeinsame Angelegenheit, die die Ehegatten auch gemeinsam entscheiden müssen.

Innerhalb des Rahmens, in dem er frei entscheiden kann, ist der haushaltsführende Ehegatte also ganz selbständig. Zugleich ist er freilich auch für eine ordentliche Haushaltsführung verantwortlich. Erfüllt er diese Pflicht nicht, so kann darin eine Eheverfehlung gesehen werden.

Diese Bestimmungen des BGB, die am 1. Juli 1977 wirksam geworden sind, gelten auch für die Ehen, die schon vorher geschlossen worden sind.

Mitarbeitspflicht des nicht haushaltsführenden Ehegatten

Ob und in welchem Umfang der nicht haushaltsführende Ehegatte – meistens also der Mann – verpflichtet ist, bei der Hausarbeit zu helfen, richtet sich nach den Verhältnissen, in denen die Eheleute leben. Daß es überhaupt eine solche Mitarbeitspflicht gibt, ist vielen Laien unbekannt. Sie ergibt sich auch nicht direkt aus dem Gesetz; im BGB gibt es keine Bestimmung, die ausdrücklich zu einer solchen Mitarbeit verpflichtet. Die Gerichte folgern sie jedoch aus der allgemeinen Pflicht zur ehelichen Lebensgemeinschaft. In der bekanntesten Entscheidung hierzu hat der Bundesgerichtshof gesagt:

„Der Ehemann ist auch im Haushalt entsprechend § 1356 BGB zur Mitarbeit verpflichtet, soweit dies nach den Verhältnissen der Eheleute üblich ist. Ist er nicht mehr berufstätig, so wird er im allgemeinen zu erhöhter Mithilfe im Haushalt verpflichtet sein."

Entscheidend dafür, ob und in welchem Umfang eine Mitarbeitspflicht besteht, ist also, ob nach den Verhältnissen der Ehegatten eine Mithilfe üblich ist.

So kann nach der Rechtsprechung des Bundesgerichtshofes „die Würdigung der Lebensverhältnisse im Einzelfall ergeben, daß die Mithilfe sich auf größere und beschwerliche, der Frau unzumutbare Arbeiten beschränkt. So vor allem, wenn der Mann selbst einen anstrengenden und zeitraubenden Beruf ausübt".

Also: Ein voll berufstätiger Mann kann von seiner Frau nicht unter Berufung auf seine Mitarbeitspflicht zum Spülen verurteilt werden. Doch kann man andererseits davon ausgehen,

„daß nicht mehr tätige, aber noch rüstige Ehemänner auch in bürgerlichen Verhältnissen in besonderem Maße ihre Ehefrauen bei der Hausarbeit zu entlasten pflegen. Diese in weiten Bevölkerungskreisen bestehende Übung entspricht auch der heutigen Auffassung von der Ehe, mit der es unvereinbar ist, daß ein im Ruhestand lebender Mann seiner Frau bis ins hohe Alter alle Arbeiten allein überläßt und er selbst untätig zuschaut."

Berufstätigkeit der Ehegatten

Nach dem neuen § 1356 Abs. 2 BGB sind Mann und Frau berechtigt, ihren Beruf nach der Eheschließung weiter auszuüben. Nach dem bis zum 30. Juni 1977 geltenden Recht war die Frau zu einer Erwerbstätigkeit nur berechtigt, wenn diese mit ihren Hausfrauenpflichten vereinbar war. Das hat der Gesetzgeber nun geändert. In der Begründung zum neuen Gesetz weist er darauf hin, daß gerade die eigene Berufstätigkeit „einer Ehefrau zu Selbständigkeit und Selbstbewußtsein verhilft und ihr diese Möglichkeit der Entwicklung vom Gesetz nicht versagt werden darf". Mann und Frau müssen bei der Wahl und bei der Ausübung ihres Berufes aber berücksichtigen, daß sie neben dem Beruf zugleich ihren Familienaufgaben gerecht werden können.

Der Gesetzgeber hat im neuen Eherecht das Leitbild der Hausfrauenehe aufgegeben. Er hat es freilich zugleich vermieden (und in der Begründung zum Gesetzentwurf auch ausdrücklich abgelehnt), an die Stelle der Hausfrauenehe ein anderes Leitbild – etwa das der berufstätigen Ehefrau – zu setzen. Die Rollenverteilung in der Familie bleibt vielmehr den Ehepartnern selbst überlassen. Das gilt auch für Ehen, die schon vor Inkrafttreten des neuen Gesetzes geschlossen worden sind.

Mitarbeit im Beruf oder Geschäft des anderen Ehegatten

Eine gesetzlich festgelegte Verpflichtung (meistens der Frau), im Beruf oder Geschäft des anderen Ehegatten mitzuarbeiten, gibt es im neuen Recht nicht mehr. Sie kann sich aber aus der ehelichen Lebensgemeinschaft ergeben, beispielsweise in der Landwirtschaft, besonders bei kleineren landwirtschaftlichen Betrieben, bei Gastwirtschaften und in Einzelhandelsgeschäften.

Zu Problemen führt hier vor allem die Frage, ob die Mitarbeit unentgeltlich ist, oder ob der mitarbeitende Ehegatte dafür bezahlt werden muß. Das ist vor allem dann einfach zu beantworten, wenn die Ehegatten sich darüber geeinigt haben, wenn also eine vertragliche Abmachung vorliegt. Ein solcher Vertrag – darauf sei, um Mißverständnissen vorzubeugen, gleich hingewiesen – braucht nicht schriftlich abgeschlossen zu sein. Eine mündliche Absprache genügt; nur muß man im Streitfall beweisen können, daß eine solche Vereinbarung getroffen worden ist. Für die vertragliche Regelung der Mitarbeit von Ehegatten kommt entweder ein Arbeitsvertrag oder ein Gesellschaftsvertrag in Frage.

Ein *Arbeitsvertrag* liegt dann vor, wenn der eine Ehegatte dem anderen untergeordnet ist und seinen Weisungen zu folgen hat und wenn ein regelmäßiges Entgelt bezahlt wird. So wäre etwa die Mitarbeit der Frau als Sekretärin in kaufmännischen Unternehmen, als Sprechstundenhilfe in der Arztpraxis, als Serviererin in der Gastwirtschaft bei Zahlung eines regelmäßig wiederkehrenden Betrages als Arbeitsvertrag anzusehen. Solche Arbeitsverträge werden von Ehegatten manchmal aus steuerlichen Gründen abgeschlossen, denn die Vergütung kann als Betriebsausgabe von der Steuer abgesetzt werden. Doch ist zu beachten, daß in diesen Fällen der mitarbeitende Teil dann wiederum selbst Lohnsteuer zahlen muß.

Ein *Gesellschaftsvertrag* setzt die Zusammenarbeit der Ehegatten auf gleicher Ebene voraus. Arbeiten z. B. zwei Ärzte zusammen in einer Praxis oder führen beide Ehegatten zusammen eine Gastwirtschaft, so wird in der Regel ein Gesellschaftsvertrag zwischen ihnen vorliegen. Dann hat der mitarbeitende Ehegatte nicht einen Anspruch auf eine regelmäßig gezahlte gleichbleibende Vergütung, sondern er ist an Gewinn und Verlust beteiligt. Je nach der Ertragslage des gemeinsam betriebenen Unternehmens kann er dabei besser oder schlechter fahren als bei einem Arbeitsvertrag. Geht das Unternehmen gut und ist der erwirtschaftete Gewinn groß, so wird auch die Vergütung des mitarbeitenden Ehegatten entsprechend hoch sein. Ist wenig oder gar kein Gewinn vorhanden, so ist auch die Vergütung entsprechend geringer oder fällt ganz weg.

Wir sind bisher davon ausgegangen, daß die Ehegatten sich über die Frage der Bezahlung des mitarbeitenden Ehegatten geeinigt haben. Eine Einigung liegt natürlich auch dann vor, wenn der mitarbeitende Ehegatte auf ein Entgelt für seine Mitarbeit verzichtet. In diesen Fällen haben sich die Ehegatten jedenfalls über die finanzielle Seite der Mitarbeit Gedanken gemacht und sind dabei zu einem von beiden akzeptierten Ergebnis gekommen. Schwierig und rechtlich umstritten ist die Lage aber dann, wenn eine solche vertragliche Regelung zwischen den Ehegatten nicht vorliegt. Die typischen Fälle, in denen eine solche Mitarbeit später problematisch wird, sind einmal die, in denen die Ehe geschieden wird, die Ehefrau sich nachträglich ausgenutzt fühlt und nun für jahrelange Mitarbeit entschädigt werden will, oder solche, in denen der mitarbeitende Ehegatte getötet wird – etwa bei einem Verkehrsunfall – und der überlebende Teil nun von dem Dritten, der ihm diese Arbeitskraft schuldhaft weggenommen hat, Schadensersatz verlangt.

Sobald die Mitarbeit mehr ist als eine unbedeutende Hilfeleistung oder eine Art Gefälligkeit, gehen die Gerichte in der Mehrzahl der Fälle davon aus, daß zwischen den Ehegatten ein *stillschweigend abgeschlossener Gesellschaftsvertrag* besteht, und daß damit ein Anspruch des Mitarbeitenden auf Beteiligung am erwirtschafteten Gewinn gegeben ist. Obwohl hier in Wahrheit die Ehegatten über die Mitarbeit des einen im Beruf oder Geschäft des anderen keine Vereinbarung getroffen haben, tun die Gerichte so, als sei das dennoch der Fall gewesen, um zu einer befriedigenden Lösung zu gelangen. In aller Regel ziehen sie einen Gesellschaftsvertrag dem Arbeitsvertrag vor, weil sie der Meinung sind, einer modernen Ehe entspreche das Verhältnis unter gleichgeordneten Gesellschaftern mehr als die Unterordnung des einen unter den anderen, die für einen Arbeitsvertrag typisch ist.

Für die Frage, wann ein solcher stillschweigend abgeschlossener Gesellschaftsvertrag anzunehmen ist, kommt es nach der Rechtsprechung darauf an, ob sich die Eheleute eine über die Verwirklichung der ehelichen Gemeinschaft hinausgehende Aufgabe zum Ziel gesetzt haben. Dazu wieder einige Beispiele:

In einem Großhandelsunternehmen für Damenoberbekleidung arbeitete der Ehemann der Eigentümerin vollberuflich mit. Die Ehegatten teilten sich die Aufgabe so, daß der Mann die kaufmännische Leitung des Betriebes übernahm und die Frau die technisch-künstlerische Leitung innehatte. Nach 10 Jahren wurde die Ehe geschieden. Mittlerweile war der Mann in den Besitz von Grundstücken, Bargeld und Goldbarren gelangt, die von den Einkünften aus dem Unternehmen angeschafft worden waren. Die Frau verlangte diese Ware nun zurück.

Der Bundesgerichtshof hat in seiner Entscheidung zu diesem Fall ein zwischen den Ehegatten bestehendes Gesellschaftsverhältnis angenommen. Zwar war die Frau allein Eigentümerin des Unternehmens geblieben, doch war im Innenverhältnis zwischen den Ehegatten der Mann in gleicher Weise mit der Leitung des Betriebes befaßt wie die Frau. (Die Gerichte sprechen in solchen Fällen auch von einer Innengesellschaft.) Der Mann habe daher einen Anspruch auf gleiche Beteiligung am Gewinn gehabt (FamRZ 1968, S. 589).

In einem anderen, ebenfalls vom Bundesgerichtshof entschiedenen Fall, bewirtschaftete die Frau einen ihrem Ehemann gehörenden kleinen landwirtschaftlichen Hof im wesentlichen allein, während der Mann einen Strohhandel betrieb, in dem die Frau auch noch gelegentlich aushalf. Auch hier hat der Bundesgerichtshof einen stillschweigend zwischen den Ehegatten abgeschlossenen Gesellschaftsvertrag angenommen, weil die Frau nicht weisungsgebunden und vom Mann abhängig in seinem Betrieb mitgearbeitet, sondern selbständig den ihr zufallenden Arbeitsbereich geführt habe. Auch sei die Tätigkeit der Frau weit über das Maß des Üblichen hinausgegangen, wenn sie nicht nur den Haushalt versorgt, im Handelsunternehmen des Mannes mitgeholfen, sondern auch noch den landwirtschaftlichen Betrieb selbst geführt habe (FamRZ 1967, S. 618).

3. Schlüsselgewalt

Nach § 1357 Abs. 1 BGB kann jeder Ehegatte „Geschäfte zur angemessenen Deckung des Lebensbedarfs der Familie mit Wirkung auch für den anderen Ehegatten" abschließen. Die allein haushaltsführende Ehefrau kann also im Supermarkt Lebensmittel einkaufen und ihr Ehemann ist verpflichtet, die Rechnung zu bezahlen, auch wenn er von diesem Einkauf gar nichts wußte. Früher hatte *nur die Frau* diese Möglichkeit, Rechtsgeschäfte auch mit Wirkung für den Mann abzuschließen. Hier war die Schlüsselgewalt eine logische Folge der Hausfrauenehe. Solange nämlich der Gesetzgeber die verheiratete Frau dazu verpflichtet hatte, vor jeder Berufstätigkeit den Haushalt zu versorgen, konnte das nur dann sinnvoll sein, wenn ihr auf der anderen Seite auch ein gewisser Spielraum für die Erfüllung dieser Pflichten eingeräumt wurde. Da aber die Nur-Hausfrau kein eigenes Einkommen hat, mußte der Mann für diese finanziellen Verpflichtungen in Anspruch genommen werden.

Auch nach dem neuen Recht ist es möglich, daß die Ehegatten vereinbaren, nur einer von ihnen solle für die Haushaltsführung zuständig sein. Die Notwendigkeit für eine gesetzliche Regelung der Schlüsselgewalt besteht deshalb auch jetzt noch. Sie besteht allerdings nicht mehr nur für die Frau, sondern *auch für den Ehemann,* denn es kann ja auch sein, daß er den Haushalt versorgt oder daß dies eine gemeinschaftliche Aufgabe beider Partner ist.

Im konkreten Fall interessant ist immer die Frage: *Was kann denn nun ein Ehegatte innerhalb der Schlüsselgewalt tun und was nicht?* – Kann die Frau eine Waschmaschine kaufen? Einen Pelzmantel? Kann der Mann eine Flugreise nach Mallorca buchen? Oder das Auto verkaufen? Muß der allein verdienende Ehegatte ohne Einschränkung die Arztrechnung des anderen bezahlen? Oder die der Kinder? Kann die berufstätige Frau eine Wohnung für die Familie mieten? Eine Haushaltshilfe anstellen? – Einen Anhaltspunkt für die Beantwortung dieser Fragen bietet § 1357 BGB mit den Worten: „angemessene Deckung des Lebensbedarfs der Familie". Was zum angemessenen Lebensbedarf gehört und was nicht, richtet sich nach dem Lebenszuschnitt der Familie.

Unzweifelhaft innerhalb der Schlüsselgewalt halten sich demnach alle Geschäfte, die die Anschaffung von Lebensmitteln, von Putzmitteln, von Heizmaterial, von Hausrat und von normalen Kleidungsstücken zum Gegenstand haben. Bei der Frau eines wohlhabenden Kaufmanns kann der Kauf eines Pelzmantels zu den normalen Kleidungsstücken gehören, bei der Frau eines kleinen Angestellten sicher nicht. Nicht innerhalb der Schlüsselgewalt liegt die Aufnahme von Darlehen, der Abschluß von größeren Teilzahlungsgeschäften (z. B. für Waschmaschine, Fernseher, Auto), der Verkauf des gemeinsam bewohnten Hauses, das Mieten einer Wohnung (Ausnahme: Ferienwohnung) oder der Kauf einer ganzen Wohnungseinrichtung. Arztrechnungen müssen dann bezahlt werden, wenn die Behandlung dringlich war.

Der Ehegatte, der den Haushalt allein führt, ist bei den Rechtsgeschäften, die sich innerhalb der Schlüsselgewalt halten, selbständig und an Weisungen des anderen Ehegatten nicht gebunden. Es muß nicht auf Heller und Pfennig abgerechnet werden, doch entspricht es dem Gemeinschaftsverhältnis der Eheleute, daß man sich über größere Anschaffungen und Ausgaben unterrichtet, gleichgültig, wie nun die Haushaltsführung im einzelnen geregelt ist.

Nach § 1357 Abs. 1 BGB werden durch Rechtsgeschäfte innerhalb der Schlüsselgewalt beide Ehegatten berechtigt und verpflichtet. Beide müssen also die Rechnungen bezahlen, beide werden Miteigentümer gekaufter Sachen. Etwas anderes gilt nur dann, „wenn sich aus den Umständen etwas anderes ergibt" (§ 1357 Abs. 1 BGB). Wenn beispielsweise der haushaltsführende Ehegatte sein Taschengeld, auf das er einen Anspruch hat (vgl. dazu S. 59), zum Kauf verwendet, so wird nur er selbst berechtigt und verpflichtet.

Beschränkung oder Ausschluß der Schlüsselgewalt

Nach § 1357 Abs. 2 BGB kann die Schlüsselgewalt des einen Ehegatten für den anderen eingeschränkt oder aufgehoben werden. Der Mann kann also beispielsweise bestimmen, seine Frau sei nur berechtigt, Geschäfte bis zu einer gewissen Höhe mit Wirkung für und gegen ihn abzuschließen, oder die Frau kann anordnen, daß sie überhaupt nicht für die von ihrem Mann gemachten Schulden aufkommen wolle. *Einem Dritten gegenüber* ist die Beschränkung oder Ausschließung jedoch *nur dann wirksam, wenn sie dem Dritten bekannt war oder wenn sie in das Güterrechtsregister des zuständigen Amtsgerichts eingetragen worden ist.* Läßt z. B. eine Ehefrau regelmäßig beim Kaufmann anschreiben, so braucht der Ehemann die Rechnung nur dann nicht zu bezahlen, wenn er die Schlüsselgewalt seiner Ehefrau ausgeschlossen hat und diese Tatsache auch im Güterrechtsregister eingetragen war, oder wenn die Ausschließung dem Kaufmann sonst bekannt war. Falls also, wie man gelegentlich

findet, ein Mann ein Inserat in die Zeitung setzt: „Für die Schulden meiner Frau komme ich nicht auf", so kann das für einen
Haftungsausschluß ausreichend sein, wenn der Dritte, also der
Gläubiger, diese Anzeige nachweislich gelesen hat, den Ausschluß
der Schlüsselgewalt also kannte. Ist dagegen der Ausschluß oder
die Beschränkung der Schlüsselgewalt im Güterrechtsregister eingetragen, so kommt es nicht darauf an, ob der Dritte davon wußte
oder nicht, die Beschränkung oder der Ausschluß gilt dann absolut.
Wenn ein Ehegatte ganz sicher sein will, für die Schulden des anderen nicht aufkommen zu müssen, so empfiehlt es sich daher, den
Ausschluß der Schlüsselgewalt in das Güterrechtsregister eintragen
zu lassen.

      Auch wenn die Schlüsselgewalt eingeschränkt oder ausgeschlos-
sen ist, besteht die Pflicht zur Haushaltsführung im bisherigen Umfang weiter. Wenn der betroffene Ehegatte glaubt, für die Einschränkung liege kein ausreichender Grund vor, so kann er sich
dagegen wehren: Er kann beim Vormundschaftsgericht beantragen,
die Einschränkung oder Ausschließung aufzuheben. Das Vormundschaftsgericht prüft dann, ob für die Maßnahme ein ausreichender
Grund vorgelegen hat, ob beispielsweise verschwenderisch viel Geld
ausgegeben oder sonst unvernünftig gewirtschaftet worden ist, und
wird, wenn es keine ausreichende Begründung für den Ausschluß
oder die Beschränkung feststellen kann, die Maßnahme aufheben.

4. Die Finanzierung des Familienunterhalts

In der juristischen Fachsprache nennt man alles, was zur Aufrechterhaltung des Lebensstandards der Familie erforderlich ist, Unterhalt. Bisher ging das Gesetz – wie schon erwähnt (siehe S. 47) –
vom Leitbild der Hausfrauenehe aus. Da es die Frau in erster Linie
zur Haushaltsführung verpflichtete, verpflichtete es folglich den
Mann im Normalfall in erster Linie zur Finanzierung alles dessen,
was für den Unterhalt der Familie erforderlich war. Nach dem
neuen § 1360 BGB ist eine solche Verteilung der Unterhaltspflicht
(Frau = Haushalt, Mann = Geldverdienen) durchaus noch mög-

lich, das Gesetz betrachtet sie aber nicht mehr als den üblichen Regelfall. § 1360 BGB bestimmt deshalb, daß grundsätzlich *beide* Ehegatten mit ihrem Arbeitsverdienst und – soweit vorhanden – dem Einkommen aus ihrem Vermögen den Familienunterhalt finanzieren müssen.

Wenn die Ehegatten vereinbart haben, daß einer von ihnen allein den Haushalt führt, so stellt diese Haushaltsführung einen der Berufstätigkeit des anderen gleichwertigen Beitrag zum Familienunterhalt dar. Mit anderen Worten: Der allein haushaltsführende Ehegatte muß nicht auch noch berufstätig sein.

Reicht das Arbeitseinkommen des berufstätigen Partners nicht aus, so müssen die Ehegatten überlegen, was zu tun ist. Es liegt in diesem Fall nahe, daß dann auch der allein haushaltsführende Teil (sprich: in der Regel die Frau) erwerbstätig wird. Entsprechend erhöht sich dann die Mitarbeitspflicht des anderen im Haushalt. Daß einer den Haushalt *allein* macht und außerdem noch in einer Erwerbstätigkeit zum Familienunterhalt beiträgt, ist nach dem neuen Recht nicht mehr gesetzlich gefordert.

Umfang des Unterhalts

Nach § 1360a BGB umfaßt der angemessene Unterhalt der Familie die Kosten für den Familienhaushalt, die Kosten für die persönlichen Bedürfnisse der Ehegatten und die Kosten für den Lebensunterhalt der gemeinsamen Kinder.

Zum Familienunterhalt gehören also zunächst einmal die Kosten für Lebensmittel, für Heizung und Miete, für Kleidung, Reinigung und Wäsche und für alle die Dinge, die nach den Bedürfnissen und den Verhältnissen der Ehegatten im täglichen Leben erforderlich sind. Teure Kosmetika für die Ehefrau oder Maßanzüge für den Ehemann können dazu gehören – das richtet sich nach dem Lebensstandard und dem Einkommen der jeweiligen Familie, ebenso wie die Frage, ob regelmäßige oder gelegentliche Urlaubsreisen der Ehegatten und ihrer Kinder Teil des Familienunterhalts sind oder nicht.

Nicht zum Familienunterhalt gehören Aufwendungen für die Bedürfnisse der Verwandten oder Kinder nur des einen Ehegatten. Lebt beispielsweise die Mutter der Frau mit in der Familie ihrer Tochter, so ist der Schwiegersohn nicht verpflichtet, den Unterhalt seiner Schwiegermutter mit zu finanzieren. Das gleiche gilt für Kinder nur des einen Ehegatten. Der Mann ist daher nicht verpflichtet, für den Unterhalt der Kinder seiner Frau aus erster Ehe und für den Unterhalt ihrer nichtehelichen Kinder aufzukommen, ebensowenig ist die Frau verpflichtet, für die erstehelichen oder nichtehelichen Kinder ihres Mannes zu sorgen. – Doch wird in gerichtlichen Entscheidungen in Fällen, in denen Kinder der Frau in den gemeinsamen Haushalt aufgenommen worden sind, ein stillschweigend abgeschlossener Vertrag angenommen, in dem der Mann für die Dauer der häuslichen Gemeinschaft den Unterhalt für das Kind der Frau übernimmt, „damit sie den Haushalt besorgen kann und nicht durch eine eigene Berufstätigkeit den Unterhalt für das Kind erarbeiten muß". Sobald die häusliche Gemeinschaft aufgegeben ist, die Ehegatten also getrennt leben, entfällt dann auch die Unterhaltspflicht des Mannes gegenüber seinem Stiefkind.

Nach § 1360a Abs. 2 Satz 1 BGB ist der Unterhalt in der Weise zu leisten, „die durch die eheliche Gemeinschaft geboten ist". Diese etwas vage Formulierung des Gesetzes wird von der juristischen Literatur dahingehend gedeutet, daß hier normalerweise nicht konkret genau abgegrenzte Ansprüche gegeneinander bestehen, etwa in der Form „Du bist verpflichtet, meine Hosen zu bügeln" oder „Ich habe einen Anspruch darauf, meine Kleider im besten Modesalon der Stadt zu kaufen, weil das allein unseren Lebensumständen entspricht".

Das für den Lebensunterhalt benötigte Geld muß *im voraus* (§ 1360a Abs. 2 Satz 2 BGB) zur Verfügung stehen. In einer Hausfrauenehe, in der nur ein Ehegatte verdient, kann die Frau also von ihrem Mann Wirtschaftsgeld verlangen, und zwar im voraus und für einen angemessenen Zeitraum.

Abrechnungspflicht

Fraglich ist, ob ein Ehegatte, der entsprechend den gesetzlichen Vorschriften des § 1360a BGB das Wirtschaftsgeld im voraus erhält, über seine Ausgaben abrechnen muß oder nicht. Mancher penible Familienvater verlangt, daß seine Frau ein genaues Haushaltsbuch über alle Ausgaben führt; die eingespannte Hausfrau mag über die zusätzliche Belastung stöhnen, die an ein eigenes Einkommen gewöhnte junge Ehefrau mag sie als Zumutung empfinden. Ist die Frau verpflichtet, abzurechnen? Eine präzise Antwort auf diese Frage gibt unser Gesetz nicht. In der juristischen Literatur wird die Frage uneinheitlich beantwortet. Jedoch lassen sich aus der Verpflichtung der Ehegatten zur ehelichen Lebensgemeinschaft auf der einen Seite und aus dem Recht auf selbständige Haushaltsführung auf der anderen Seite brauchbare Grundsätze zur Beantwortung dieser Frage gewinnen:

Ist die Frau berechtigt, den Haushalt in eigener Verantwortung zu führen (vgl. dazu S. 48), so kann man ihr nicht gleichzeitig zumuten, über jedes Eis für die Kinder, über jeden Salatkopf, über jedes Staubtuch einzeln und ausführlich abzurechnen, wenn sie das nicht will. Selbständige Haushaltsführung erfordert auch einen Spielraum, innerhalb dessen man selbst entscheiden kann, was zu kaufen ist und was nicht, ohne daß der Mann darüber Rechenschaft verlangen könnte. – Andererseits bildet die eheliche Lebensgemeinschaft ein so enges Band zwischen den Ehegatten, sind sie in ihren täglichen Unternehmungen und Bedürfnissen so sehr aufeinander angewiesen, daß man von der Frau durchaus verlangen kann, daß sie ihren Ehemann im großen und ganzen von der Art ihrer Haushaltsführung unterrichtet. Schließlich ist sie in der Lage, ihn kraft ihrer Schlüsselgewalt mit unter Umständen nicht unerheblichen Schulden zu belasten, und er ist gezwungen, auf ihren guten Willen und ihre Loyalität zu vertrauen. Sollte der Mann aber Anhaltspunkte dafür haben, daß seine Frau verschwenderisch mit dem Haushaltsgeld umgeht, so wäre sein Verlangen nach genauerer Abrechnung jedenfalls für einen gewissen Zeitraum sicherlich berechtigt.

Taschengeld

Ob der allein haushaltsführenden Ehefrau neben dem Haushaltsgeld ein Taschengeld zusteht, über das sie, ohne jede Kontrollmöglichkeit durch ihren Mann, frei verfügen kann, ist ein recht beliebtes Thema der Frauenseiten in Zeitungen und Zeitschriften. Das BGB sagt über einen solchen Anspruch nichts. Die Gerichte haben jedoch der nicht verdienenden Ehefrau einen solchen Taschengeldanspruch zugebilligt und seine Höhe auf etwa 3 bis 5 %

vom Nettoeinkommen des Mannes beziffert. Das gilt jedoch nur unter zwei Voraussetzungen: Einmal, daß die Frau kein eigenes Einkommen oder kein eigenes Vermögen hat, zum anderen, daß vom Einkommen des Mannes nach Bestreitung des Familienunterhalts etwas übrigbleibt. Denn wenn der Mann gerade soviel verdient, wie für die Finanzierung des gemeinsamen Haushalts nötig ist, so kann dann nicht auch noch die Frau 5% seines Nettoeinkommens für sich allein verlangen. Und wenn sie andererseits selbst ein Einkommen hat oder über ein eigenes Vermögen verfügt, ist nicht einzusehen, warum der Mann ihr noch etwas dazu geben müßte.

Sind beide Ehegatten berufstätig und haben die Haushaltsführung unter sich aufgeteilt, so besteht natürlich kein Bedürfnis für einen Taschengeldanspruch des einen gegen den anderen. In diesem Fall wird jeder den erforderlichen Teil seines Arbeitseinkommens in die Haushaltskasse einbringen; der Rest verbleibt ihm dann zur freien Verfügung.

5. Kindererziehung

Sofern in einer Ehe Kinder vorhanden sind, haben nach § 1626 und § 1627 BGB beide Eltern das Recht und die Pflicht, die elterliche Gewalt auszuüben, solange die Kinder minderjährig, also noch nicht 18 Jahre alt sind. Der wichtigste Teil der elterlichen Gewalt ist die Erziehung der Kinder. Die elterliche Gewalt steht seit dem Gleichberechtigungsgesetz von 1957 beiden Eltern gemeinsam zu. Wenn Meinungsverschiedenheiten entstehen, müssen die Eltern versuchen, sich zu einigen. Nur in Notfällen – wenn beispielsweise ein Kind ins Krankenhaus muß und der andere Elternteil nicht erreichbar ist – kann einer allein entscheiden.

Was aber geschieht, wenn eine Einigung der Eltern nicht zu erreichen ist? Wenn die Mutter das Kind studieren lassen will, der Vater aber nicht? Was geschieht bei konfessionellen Mischehen, in denen die Eltern sich vor der Religionsmündigkeit des Kindes über das religiöse Bekenntnis nicht einigen können? Noch das Gleichberechtigungsgesetz von 1957, das die Konkretisierung des im Grundgesetz verankerten Gleichheitsgrundsatzes in den einzelnen Rechtsgebieten gebracht hat, sah für diesen Fall den Stichentscheid des Vaters (unter Berücksichtigung der Auffassung der Mutter) vor. Das Bundesverfassungsgericht hat diesen väterlichen Stichentscheid für verfassungswidrig und damit für nichtig erklärt. Einen Stichentscheid des Vaters gibt es also nicht; die Mutter braucht sich ihm nicht zu beugen, ist andererseits sogar verpflichtet, sich eine eigene Meinung zu bilden. So ergibt sich bei hartnäckiger Meinungsverschiedenheit der Eltern eine Art „eheliches Patt" – keiner hat recht. Damit dies nicht im Endeffekt auf dem Rücken der Kinder ausgetragen wird, nehmen unsere Gerichte für diesen Fall die Zuständigkeit des Vormundschaftsgerichtes an, allerdings nur, wenn das Kindeswohl das verlangt. Im Fall der mangelnden Einigung kann also dann jeder Elternteil das Vormundschaftsgericht anrufen.

III. Eheliches Güterrecht

In diesem Abschnitt, der die vermögensrechtlichen Konsequenzen der Eheschließung zum Thema hat, wird die Frage zu behandeln sein, *wie unsere Rechtsordnung die Eigentumsverhältnisse zwischen Ehegatten regelt.*

Dabei ist einerseits das Vermögen zu berücksichtigen, das ein Ehegatte schon vor der Eheschließung besaß, das er also mit in die Ehe gebracht hat, andererseits aber auch das Vermögen, das von einem allein oder von beiden Ehegatten gemeinsam während der Ehe erworben worden ist. Heiratet beispielsweise der Inhaber einer Baufirma seine Sekretärin, oder heiratet ein junger Handwerker in den Betrieb seines Schwiegervaters ein und führt ihn dann fort, oder erwirbt ein Beamter von seinen Ersparnissen ein Einfamilienhaus für sich und seine Familie, baut ein Arztehepaar gemeinsam eine Praxis und ein kleines Privatvermögen auf, so fragt es sich, wem denn nun das anfangs bereits vorhandene oder später von einem oder von beiden gemeinsam erworbene Vermögen gehört. Besonders nach Auflösung der Ehe durch den Tod eines Ehegatten oder durch Scheidung wird die Frage, wem das vorhandene Vermögen gehört, bedeutsam. Doch auch während einer bestehenden Ehe kann es unter den Eheleuten darüber zu Unklarheiten und Differenzen kommen, etwa dann, wenn ein Ehegatte das ganze vorhandene Vermögen oder einen Teil davon verkaufen will, der andere aber nicht.

Die Frage, wie sich die Ehe auf die vermögensrechtlichen Beziehungen der Ehegatten auswirkt, richtet sich nach dem ehelichen *Güterstand.* Will eine Frau also wissen, wie ihre persönliche vermögensrechtliche Stellung in der Familie ist, so muß sie zunächst feststellen, *in welchem Güterstand sie lebt.* Das führt uns zu der Frage, wie der eheliche Güterstand begründet wird. Dafür gibt es zwei Möglichkeiten: Die Ehegatten können durch *Ehevertrag* einen bestimmten Güterstand vereinbaren – dafür stellt ihnen unser Bürgerliches Gesetzbuch eine Anzahl von möglichen Güterstandstypen zur Verfügung – oder es gilt, sofern keine ehevertragliche Abmachung vorliegt, der gesetzliche Güterstand, das ist normalerweise die *Zugewinngemeinschaft*.

Im folgenden werden wir zunächst auf diesen gesetzlichen Güterstand näher eingehen, danach die Voraussetzungen und Wirkungen eines Ehevertrages untersuchen und anschließend die anderen möglichen Güterstände darstellen.

1. Zugewinngemeinschaft

Nach § 1363 BGB leben die Ehegatten im gesetzlichen Güterstand der Zugewinngemeinschaft, wenn sie nicht durch Ehevertrag etwas anderes vereinbart haben. Die Zugewinngemeinschaft ist durch das Gleichberechtigungsgesetz eingeführt worden. Nach dem alten BGB in seiner ursprünglichen Fassung war gesetzlicher Güterstand die „Verwaltung und Nutznießung" des Mannes am Vermögen der Frau. Danach konnte eine verheiratete Frau zwar eigenes Vermögen haben, das, was sie mit in die Ehe brachte, gehörte weiterhin ihr, doch wurde es allein vom Mann verwaltet und alle Einkünfte daraus standen ihm zu. Seit Inkrafttreten des Gleichheitsgrundsatzes am 31. März 1953 (Art. 117 GG) haben die Gerichte diesen damals geltenden Güterstand der Verwaltung und Nutznießung, der ganz zweifellos gegen den Gleichheitsgrundsatz verstieß, als nicht mehr wirksam behandelt. Die Rechtsprechung betrachtete damals zunächst die Gütertrennung als angemessenen Güterstand. Mit dem Gleichberechtigungsgesetz wurde dann am 1. Juli 1958 die Zugewinngemeinschaft gesetzlicher Güterstand und ist es noch heute.

Dieser gesetzliche Güterstand der Zugewinngemeinschaft gilt – darauf haben wir schon hingewiesen – immer dann, wenn die Ehegatten nichts anderes vereinbart haben. Er gilt auch für Ehen, die vor seiner Einführung, also vor dem 1. Juli 1958 geschlossen worden sind. Allerdings bestand damals für jeden Ehepartner die Möglichkeit, durch eine einseitige Erklärung gegenüber dem Amtsgericht für seine Ehe den Güterstand der Gütertrennung beizubehalten. Diese Erklärung konnte bis zum 30. Juni 1958 abgegeben werden und mußte notariell oder gerichtlich beglaubigt sein (Art. 8 Ziff. 3

Gleichberechtigungsgesetz). Ausnahmsweise war damals der Ausschluß des gesetzlichen Güterstandes allein durch einen Ehegatten möglich, ohne Vertrag, also auch ohne Zustimmung, ja sogar gegen den Willen des anderen Ehegatten.

Zusammenfassend läßt sich also sagen: Ein Ehepaar lebt heute im Güterstand der Zugewinngemeinschaft, wenn es nichts anderes vereinbart hat und wenn keiner von beiden bis zum 30. Juni 1958 durch Erklärung gegenüber dem Amtsgericht sich für Gütertrennung entschieden hat. In Sonderfällen konnte diese Erklärung bis zum 31. Dezember 1961 nachgeholt werden.

Wie sieht nun dieser gesetzliche Güterstand im einzelnen aus und welche Rechte und Pflichten bringt die Zugewinngemeinschaft für die Ehepartner mit sich?

a) Der Grundgedanke der Zugewinngemeinschaft: Getrennte Vermögen der Ehegatten

Der Grundgedanke der Zugewinngemeinschaft ist einfach: Während der Dauer der Zugewinngemeinschaft bleiben die Vermögen der Ehegatten getrennt. Nach ihrer Auflösung (durch Tod eines Ehegatten, Scheidung, Ehevertrag oder auch gerichtliches Urteil) wird das, was während der Dauer der Zugewinngemeinschaft dazugekommen ist, unter den Ehegatten ausgeglichen (§ 1363 Abs. 2 BGB). Man könnte also auch von Gütertrennung mit Zugewinnausgleich sprechen, nur ist der vom Gesetz gewählte Name nun einmal anders.

Der Sinn dieses gesetzlichen Güterstandes liegt darin, daß man der Frau einerseits eine gleichberechtigte vermögensrechtliche Stellung in der Familie geben wollte, daß man aber andererseits auch ihrer Hausfrauenrolle, die sie in der großen Mehrzahl der Fälle an einer uneingeschränkten vollen Berufstätigkeit hindert, gerecht werden wollte. Die gleichberechtigte vermögensrechtliche Stellung erhält sie dadurch, daß sie ihr eigenes Vermögen behält, es auch selbst verwaltet und über die Einkünfte daraus verfügen kann – insofern: Gütertrennung. Da sie aber durch ihre Hausfrauentätigkeit den Mann sozusagen freistellt für seinen Beruf, gibt man ihr, sofern er dabei mehr verdient, als die Familie verbraucht, einen *Ausgleichs-*

anspruch gegen ihn. Die gleiche Bewertung der Arbeit von Mann und Frau war einer der Grundgedanken dieser gesetzlichen Regelung. Das ist eine Schematisierung, die in vielen Fällen gerecht sein mag, in anderen aber auch nicht. (Auf die Einzelheiten des Zugewinnausgleichs werden wir sogleich näher eingehen.)

Von dem Grundsatz des § 1363 BGB, wonach jeder Ehegatte das Vermögen, das er bereits vor der Ehe hatte oder während der Ehe erwirbt, für sich behält, können die Ehegatten *Ausnahmen* machen. Wenn beispielsweise die Ehegatten aus gemeinsam erspartem Geld Anschaffungen machen, etwa eine Wohnungseinrichtung, eine Eigentumswohnung oder ein Haus kaufen, so werden sie, auch wenn sie im Güterstand der Zugewinngemeinschaft leben, gemeinsam Eigentümer. Doch wird ein solches gemeinsames Eigentum der Ehegatten vom Gesetz nicht vermutet, es muß sich vielmehr aus dem *jeweiligen Rechtsgeschäft* selbst ergeben.

b) Die Vermögensverwaltung während der Dauer der Zugewinngemeinschaft (Verfügungsbeschränkungen)

Nach § 1364 BGB verwaltet jeder Ehegatte sein Vermögen selbständig. Ganz frei ist er jedoch dabei nicht. Für die selbständige Vermögensverwaltung gelten zwei wesentliche Einschränkungen: Jeder Ehegatte kann nur mit Zustimmung des anderen über sein *Vermögen im ganzen* verfügen. Das gleiche gilt für Verfügungen über *Haushaltsgegenstände*. Wir wollen uns diese Verfügungsbeschränkungen nun näher ansehen:

Verfügungsbeschränkung hinsichtlich des Vermögens im ganzen

Nach § 1365 Abs. 1 BGB kann ein Ehegatte sich „nur mit Einwilligung des anderen Ehegatten verpflichten, über sein Vermögen im ganzen zu verfügen. Hat er sich ohne Zustimmung des anderen Ehegatten verpflichtet, so kann er die Verpflichtung nur erfüllen, wenn der andere Ehegatte einwilligt". Der Sinn dieser Vorschrift liegt einmal darin, daß kein Ehegatte allein die wirtschaftliche Grundlage der Familie gefährden können soll und daß außerdem sein Zugewinnanspruch nicht ohne seine Zustimmung beeinträchtigt werden soll. Wollte beispielsweise ein Handwerksmeister seinen

Betrieb verkaufen, um mit dem Erlös ins Ausland zu gehen, so
könnte er das nicht ohne Zustimmung seiner Ehefrau tun, sofern
der Betrieb – wie das die Regel ist – sein ganzes Vermögen darstellt.

Dieser Grundsatz bedarf noch der Erläuterung. In den Jahren
nach dem Erlaß des Gleichberechtigungsgesetzes war zunächst un-
klar, was in § 1365 BGB mit „Vermögen im ganzen" gemeint sein
sollte. Bedeutete das, daß nur solche Verträge zustimmungsbedürf-
tig sind, die sich ausdrücklich auf das *ganze* vorhandene Vermögen
beziehen, oder sollte diese Vorschrift auch dann anwendbar sein,
wenn nur *ein* Gegenstand, der aber praktisch das ganze Vermögen
eines Ehegatten ausmachte, wie etwa ein Haus oder ein Grundstück
veräußert worden war? Und kommt es darauf an, ob der Dritte,
der Erwerber, wußte oder wissen konnte oder mußte, daß es sich
um das ganze oder praktisch das ganze Vermögen dieses einen Ehegatten handelte? Diese Fragen waren zunächst sehr umstritten, ganz
geklärt sind sie auch heute noch nicht. Doch gibt es inzwischen eine
gefestigte Rechtsprechung, die hier anhand einer Entscheidung des
Bundesgerichtshofes verdeutlicht werden soll:

In diesem Fall ging es darum, daß der Ehemann ein von ihm und seiner
Frau bewohntes Hausgrundstück ohne die Zustimmung seiner Frau ver-
kauft hatte. Der Käufer wurde im Grundbuch als Eigentümer eingetragen
und zahlte den Kaufpreis. Später berief sich die Ehefrau darauf, daß ihre
Zustimmung gefehlt habe. Der Käufer hingegen wandte ein, er habe
geglaubt, daß der Ehemann noch weiteres Vermögen gehabt habe. Der
Bundesgerichtshof stellt in seiner Entscheidung zunächst klar, „daß zustim-
mungsbedürftig nach § 1365 BGB nicht nur Rechtsgeschäfte über die Ver-
äußerung des Gesamtvermögens als solchen (als Inbegriff, en bloc) sind,
sondern daß auch Rechtsgeschäfte über einen einzelnen Gegenstand (oder
mehrere einzelne Gegenstände) darunter fallen können, nämlich dann,
wenn dieser Gegenstand tatsächlich das ganze oder nahezu (im wesentlichen, so gut wie) das ganze Vermögen ausmacht". Der BGH meint, „für
eine solche – weite – Auslegung spricht in erster Linie der ... Gesetzes-
zweck, (neben dem künftigen Ausgleichsanspruch des anderen Gatten) vor
allem die wirtschaftliche Grundlage der Familie zu sichern". Dabei kommt
es nicht darauf an, ob die Verfügung über diesen Vermögensgegenstand
entgeltlich war oder nicht. Auch dann, wenn der verfügende Ehegatte vom
Erwerber eine Gegenleistung – etwa den Kaufpreis – erhält, so ändert das
nichts an der Zustimmungsbedürftigkeit des Kaufvertrages.

Die Frage, ob der Erwerber wissen müsse, daß es sich um das ganze
Vermögen des verfügenden Ehegatten handele, bejaht der Bundesgerichts-

hof. Er sagt: „§ 1365 BGB greift nur ein, wenn der Vertragspartner positiv weiß, daß es sich bei dem in Frage stehenden Gegenstand um das ganze oder nahezu das ganze Vermögen des Ehegatten handelt oder wenn er zumindest die Verhältnisse kennt, aus denen sich dies ergibt. Die Kenntnis hat derjenige zu beweisen, der sich auf die Zustimmungsbedürftigkeit nach § 1365 BGB beruft, also in der Regel der andere Ehegatte" (FamRZ 1965, S. 258).

Ist nun entgegen der Vorschrift des § 1365 BGB ohne Zustimmung des anderen Ehegatten ein Vertrag geschlossen worden, so kann dieser ihn nachträglich genehmigen; dann wird der Vertrag wirksam (§ 1366 Abs. 1 BGB). Verweigert der andere Ehegatte seine Zustimmung, so kann das Vormundschaftsgericht unter gewissen Voraussetzungen seine Zustimmung ersetzen, also an seiner Stelle zustimmen. Das setzt aber zunächst voraus, daß das Rechtsgeschäft „den Grundsätzen einer ordnungsmäßigen Verwaltung entspricht", daß es also insbesondere den Familieninteressen nicht zuwiderläuft, des weiteren, daß der andere Ehegatte seine Zustimmung entweder ohne ausreichenden Grund verweigert oder daß er durch Krankheit oder Abwesenheit an der Abgabe der Zustimmungserklärung gehindert ist und mit dem Aufschub Gefahr verbunden ist (§ 1365 Abs. 2 BGB).

Wäre die Zustimmung an sich erforderlich gewesen, ist sie nicht durch das Vormundschaftsgericht ersetzt worden und hat der Erwerber auch gewußt, daß es sich um das ganze Vermögen des verfügenden Ehegatten handelte, so ist die Verfügung unwirksam, das Vermögen kann also zurückverlangt werden. § 1368 BGB bestimmt, daß auch der andere Ehegatte (das ist also der, der die Zustimmung nicht gegeben hatte) berechtigt ist, gegen den Dritten gerichtlich vorzugehen. Hat also der Ehemann ohne Zustimmung seiner Frau über ein Haus verfügt, das praktisch sein ganzes Vermögen ausmachte, hat der Erwerber die Verhältnisse gekannt und hat das Vormundschaftsgericht die Zustimmung der Frau auch nicht ersetzt, so kann nicht nur der Mann, sondern auch *die Frau* nun vom Erwerber verlangen, daß er das Haus an den Ehemann zurücküberträgt.

Verfügungsbeschränkung hinsichtlich der Haushaltsgegenstände

Die zweite Verfügungsbeschränkung im Güterstand der Zugewinngemeinschaft bezieht sich auf Verfügungen über Haushaltsgegenstände. Nach § 1369 BGB kann ein Ehegatte über ihm gehörende Gegenstände des ehelichen Haushalts nur verfügen, wenn der andere Ehegatte einwilligt. Die Ehefrau kann also einen Staubsauger, den sie von ihrem Einkommen angeschafft hat, nicht ohne Zustimmung ihres Mannes verkaufen. Ebensowenig kann der Mann das Fernsehgerät, das er mit in die Ehe gebracht hat, ohne Zustimmung seiner Frau verkaufen. Hierher gehören alle Gegenstände, die im gemeinsamen Haushalt benötigt werden, nicht dagegen die persönlichen Gegenstände eines Ehegatten, die nur seinem persönlichen Gebrauch dienen. Die Frau könnte beispielsweise ihren Schmuck, ihre Kleidung, ihre persönlichen Bücher verkaufen. Schwierig kann die Abgrenzung dann werden, wenn das Auto, die Schreibmaschine, das Klavier einem Ehegatten gehört und vom andern gelegentlich auch benutzt wird. Hier wird man die Frage jeweils nur im Einzelfall unter Berücksichtigung der näheren Umstände beantworten können. Auch bei der Verfügung über Haushaltsgegenstände kann die Zustimmung des anderen Ehegatten durch das Vormundschaftsgericht ersetzt werden (§ 1369 Abs. 2 BGB), ebenso kann dieser Ehegatte nachträglich seine Genehmigung erteilen oder bei Unwirksamkeit der Verfügung gegen den Dritten gerichtlich vorgehen.

c) Zugewinnausgleich zu Lebzeiten beider Ehegatten

Getrennte Verwaltung der Vermögen der Ehegatten und Verfügungsverbote gibt es auch in anderen Güterständen. Charakteristisch für die Zugewinngemeinschaft ist der Anspruch auf Zugewinnausgleich bei Beendigung dieses Güterstandes. Das Gesetz unterscheidet bei der Ausgestaltung dieses Zugewinnanspruches nach dem Grund der Beendigung des gesetzlichen Güterstandes: Wird er durch Tod eines Ehegatten beendet, so gelten besondere Vorschriften (siehe dazu nachstehend unter d).

Eine Beendigung der Zugewinngemeinschaft zu Lebzeiten beider Ehegatten ist möglich durch *Scheidung, Eheaufhebung* oder *Nich-*

*tigerklärung der Eh*e sowie auch dann, wenn die Ehegatten zunächst einige Zeit im Güterstand der Zugewinngemeinschaft leben, dann aber einen *Ehevertrag* schließen, in dem sie einen anderen Güterstand vereinbaren. Außerdem kann die Zugewinngemeinschaft durch ein *Urteil auf vorzeitigen Zugewinnausgleich* (§§ 1385, 1386 BGB) aufgehoben werden.

Wie wird in diesen Fällen nun der Ausgleichsanspruch berechnet? Das Prinzip ist einfach: Es wird zunächst das *Anfangsvermögen* jedes Ehegatten festgestellt, also das, was er zu Beginn der Zugewinngemeinschaft gehabt hat. Dann wird das *Endvermögen* festgestellt, also das, was bei Beendigung des Güterstandes an Vermögen vorhanden ist. Das Anfangsvermögen wird nun vom Endvermögen abgezogen, was übrig bleibt, ist der *Zugewinn*. Ist dieser übrig bleibende Zugewinn beim einen Ehegatten größer als beim anderen, so muß derjenige, der mehr übrig behält, die *Hälfte seines Überschusses* an den anderen abgeben, so daß im Endeffekt beide gleich viel haben.

Bringt beispielsweise bei der Heirat jeder Ehegatte ein Sparkonto mit 3000 DM mit und sind bei Scheidung der Ehe auf dem Konto der Frau noch 500 DM vorhanden, hat aber der Mann mit seinem Arbeitsverdienst noch 2000 DM dazu sparen können, so daß auf seinem Konto jetzt 5000 DM liegen, so errechnet sich der Anspruch auf Ausgleich des Zugewinns folgendermaßen:

Anfangsvermögen der Frau	3000 DM
Endvermögen der Frau	500 DM
Zugewinn der Frau	–
Anfangsvermögen des Mannes	3000 DM
Endvermögen des Mannes	5000 DM
Zugewinn des Mannes	2000 DM

Also beträgt hier der Ausgleichsanspruch der Frau 1000 DM, nämlich die Hälfte seines Zugewinns.

Anfangsvermögen

Anfangsvermögen ist das Vermögen, das einem Ehegatten nach Abzug der Verbindlichkeiten beim Eintritt des Güterstandes gehört (§ 1374 BGB). *Die Schulden werden also vom positiv vorhandenen Vermögen abgezogen; doch darf als Anfangsvermögen niemals ein Minus-Betrag erscheinen.*

Hat also beispielsweise ein Geschäftsmann auf seinem Konto 50 000 DM und Schulden in Höhe von 30 000 DM, so beträgt sein Anfangsvermögen 20 000 DM. Hat er bei dem gleichen Ausgangsbetrag Schulden in Höhe von 60 000 DM, so wird sein Anfangsvermögen mit 0 angesetzt.

Zum Anfangsvermögen wird *hinzugerechnet, was ein Ehegatte nach Eintritt der Zugewinngemeinschaft erbt, geschenkt bekommt oder als Ausstattung von seinen Eltern erhält* (§ 1374 Abs. 2 BGB). Schenkungen und Erbschaften sind also *nicht* ausgleichspflichtig, weil sie nicht aus dem Arbeitsverdienst eines Ehegatten stammen, also auch nicht indirekt auf der Mitarbeit des anderen, ausgleichsberechtigten Ehegatten beruhen. Hier ist das Gesetz konsequent.

Andererseits sind aber ein Lottogewinn, die Wertsteigerung eines Grundstücks, der Wertzuwachs bei Aktien (§ 1376 BGB) dem Endvermögen hinzuzurechnen, sind also ausgleichspflichtig, obwohl auch hier der andere Ehegatte nichts zum Erwerb oder zur Wertsteigerung beigetragen hatte. Dies läßt sich zwar mit der ehelichen „Schicksalsgemeinschaft", die „im Guten wie im Bösen" gelte, einigermaßen rechtfertigen, aber das ließe sich bei Erbschaft oder Schenkung schließlich auch sagen.

Da sich das Anfangsvermögen nach langjähriger Ehe oft sehr schwer feststellen läßt, legt der Gesetzgeber es den Ehegatten nahe, zu Beginn der Ehe ein *Verzeichnis über die vorhandenen Vermögensteile* aufzustellen. Es wird dann vermutet, daß dieses Verzeichnis richtig ist. Ist kein Verzeichnis vorhanden, so wird vermutet, daß kein Anfangsvermögen vorhanden war (§ 1377 BGB). Diese gesetzlichen Vermutungen bedeuten, daß ein Ehegatte, der behaupten will, daß das Verzeichnis falsch ist oder daß er doch ein Anfangsvermögen gehabt habe, dies beweisen muß. Ein rechtlicher Zwang zur Errichtung des Verzeichnisses besteht nicht.

Bei jüngeren Ehen ist normalerweise der Beginn des gesetzlichen Güterstandes die Eheschließung – dann kommt es auf das zur Zeit der Eheschließung vorhandene Vermögen an, wenn man das Anfangsvermögen feststellen will. Bei älteren Ehepaaren ist der Beginn des Güterstandes der Zugewinngemeinschaft meist das Datum des Inkrafttretens des Gleichberechtigungsgesetzes – das ist der 1. Juli 1958.

Endvermögen

Endvermögen ist das Vermögen, das *nach Abzug der Verbindlichkeiten* einem Ehegatten bei der Beendigung des Güterstandes gehört. Hat dieser Ehegatte vor dem Ende des Güterstandes Schenkungen gemacht, die nicht „einer sittlichen Pflicht oder einer auf den Anstand zu nehmenden Rücksicht" entsprachen, hat er Vermögen verschwendet oder Transaktionen in der Absicht vorgenommen, den anderen Ehegatten zu benachteiligen, so werden diese Vermögenswerte dem Endvermögen *hinzugerechnet,* obwohl sie tatsächlich nicht mehr vorhanden sind; der Ausgleichsanspruch des anderen Ehegatten wird damit erhöht. War der andere Ehegatte mit der Zuwendung oder der Verschwendung einverstanden oder sind seitdem mindestens 10 Jahre vergangen, so werden diese Beträge nicht mit berücksichtigt (§ 1375 BGB).

Nach der Beendigung des Güterstandes muß jeder Ehegatte dem anderen über den Bestand seines Endvermögens *Auskunft* geben (§ 1379 BGB). Diese Auskunftspflicht des Ehegatten besteht aber nur für das Endvermögen, nicht für das Anfangsvermögen, und sie besteht auch nur, wenn der Güterstand bereits beendet ist, wenn die Scheidung beantragt oder Aufhebungs- oder Nichtigkeitsklage erhoben worden ist. Will also beispielsweise eine Frau ihre Einwilligung zur Scheidung von der Höhe ihrer Zugewinnausgleichsforderung abhängig machen, so kann sie *nicht* schon vor dem Scheidungsantrag vom Mann über sein Endvermögen Auskunft verlangen. Eine *allgemeine* Auskunftspflicht besteht nur hinsichtlich der Zusammensetzung des Vermögens im großen und ganzen im Rahmen der Verpflichtung zur ehelichen Lebensgemeinschaft. Verletzt der Mann diese sehr viel allgemeiner gehaltene Pflicht zur Auskunft über sein Vermögen, so kann die Frau auf vorzeitigen Ausgleich des Zugewinns klagen (§ 1386 Abs. 3 BGB) und, wenn das Urteil rechtskräftig ist, genaue Auskunft über das derzeit vorhandene Endvermögen des Mannes verlangen.

Die Ausgleichsforderung

Die Ausgleichsforderung wird, wie wir schon erläutert haben, dadurch errechnet, daß der Zugewinn des einen Ehegatten mit dem Zugewinn des anderen Ehegatten verglichen wird. Ist ein Zuge-

winn höher, so hat der andere Ehegatte einen Anspruch in Höhe
der Hälfte der Differenz. In aller Regel wird der Zugewinn des
Mannes höher sein als der der Frau, in der Regel wird daher die
Frau einen Anspruch auf Zugewinnausgleich haben. Sie muß sich
jedoch auf ihre Ausgleichsforderung das anrechnen lassen, was der
Mann ihr bereits vorher mit der Auflage übertragen hat, es solle
auf ihren Ausgleichsanspruch angerechnet werden. Bei Geschenken,
die über den Wert von Gelegenheitsgeschenken hinausgehen, ist im
Zweifel anzunehmen, daß sie angerechnet werden sollen (§ 1380
BGB).

Ausschluß der Ausgleichsforderung bei „grober Unbilligkeit"

Immer dann, wenn ein Ehegatte im Laufe der Ehe viel gespart
oder ein größeres Vermögen aufgebaut hat, wird diese Ausgleichsforderung verhältnismäßig hoch sein. Dann kann es im Einzelfall
vorkommen, daß eine so hohe Ausgleichsforderung ungerecht erscheint. § 1381 BGB bestimmt daher, daß der Schuldner die Erfüllung der Ausgleichsforderung verweigern kann, wenn der Ausgleich des Zugewinns nach den Umständen des Falles *grob unbillig*
wäre. Eine solche grobe Unbilligkeit kann insbesondere dann vorliegen, wenn der Ehegatte, der den geringeren Zugewinn erzielt
hat, längere Zeit hindurch die wirtschaftlichen Verpflichtungen, die
sich aus der ehelichen Lebensgemeinschaft für ihn ergaben, nicht
erfüllt hat. Hat also beispielsweise der Mann den höheren Zugewinn
und hat die Frau während längerer Zeit den Haushalt nicht geführt, obwohl das vereinbart war, so kann sie auch keinen Ausgleich des Zugewinns beanspruchen. Hatte auf der anderen Seite
die Frau den höheren Zugewinn und hat der Mann seine Unterhaltspflicht gegenüber der Familie nicht erfüllt, sondern auch dies der
Frau überlassen, so kann er nun auch nicht nachträglich noch Zugewinnausgleich fordern.

Umstritten ist beim Ausschluß des Zugewinnanspruchs aus Billigkeitsgründen, ob eine „grobe Unbilligkeit" nur in der Verletzung *wirtschaftlicher* Verpflichtungen gesehen werden kann oder
ob auch die Verletzung *anderer ehelicher Pflichten* die Ausgleichsforderung grob unbillig erscheinen lassen kann. Konkret gesagt:
Kann ein Mann die Erfüllung der Ausgleichsforderung verwei-

gern, weil seine Frau ihn betrogen hat? Die Frage ist – wie gesagt – in der juristischen Literatur umstritten. Der Bundesgerichtshof hält die Versagung des Ausgleichsanspruchs wegen Verletzung anderer als wirtschaftlicher ehelicher Verpflichtungen zwar für möglich, aber nur in seltenen, kraß gelagerten Ausnahmefällen.

Klage auf vorzeitigen Zugewinnausgleich

Schließlich ist unter einer Anzahl von Voraussetzungen Klage auf vorzeitigen Zugewinnausgleich möglich (vergleiche die §§ 1384 bis 1388 BGB). Eine solche Klage kann in folgenden Fällen erhoben werden:

a) Wenn die Ehegatten seit mindestens drei Jahren getrennt leben (§ 1385 BGB);

b) wenn ein Ehegatte längere Zeit hindurch seine wirtschaftlichen Verpflichtungen aus der ehelichen Lebensgemeinschaft schuldhaft nicht erfüllt hat und anzunehmen ist, daß er sie auch in Zukunft nicht erfüllen wird (§ 1386 Abs. 1 BGB);

c) wenn ein Ehegatte entgegen dem gesetzlichen Verfügungsverbot des § 1365 BGB sich verpflichtet hat, über sein Vermögen im ganzen zu verfügen, ohne die Zustimmung des anderen Ehegatten einzuholen und wenn dadurch die Ausgleichsforderung des anderen Ehegatten gefährdet wird (§ 1386 Abs. 2 Ziff. 1 BGB);

d) wenn ein Ehegatte entgegen § 1375 BGB Vermögen verschenkt, verschwendet oder sonst in der Absicht gehandelt hat, die Ausgleichsforderung des anderen zu mindern und dadurch die Ausgleichsforderung tatsächlich gefährdet wird (§ 1386 Abs. 2 Ziff. 2 BGB);

e) wenn ein Ehegatte sich beharrlich weigert, den anderen über den Bestand seines Vermögens in groben Zügen zu unterrichten (§ 1386 Abs. 3 BGB).

In diesen Fällen wird der Güterstand der Zugewinngemeinschaft durch das Urteil aufgelöst. Die Ehe besteht jedoch weiter. Der klagende Ehegatte kann Zugewinnausgleich verlangen und die Ehegatten leben von nun an im Güterstand der Gütertrennung (§ 1388 BGB).

d) Zugewinnausgleich bei Tod eines Ehegatten

Erheblich komplizierter als der Zugewinnausgleich zu Lebzeiten beider Ehegatten ist die rechtliche Lage dann, wenn der gesetzliche Güterstand durch den Tod eines Ehegatten aufgelöst wird. In diesem Fall hat der überlebende Ehegatte *mehrere* Möglichkeiten zur Verfügung.

Da die Berechnung des wirklich erzielten Zugewinnes nicht ganz unkompliziert ist, hat der Gesetzgeber für den Fall der Auflösung der Zugewinngemeinschaft durch den Tod eines Ehegatten diese umständliche Rechnerei dadurch umgangen, daß er den Zugewinn schematisch durch die Erhöhung des gesetzlichen Erbteils des überlebenden Ehegatten um ein Viertel der Erbschaft abgelten läßt. Das bedeutet: Der überlebende Ehegatte erhält, wenn er gesetzlicher Erbe wird, zu seinem Erbteil noch $1/4$ der Erbschaft dazu. Dabei kommt es nicht darauf an, ob im Einzelfall überhaupt ein Zugewinn erzielt worden ist; diese Erhöhung des gesetzlichen Erbteils gilt unabhängig davon. Da der gesetzliche Erbteil neben Kindern $1/4$ beträgt und nun noch $1/4$ dazukommt, erbt eine überlebende Ehefrau neben Kindern die Hälfte des gesamten Nachlasses. Sind keine Kinder vorhanden, so erbt sie neben Eltern, Großeltern, Geschwistern und Neffen und Nichten des Mannes $3/4$; sind auch solche Verwandte nicht vorhanden, so erbt sie alles.

Das setzt allerdings voraus, daß der überlebende Ehegatte, in unserem Beispiel also die Ehefrau, *gesetzlicher* Erbe wird. *Gesetzlicher Erbe ist sie nicht,* wenn sie enterbt worden ist oder wenn sie die Erbschaft ausgeschlagen hat. In diesem Fall kann sie statt des erbrechtlich schematisierten Zugewinnausgleichs (Erbteil $+ 1/4$ der Erbschaft) Zugewinnausgleich nach den allgemeinen Vorschriften verlangen. Der Ausgleichsanspruch berechnet sich dann nach den gleichen Vorschriften wie beim Zugewinnausgleich unter Lebenden, wie wir ihn eben erörtert haben. Neben dieser Ausgleichsforderung kann sie zusätzlich auch noch den Pflichtteil nach den allgemeinen erbrechtlichen Vorschriften verlangen, der sich in diesem Fall nach dem einfachen, also nicht erhöhten gesetzlichen Erbteil berechnet (sogenannter „kleiner Pflichtteil").

Gesetzlicher Erbe ist die – in unserem Beispiel – überlebende Ehefrau auch dann nicht, wenn eine letztwillige Verfügung (Testament, Erbvertrag) des Erblassers vorhanden ist. Wird sie durch diese letztwillige Verfügung als Erbin oder Vermächtnisnehmerin eingesetzt, so muß ihr Erbteil oder Vermächtnis mindestens dem Pflichtteil entsprechen, der nach dem erhöhten gesetzlichen Erbteil berechnet wird (sogenannter „großer Pflichtteil"). Ist der Erbteil oder das Vermächtnis geringer, so kann sie die Ergänzung bis zum „großen Pflichtteil" verlangen. Sie kann aber auch die testamentarische Erbeinsetzung oder das Vermächtnis ausschlagen und Zugewinnausgleich + kleinen Pflichtteil verlangen.

Fassen wir diese verschiedenen Möglichkeiten noch einmal zusammen:

a) Die Ehefrau wird *gesetzliche Erbin.* Ihr gesetzlicher Erbteil erhöht sich um $1/4$. Wenn sie die Erbschaft ausschlägt, kann sie Zugewinnausgleich + kleinen Pflichtteil verlangen.

b) Die Ehefrau ist *in einer letztwilligen Verfügung bedacht.* Ist der ihr zugedachte Betrag kleiner als der große Pflichtteil, so kann sie Ergänzung verlangen. Auch wenn der ihr zugedachte Betrag dem großen Pflichtteil entspricht oder sogar darüber liegt, kann sie die Erbschaft oder das Vermächtnis ausschlagen und Zugewinnausgleich und kleinen Pflichtteil verlangen.

c) Die Ehefrau ist *enterbt* worden. Sie kann Zugewinnausgleich verlangen (außer in Fällen der groben Unbilligkeit, § 1381 BGB). Daneben kann sie auch den kleinen Pflichtteil verlangen, sofern ihr nicht der Pflichtteil entzogen worden ist, sie für erbunwürdig erklärt worden ist oder auf ihr gesetzliches Erbrecht verzichtet hat.

Schematisierter erbrechtlicher Zugewinnausgleich oder errechnete Ausgleichsforderung?

Sowohl wenn die Ehefrau gesetzliche Erbin ist als auch wenn sie durch eine letztwillige Verfügung bedacht ist, kann sie beim Tod ihres Ehemannes also zwischen schematisiertem erbrechtlichem Zugewinnausgleich und errechneter Ausgleichsforderung wählen. Dabei muß sie zunächst einmal feststellen, welche Lösung für sie günstiger ist. Will sie die *Erbschaft ausschlagen,* um den kleinen Pflichtteil + Zugewinnausgleich zu verlangen, so muß sie sich innerhalb von *6 Wochen* entscheiden, danach ist eine Ausschlagung nicht mehr möglich. Das ist eine verhältnismäßig kurze Frist, wenn man bedenkt, wie groß oft die Unsicherheit nach dem Tod eines Ehegatten ist und wie viele andere Dinge noch geregelt werden müssen. – Ob im Einzelfall Ausgleichsforderung und Pflichtteil oder erhöhter Erbteil vorteilhafter ist, hängt davon ab, ob der wesentliche Teil der Erbschaft aus Zugewinn besteht, der während der Ehe erzielt worden ist, oder ob es sich überwiegend um Vermögen handelt, das bereits bei Eingehung der Ehe oder bei Beginn des gesetzlichen Güterstandes vorhanden war. Im ersten Fall, also *wenn es sich überwiegend um Zugewinn handelt,* wird häufig die Ausgleichsforderung günstiger sein als der Erbteil. Im zweiten Fall, *wenn es sich überwiegend um vorher schon vorhandenes Vermögen handelt,* wird der schematisch erhöhte Erbteil günstiger sein:

Hinterläßt der Ehemann 100 000 DM, die vollständig Zugewinn sind, und ist seine Ehefrau gesetzliche Erbin, so beträgt die Ausgleichsforderung 50 000 DM, hinzu kommt der kleine Pflichtteil. Er beträgt neben Kindern $1/8$ der Erbschaft, also 6250 DM, neben Erben der zweiten Ordnung $1/4$, also 12 500 DM. Dagegen beträgt der erhöhte gesetzliche Erbteil neben Kindern die Hälfte, also 50 000 DM, neben Erben der zweiten Ordnung $3/4$, also 75 000 DM. Daraus ergibt sich: In diesem Beispiel ist es für die überlebende Ehefrau günstiger, die Erbschaft auszuschlagen und Zugewinnausgleich + Pflichtteil zu verlangen, wenn sie neben Kindern des Erblassers erbt. Erbt sie dagegen neben Eltern, Großeltern und Geschwistern des Mannes (Erben der zweiten Ordnung), so ist der erhöhte gesetzliche Erbteil für sie günstiger.

Hinterläßt dagegen der Ehemann 100 000 DM, die nicht Zugewinn, sondern ausschließlich Anfangsvermögen sind, so ist in jedem Fall der Erbanspruch günstiger, weil die Zugewinnausgleichsforderung gleich Null ist.

e) Vor- und Nachteile des gesetzlichen Güterstandes der Zugewinngemeinschaft

Der Güterstand der Zugewinngemeinschaft ist zugeschnitten auf die mittlere Normalfamilie, bei der zu Beginn des Güterstandes wenig vorhanden war, die Ehegatten lange Zeit gemeinsam gelebt haben und die Frau durch Haushaltsführung, Kindererziehung und gelegentliche Mitarbeit dem Mann zur Seite gestanden und geholfen hat. In diesen Fällen ist es gerecht, ihr die Hälfte dessen, was in der Ehe gemeinsam erarbeitet wurde, als Zugewinnausgleichsanspruch oder erhöhten gesetzlichen Erbteil zuzusprechen. Doch ist die Zugewinngemeinschaft dann ungerecht, wenn ein Ehegatte ein großes Vermögen mit in die Ehe bringt, kein Testament hinterläßt und früh verstirbt. Das Paradebeispiel: Der junge Firmenerbe heiratet ein mittelloses Mädchen und stirbt auf der Hochzeitsreise bei einem Autounfall, die Frau überlebt. Als gesetzliche Erbin hat sie neben seinen Eltern einen Erbanspruch von 75% seines Nachlasses.

Ein weiterer Nachteil der Zugewinngemeinschaft besteht darin, daß die Kinder des Erblassers, die nicht aus seiner Ehe mit der erbenden Ehefrau stammen, benachteiligt werden, weil der Erbanspruch der Ehefrau sie praktisch ausschließt. Die gemeinsamen Kinder erben zwar zunächst auch weniger, sie erben aber später nach ihrer Mutter. Die erstehelichen, nichtehelichen und Stiefkinder des Erblassers werden aber durch die Ansprüche des überlebenden Ehegatten benachteiligt. Der Gesetzgeber hat dieses Ergebnis mindern wollen, indem er diesen Abkömmlingen des Erblassers gegenüber dem überlebenden Ehegatten einen *Anspruch auf angemessene Ausbildung* gegeben hat (§ 1371 Abs. 4 BGB), der aus dem zusätzlichen erbrechtlichen Zugewinnviertel zu leisten ist. Diese Belastung hat der überlebende Ehegatte aber nur, wenn er den schematisierten erbrechtlichen Zugewinnausgleich wählt. Schlägt er die Erbschaft aus und wählt den Pflichtteil und die Ausgleichsforderung, so besteht die Verpflichtung nicht.

2. Ehevertrag

Wollen die Ehegatten *einzelne oder alle Rechtsfolgen ausschließen, die der gesetzliche Güterstand der Zugewinngemeinschaft mit sich bringt,* so müssen sie einen *Ehevertrag* schließen. Denn nur durch einen Ehevertrag kann eine vom Gesetz abweichende Regelung getroffen werden. Es genügt also nicht, daß ein Ehegatte bei Eingehung der Ehe erklärt, er wolle den gesetztlichen Güterstand ausschließen; es ist auch unerheblich, ob die Ehegatten sich über die Rechtsfolgen und den Inhalt des gesetzlichen Güterstandes im klaren sind. Schließen sie keinen Ehevertrag, so wird ihr ehelicher Güterstand die Zugewinngemeinschaft. (Zum Ehevertrag über den Versorgungsausgleich siehe unten S. 106.)

Form eines Ehevertrages

Der Ehevertrag muß bei gleichzeitiger Anwesenheit beider Ehegatten zur Niederschrift eines Notars geschlossen werden (§ 1410 BGB). Es genügt also nicht ein einfacher Vertrag, auch nicht, wenn er schriftlich fixiert und von beiden unterschrieben worden ist, vielmehr ist die *Beurkundung durch einen Notar* erforderlich.

Ist einer der beiden Ehegatten oder zukünftigen Ehegatten *in der Geschäftsfähigkeit beschränkt* (insbesondere weil er *minderjährig* ist), so kann er den Ehevertrag nur mit *Zustimmung seines gesetzlichen Vertreters* schließen (§ 1411 BGB). Sind nicht die Eltern des Minderjährigen seine gesetzlichen Vertreter, sondern hat er einen Vormund, so ist außer der Zustimmung des Vormunds die Genehmigung des Vormundschaftsgerichts erforderlich, wenn im Ehevertrag der Zugewinnausgleich ausgeschlossen werden soll oder wenn Gütergemeinschaft vereinbart werden soll. Doch kann ein in der Geschäftsfähigkeit beschränkter Minderjähriger den Ehevertrag immer nur selbst schließen, niemals kann das der gesetzliche Vertreter für ihn tun. Das bedeutet: Die Eltern können dem von ihrer minderjährigen Tochter geschlossenen Ehevertrag zustimmen, sie können ihre Zustimmung auch verweigern, aber sie können niemals etwas gegen den Willen des minderjährigen Kindes vereinbaren. Für *Geschäftsunfähige* (Geistesgestörte und wegen Geisteskrankheit Entmündigte) schließt hingegen der gesetzliche Vertreter den Vertrag mit Genehmigung des Vormundschaftsgerichts. Er kann Gütergemeinschaft weder vereinbaren noch aufheben (§ 1411 Abs. 2 BGB).

Inhalt eines Ehevertrages

In einem Ehevertrag kann nicht irgendeine beliebige güterrechtliche Vereinbarung getroffen werden. Möglich ist es, einzelne Vorschriften der Zugewinngemeinschaft auszuschließen oder zu ändern. Beispielsweise können die Verfügungsbeschränkungen aufgehoben oder der Prozentsatz des Ausgleichsanspruches anders festgesetzt werden. Es kann auch die Zugewinngemeinschaft überhaupt ausgeschlossen oder ein anderer der im Bürgerlichen Gesetzbuch genannten Güterrechtstypen vereinbart werden; auch dabei können einzelne Vorschriften ausgeschlossen oder geändert werden. Diese Güterrechtstypen, die vereinbart werden können, sind *Gütertrennung, Gütergemeinschaft* und *fortgesetzte Gütergemeinschaft.* Wir werden im folgenden auf jede von ihnen näher eingehen.

Andererseits ist die Verweisung auf ein nicht mehr geltendes oder ein ausländisches Gesetz nicht zulässig. So können Brautpaare und Ehepaare heute nicht mehr den Güterstand der Verwaltung und Nutznießung vereinbaren, der früher einmal gesetzlicher Güterstand des Bürgerlichen Gesetzbuches war, sie können auch nicht vereinbaren, für ihre Ehe solle das spanische oder das norwegische Ehegüterrecht gelten. Etwas anderes gilt nur, wenn einer der vertragschließenden Teile bei Vertragsabschluß seinen Wohnsitz im Ausland hat und auf das an diesem Wohnsitz geltende Güterrecht verwiesen werden soll. Eine solche Vereinbarung ist möglich (§ 1409 BGB).

Im Ehevertrag können Ehegatten den Versorgungsausgleich nach einer Scheidung ausschließen (vgl. dazu unten S. 106; § 1408 Abs. 2 BGB). Dann tritt, ebenso wie wenn der Zugewinnausgleich ausgeschlossen wird, Gütertrennung ein (§ 1414 BGB).

Eintragung in das Güterrechtsregister

Für die Wirksamkeit eines Ehevertrages ist zwar die Beurkundung durch einen Notar, nicht aber die Eintragung in das Güterrechtsregister erforderlich. Wollen sich jedoch die Ehegatten *Dritten gegenüber auf den Ehevertrag berufen,* so muß er entweder im Güterrechtsregister eingetragen oder dem Dritten bekannt gewesen sein. Die Rechtsprechung schließt daraus, daß eintragungsfähig nur solche Eheverträge sind, die auch für Dritte und nicht nur für die Ehegatten selbst Bedeutung haben können.

3. Gütertrennung

Im Güterstand der Gütertrennung behält jeder Ehegatte sein Vermögen für sich, verwaltet es selbst und kann über die Einkünfte daraus allein verfügen. Es bestehen *keine Verfügungsbeschränkungen* und es gibt *keinen Ausgleich dessen, was ein Ehegatte während der Ehe erworben hat*. Nur die allgemeinen Wirkungen der ehelichen Lebensgemeinschaft wie Unterhaltspflicht, Mitarbeitspflicht und Mitbenutzung der Ehewohnung und des Hausrats können zu einer gewissen Beschränkung führen. Aus dem Güterstand der Gütertrennung selbst folgen aber keine solchen Beschränkungen. Mann und Frau werden behandelt, als wären sie nicht miteinander verheiratet.

Gütertrennung tritt ein, wenn die Zugewinngemeinschaft ausgeschlossen oder aufgehoben wird, wenn der Zugewinnausgleich nicht nur prozentual verändert, sondern ganz ausgeschlossen wird, wenn die Gütergemeinschaft aufgehoben wird und sich aus dem Ehevertrag nicht etwas anderes ergibt (§ 1414 BGB). Auch wenn die Gütertrennung nicht ausdrücklich vereinbart wird, tritt sie in diesen Fällen automatisch ein. Man spricht daher auch vom *subsidiären gesetzlichen Güterstand*. Natürlich ist aber auch eine ehevertragliche Vereinbarung der Gütertrennung möglich und wirksam.

Ehegatten, die am 31. März 1953 im Güterstand der Verwaltung und Nutznießung gelebt haben, der damals gesetzlicher Güterstand gewesen ist, haben anschließend automatisch im Güterstand der Gütertrennung gelebt; das war eine Folge des Inkrafttretens des grundgesetzlich garantierten Gleichheitsgrundsatzes (Art. 117 GG). Am 1. Juli 1958 wurde dann die Zugewinngemeinschaft gesetzlicher Güterstand. Bis zum 30. Juni 1958 konnte jeder Ehegatte durch einseitige Erklärung gegenüber dem Amtsgericht die Gütertrennung für seine Ehe beibehalten und den Eintritt der Zugewinngemeinschaft ausschließen. Gütertrennung tritt weiter ein mit Rechtskraft eines Urteils auf vorzeitigen Zugewinnausgleich (§ 1388 BGB) und mit Rechtskraft eines Urteils, das die Gütergemeinschaft aufhebt (§§ 1449, 1470 BGB).

4. Gütergemeinschaft

Auch Gütergemeinschaft ist ein vertraglicher Güterstand. Sie muß in einem *Ehevertrag* vereinbart werden, um wirksam zustande zu kommen. Ihr liegt der Gedanke zugrunde, daß die eheliche Gemeinschaft auch eine *vermögensrechtliche Gemeinschaft* sein sollte. Dadurch unterscheidet sie sich von der Zugewinngemeinschaft und der Gütertrennung, die ja beide, wie wir gesehen haben, die Vermögen der Ehegatten auch nach der Eheschließung, also während der Ehe, getrennt lassen.

Gesamthandsgemeinschaft – Gesamtgut

Das gesamte Vermögen, das den Ehegatten zu Beginn des Güterstandes – normalerweise also bei Eingehung der Ehe – gehört, wird im Güterstand der Gütergemeinschaft *gemeinschaftliches Eigentum beider Ehegatten*; in der juristischen Fachsprache nennt man das *Gesamthandsgemeinschaft;* das gemeinschaftliche Vermögen heißt *Gesamtgut*. Zum Gesamtgut gehört außerdem auch alles, was ein Ehegatte während der Dauer des Güterstandes erwirbt. Heiratet also beispielsweise eine Frau, die ein Haus geerbt hat, und vereinbart sie mit ihrem Mann Gütergemeinschaft, so gehört in dem Moment, in dem der Ehevertrag wirksam wird, das Haus nicht mehr ihr allein, sondern beiden Ehegatten gemeinsam. Der Mann kann von ihr verlangen, im Grundbuch als Miteigentümer eingetragen zu werden (§ 1416 BGB). Ebenso wird alles Vermögen, das der Mann bei Eingehung der Ehe besitzt, und alles, was er später dazu erwirbt, Gesamtgut, das Mann und Frau gemeinsam gehört.

Von dieser Grundregel, daß alles Vermögen der Ehegatten Gesamtgut wird, gibt es *Ausnahmen*. Bestimmte Vermögensteile *müssen*, andere *können* dann persönliches Vermögen nur eines Ehegatten bleiben oder werden. Im ersten Fall spricht man von *Sondergut*, im zweiten Fall von *Vorbehaltsgut* eines Ehegatten. Beide Vermögensmassen, das Sondergut sowohl als auch das Vorbehaltsgut, haben eines gemeinsam: sie werden nicht Gesamtgut, gehören nicht beiden Ehegatten gemeinsam, sondern einem allein.

Sondergut

Sondergut sind nach § 1417 BGB die Gegenstände, die nicht durch Rechtsgeschäfte übertragen werden können. Beispielsweise gehören dazu ein Schmerzensgeldanspruch, der unpfändbare Teil des Gehaltes und eines Unterhaltsanspruches, ein Wohnrecht, sofern es nur für einen Ehegatten bestellt ist, Rentenansprüche aus der Sozialversicherung, urheberrechtliche Ansprüche, solche Rechte also, die gerade auf eine bestimmte Person bezogen sind. Diese Rechte stehen also nur dem einen Ehegatten zu. Doch: „Jeder Ehegatte verwaltet sein Sondergut selbständig. Er verwaltet es für Rechnung des Gesamtgutes." Das bedeutet: Sofern der berechtigte Ehegatte aus dem Recht einen Geldbetrag erhält – die Rente, das Schmerzensgeld, das Gehalt wird ausgezahlt –, fällt dieser Betrag in das Gesamtgut.

Vorbehaltsgut

Vorbehaltsgut kann auf verschiedene Weise zustande kommen. Erstens gehört zum Vorbehaltsgut alles, was im Ehevertrag zu Vorbehaltsgut eines Ehegatten erklärt worden ist; zweitens werden Erbschaften und Schenkungen, die ein Ehegatte erhält, dann sein Vorbehaltsgut, wenn der Erblasser im Testament oder der Dritte bei der Schenkung bestimmt hat, dieser Vermögensteil solle Vorbehaltsgut werden; drittens wird Vorbehaltsgut alles, was ein Ehegatte aufgrund eines zu seinem Vorbehaltsgut gehörenden Rechts erwirbt (Beispiel: Zinsen), was er als Ersatz für die Zerstörung, Entziehung oder Beschädigung eines zum Vorbehaltsgut gehörenden Gegenstandes erwirbt (Beispiel: Zahlungen einer Diebstahlsversicherung) und was er durch ein Rechtsgeschäft erwirbt, das sich auf das Vorbehaltsgut bezieht (Beispiel: Verkauf eines Bildes, das zum Vorbehaltsgut gehörte). Sein Vorbehaltsgut verwaltet jeder Ehegatte selbständig, und auf *eigene* Rechnung. Was also eine Ehefrau an Nutzungen aus ihrem Vorbehaltsgut erlangt, fällt nicht in das Gesamtgut, gehört also weiterhin ihr allein.

Kein Ehegatte kann während der Dauer der Gütergemeinschaft über seinen Anteil am *Gesamtgut* und an den Gegenständen verfügen, die zum Gesamtgut gehören. Er kann auch nicht Teilung verlangen. Für den *Familienunterhalt* sind zuerst die Einkünfte des

Gesamtgutes, dann die Einkünfte des Vorbehaltsgutes, wenn auch sie nicht reichen, ist der Stamm des Gesamtgutes und erst am Schluß der Stamm des Vorbehaltsgutes oder des Sondergutes zu verwenden (§ 1420 BGB).

Die Verwaltung des Gesamtgutes

Im *Ehevertrag* sollen die Ehegatten bestimmen, wer das Gesamtgut verwalten soll, der Mann, die Frau oder beide gemeinsam. Enthält der Ehevertrag nichts darüber, so haben beide Ehegatten das Gesamtgut gemeinsam zu verwalten (§ 1421 BGB).

Die Verwaltung durch einen Ehegatten wird außerordentlich selten vereinbart, doch kommt auch das gelegentlich noch vor. Hierfür gelten folgende Grundsätze: Der verwaltende Ehegatte kann nur mit Zustimmung des anderen Ehegatten über das Gesamtgut im ganzen verfügen (§ 1423 BGB), er kann ebenfalls nur mit Zustimmung des anderen Ehegatten über Grundstücke oder Schiffe verfügen (§ 1424 BGB), und er kann auch nur mit Zustimmung des anderen Ehegatten aus dem Gesamtgut Schenkungen machen, die nicht einer sittlichen Pflicht oder einer auf den Anstand zu nehmenden Rücksicht entsprechen (§ 1425 BGB). In Ausnahmefällen kann diese Zustimmung des anderen Ehegatten durch das Vormundschaftsgericht ersetzt werden (§ 1426 BGB). Fehlt die Zustimmung und ist sie auch nicht ersetzt worden, so ist das Rechtsgeschäft unwirksam, auch der nicht verwaltende Ehegatte kann in diesem Fall die Rechte des Gesamtgutes gegen Dritte geltend machen (§§ 1427, 1428 BGB). Ist der verwaltende Ehegatte durch Krankheit oder Abwesenheit an der Verwaltung verhindert, so kann auch der andere Ehegatte dringende Verwaltungshandlungen vornehmen (§ 1429 BGB). Der verwaltende Ehegatte ist zur ordnungsmäßigen Verwaltung verpflichtet. „Er hat den anderen Ehegatten über die Verwaltung zu unterrichten und ihm auf Verlangen über den Stand der Verwaltung Auskunft zu erteilen. Mindert sich das Gesamtgut, so muß er zu dem Gesamtgut Ersatz leisten, wenn er den Verlust verschuldet oder durch ein Rechtsgeschäft herbeigeführt hat, das er ohne die erforderliche Zustimmung des anderen Ehegatten vorgenommen hat" (§ 1435 Satz 2 und 3 BGB).

Bei gemeinsamer Verwaltung des Gesamtgutes durch beide Ehegatten müssen grundsätzlich alle Maßnahmen von beiden Ehegatten gemeinschaftlich getroffen werden. Jeder ist dem anderen gegenüber zur Mitwirkung bei allen Maßnahmen verpflichtet, die zur ordnungsmäßigen Verwaltung des Gesamtgutes erforderlich sind (§ 1451 BGB).

In *dringenden Fällen* kann bei Krankheit oder Abwesenheit eines Ehegatten der andere allein handeln (§ 1454 BGB). Außerdem gibt § 1455 BGB einen ganzen Katalog von Maßnahmen, die jeder Ehegatte allein, also ohne Mitwirkung des anderen vornehmen kann. *Jeder Ehegatte kann allein:* 1. eine Erbschaft oder ein Vermächtnis für sich annehmen oder ausschlagen, 2. ein Inventar über eine Erbschaft errichten, sofern sie nicht in das Vorbehaltsgut oder in das Sondergut des anderen Ehegatten fällt, 3. auf seinen Pflichtteil oder Zugewinnausgleich verzichten, 4. einen ihm gemachten Vertragsantrag oder eine ihm gemachte Schenkung ablehnen, 5. ein Rechtsgeschäft gegenüber dem anderen Ehegatten vornehmen, das sich auf das Gesamtgut bezieht, 6. ein Recht, das zum Gesamtgut gehört, gegenüber dem anderen Ehegatten gerichtlich geltend machen, 7. einen Rechtsstreit, der zu Beginn der Gütergemeinschaft anhängig war, fortsetzen, 8. sofern der andere Ehegatte ohne die erforderliche Zustimmung über ein Recht verfügt hat, das zum Gesamtgut gehört, dieses Recht gegen einen Dritten geltend machen, 9. ein Widerspruchsrecht gegen die Zwangsvollstreckung in das Gesamtgut gerichtlich geltend machen und 10. die zur Erhaltung des Gesamtgutes notwendigen Maßnahmen treffen, wenn mit dem Aufschub Gefahr verbunden ist.

Hat bei gemeinsamer Verwaltung der andere Ehegatte und bei Verwaltung durch einen Ehegatten der verwaltende Ehegatte eingewilligt, daß der andere ein *Erwerbsgeschäft* betreibt, so ist seine Zustimmung zu Rechtsgeschäften, die mit dem Geschäftsbetrieb zusammenhängen, nicht erforderlich. Eröffnet also eine Ehefrau, die in Gütergemeinschaft lebt, einen Modeladen, so kann sie, sofern der Ehemann zugestimmt oder nicht widersprochen hat, alle mit dem Geschäft zusammenhängenden Rechtsgeschäfte allein vornehmen (§§ 1431, 1456 BGB).

Die Haftung für Schulden

Grundsätzlich haftet bei Gütergemeinschaft das Gesamtgut für Schulden *beider* Ehegatten. Ausgenommen sind Schulden, die ein Ehegatte ohne die erforderliche Zustimmung des anderen Ehegatten gemacht hat (§§ 1438, 1460 BGB), Schulden, die aus einer Erbschaft oder einem Vermächtnis stammen, die zum Sondergut oder Vorbehaltsgut eines Ehegatten gehören (§§ 1439, 1460 BGB) oder die infolge eines Rechts entstehen, das zum Vorbehaltsgut oder Sondergut gehört.

Außerdem haftet *jeder* Ehegatte für *seine* Schulden mit seinem Vorbehaltsgut und seinem Sondergut. Der allein verwaltende Ehegatte haftet auch persönlich, also mit seinem Vorbehalts- und Sondergut, für die Schulden des nicht verwaltenden Ehegatten, dagegen haftet der nicht verwaltende Ehegatte nicht für die persönlichen Schulden des allein verwaltenden Ehegatten.

Beendigung der Gütergemeinschaft und Auseinandersetzung

Die Gütergemeinschaft kann enden durch *Ehevertrag,* durch *Auflösung der Ehe* und durch *Urteil.*

Der nicht oder nicht allein verwaltende Ehegatte kann auf Aufhebung der Gütergemeinschaft klagen, wenn der andere Ehegatte zur Verwaltung unfähig ist, sein Verwaltungsrecht mißbraucht, den Familienunterhalt gefährdet oder entmündigt worden ist (vgl. hierzu im einzelnen §§ 1447, 1469 BGB).

Nach der Beendigung der Gütergemeinschaft muß das vorhandene Vermögen geteilt werden, man spricht hier von *Auseinandersetzung.* Im Prinzip erfolgt die Auseinandersetzung so, daß nach Abzug der Verbindlichkeiten das Gesamtgut zu gleichen Teilen auf die Ehegatten verteilt wird, es wird also nicht danach gefragt, wer was in die Ehe mitgebracht hat.

Ist die Ehe geschieden worden, bevor die Auseinandersetzung beendet ist, so ist auf Verlangen eines Ehegatten jedem von ihnen der Wert dessen zurückzuerstatten, was er in die Gütergemeinschaft eingebracht hat (§ 1478 Abs. 1 BGB).

Bei Auflösung der Ehe durch *Tod* fällt der Anteil am Gesamtgut in den Nachlaß. Das bedeutet: Eine überlebende Ehefrau muß sich zunächst mit den anderen etwa vorhandenen Erben über das

Gesamtgut auseinandersetzen. Dann steht fest, wie hoch der Nachlaß ist, von diesem Nachlaß erbt sie das, was ihr als überlebendem Ehegatten kraft Gesetzes zusteht.

5. Fortgesetzte Gütergemeinschaft

Im *Ehevertrag* können die Ehegatten vereinbaren, *daß im Falle des Todes eines Ehegatten die Gütergemeinschaft zwischen dem überlebenden Ehegatten und den gemeinsamen Kindern fortgesetzt werden soll.* In diesem Fall erfolgt beim Tod eines Ehegatten keine Auseinandersetzung, der Anteil am Gesamtgut fällt nicht in den Nachlaß, nur Vorbehaltsgut und Sondergut des verstorbenen Ehegatten werden nach den allgemeinen Vorschriften vererbt.

Die fortgesetzte Gütergemeinschaft wird heute sehr selten und nur gelegentlich noch zur Erhaltung des Familienvermögens vereinbart.

Im Fall der fortgesetzten Gütergemeinschaft hat nur der überlebende Ehegatte Vorbehaltsgut und Sondergut; im übrigen hat er die Stellung eines das Gesamtgut allein verwaltenden Ehegatten. Die fortgesetzte Gütergemeinschaft endet mit dem Tod des überlebenden Ehegatten, mit dem Tod aller beteiligten Kinder, durch Vertrag aller Beteiligten, durch Kündigung des überlebenden Ehegatten sowie mit seiner Wiederverheiratung. Die anteilsberechtigten Abkömmlinge können unter gewissen Voraussetzungen, die in § 1495 BGB aufgezählt sind, auf Aufhebung klagen. In diesem Fall endet die fortgesetzte Gütergemeinschaft mit der Rechtskraft des Urteils. Nach der Beendigung müssen sich der überlebende Ehegatte und die Abkömmlinge auseinandersetzen.

Dritter Teil:

Das neue Scheidungsrecht

Der Kern des Eherechtsreformgesetzes vom 14. Juni 1976 ist die Neuordnung des Scheidungsrechts. Hierüber ist in der öffentlichen Diskussion seit der Einsetzung der Eherechtskommission durch den Bundesjustizminister im Jahre 1967 viel und heftig gestritten worden. „Humanisierung der Scheidung" hieß es auf der einen, „Verstoßungsscheidung" auf der anderen Seite. „Schluß mit dem Waschen schmutziger Wäsche vor Gericht" – so hofften die einen –, der Untergang der abendländischen Familienstruktur – das fürchteten die anderen – werde das Ergebnis der Scheidungsrechtsreform sein. Weder werden die Hoffnungen ganz erfüllt werden können, noch sind die Befürchtungen letztlich gerechtfertigt. Das wird bei den einzelnen Problemen des neuen Scheidungsrechts noch zu zeigen sein.

Die Einzelheiten der Ausgestaltung der *Härteklausel* (siehe dazu unten S. 93) und des *Versorgungsausgleichs* (siehe unten S. 104) waren buchstäblich bis zum letzten Tag umstritten. Erst im Vermittlungsausschuß konnte der jetzt Gesetz gewordene Kompromiß gefunden werden.

Wie sich die neuen gesetzlichen Bestimmungen in der Praxis auswirken werden, hängt nun ganz entscheidend von den *Gerichten* ab. Sie müssen bestimmen, welche Tatsachen ausreichen (aber zugleich auch vorliegen müssen), damit man sagen kann: diese bestimmte Ehe ist gescheitert. Sie müssen entscheiden, ob (und wann) es im Einzelfall notwendig ist, eine gescheiterte Ehe im Interesse der Kinder auf dem Papier bestehen zu lassen, und viele andere Dinge mehr. Das neue Scheidungsrecht gilt seit dem 1. Juli 1977. Es gilt seitdem für *alle Scheidungsprozesse*, auch für diejenigen, die schon vorher begonnen wurden. Wer allerdings vor dem 1. Juli 1977 nach dem alten Recht rechtskräftig geschieden wurde, für den gilt weiter das alte Recht. Das neue Scheidungsgesetz ist für rechtskräftig geschiedene sog. „Altehen" ohne jede Bedeutung.

I. Die Scheidungsgründe

1. Vom Schuldprinzip zum Zerrüttungsprinzip

Das neue Scheidungsrecht ist in der öffentlichen Diskussion unter der Flagge „Zerrüttungsprinzip statt Schuldprinzip" gesegelt. Was heißt das? Auf eine simple Formel gebracht bedeutet es: Früher kam es auf die Schuld an, heute nicht mehr. Nach dem alten Recht konnte eine Ehe nur geschieden werden, wenn zumindest ein Ehegatte sich eine Eheverfehlung hatte zuschulden kommen lassen. Wer sich scheiden lassen wollte, mußte beweisen, daß *der andere* durch sein Verhalten – etwa durch einen Ehebruch – die Ehe schuldhaft zerstört (auch das alte Gesetz sagte: zerrüttet) hatte. Grundsätzlich galt bis zum 30. Juni 1977: Wer sich keine Eheverfehlung zuschulden kommen ließ, der konnte eine Scheidung verhindern. Der Alleinschuldige konnte gegen den Willen des Nichtschuldigen eine Scheidung nicht erzwingen. Hingegen konnte der Nichtschuldige eine Scheidung erreichen, wenn er das wollte. Im Scheidungsurteil wurde das Verschulden ausdrücklich festgestellt. Wer schuldig geschieden war, mußte dem anderen Unterhalt bezahlen (und zwar ohne zeitliche Befristung), und er bekam im Zweifel nicht das Sorgerecht für die gemeinsamen Kinder.

Die Frage des Verschuldens war also im alten Scheidungsrecht von entscheidender Bedeutung. Das führte dazu, daß entweder vor Gericht alle Details der „kaputten Ehe" vorgetragen und bewiesen werden mußten, oder daß derjenige Ehegatte, der die Scheidung sehr gern erreichen wollte (weil er z. B. einen neuen Partner heiraten wollte), dem nichtschuldigen anderen Teil seine Zustimmung „abkaufte". Weiter gab es Fälle, in denen ein Ehegatte (meistens der Mann) mit einem anderen Partner längst in einer eheähnlichen Verbindung lebte, auch gemeinsame Kinder da waren, der andere Ehegatte aber die Scheidung verhinderte – manchmal aus Rache, manchmal auch in der Hoffnung, der andere werde zurückkommen, manchmal aus Angst, die Versorgung durch den ehelichen Unterhaltsanspruch zu verlieren. Eine Ehe bestand dann auf dem Papier noch lange Jahre weiter, obwohl es längst keine echte eheliche Gemeinschaft mehr gab.

Diese unschönen und unbefriedigenden Folgen des Schuldprinzips waren ein Grund für die jetzt durchgesetzte Änderung des Scheidungsrechts. Ein zweiter Grund bestand in der Erkenntnis, daß die Frage danach, wer das Scheitern einer Ehe nun letztlich wirklich verschuldet hat, kaum jemals beantwortet werden kann. Ob beispielsweise ein vor Gericht bewiesener Ehebruch wirklich die entscheidende Ursache für die Zerrüttung gewesen ist, oder ob nicht schon vorher andere, vom Gesetz nicht erfaßte Umstände viel wichtiger und entscheidender waren, hat sich bei vielen Scheidungsverfahren zumindest als Vermutung aufgedrängt.

Schließlich hatte das Verschuldensprinzip unterschiedliche Wirkungen für Männer und Frauen. Schuldig geschieden zu sein war für einen Mann zwar ein Nachteil, weil er infolge dieses Schuldausspruchs seiner geschiedenen Frau Unterhalt zahlen mußte und kaum Aussicht hatte, das Sorgerecht für die Kinder zu bekommen. Für die Frau bedeutete es – jedenfalls sofern sie Hausfrau und nicht berufstätig war – den Entzug ihrer Lebensgrundlage, denn selbst wenn sie eine Berufsausbildung hatte, so hatte sie diesen Beruf jahrelang nicht ausgeübt. Die Strafe des Unterhaltsentzuges traf die nicht erwerbstätigen Frauen sehr viel härter als die Männer.

Das neue Recht möchte diese Nachteile vermeiden. Es gibt daher das Schuldprinzip auf und geht aus vom *Zerrüttungsprinzip.* In § 1565 BGB heißt es nun: „Eine Ehe kann geschieden werden, wenn sie gescheitert ist." Auf die Frage, wie es zu diesem Scheitern gekommen ist, wer Schuld daran hat, daß die Ehe nicht mehr in Ordnung ist, kommt es nicht mehr an. Daraus ergibt sich sogleich die Frage: Wie erkennt denn der Scheidungsrichter, ob eine Ehe gescheitert ist?

2. Wann ist eine Ehe zerrüttet?

Nach § 1565 BGB ist eine Ehe dann als gescheitert anzusehen, wenn die Lebensgemeinschaft der Ehegatten nicht mehr besteht und nicht erwartet werden kann, daß die Ehegatten sie wiederherstellen. Je nachdem, wie lange die eheliche Lebensgemeinschaft schon nicht mehr besteht, ist die Scheidung einfacher oder schwieriger.

a) Trennungszeit weniger als 1 Jahr

Leben die Ehegatten weniger als 1 Jahr getrennt, so ist eine Scheidung nur in besonderen Fällen möglich, das Gesetz sagt: „wenn die Fortsetzung der Ehe für den Antragsteller aus Gründen, die in der Person des anderen Ehegatten liegen, eine unzumutbare Härte darstellen würde". Wer sich vor Ablauf des ersten Trennungsjahres scheiden lassen will, der muß nachweisen, daß ein Weiterbestehen der Ehe für ihn einfach nicht zumutbar ist. Das könnte beispielsweise dann der Fall sein, wenn der Ehegatte versucht hat, ihn umzubringen, wenn er ihn körperlich mißhandelt hat, wenn er ihn bestohlen oder erpreßt hat, wenn er ihn zu abartigem sexuellen Verhalten hat zwingen wollen und dergleichen mehr. Es muß schon eine ausgesprochene *Zumutung* sein, mit einer solchen Person weiter verheiratet zu sein. Einfache Eheverfehlungen genügen hier nicht, auch kriminelles Verhalten nicht immer. In der Ehe sind beide Partner sich schließlich zu Beistand und Hilfe verpflichtet; das schließt ein, daß einer nicht schon nach der ersten Schwierigkeit davonlaufen kann.

Halten wir fest: Bei einer Trennungszeit von weniger als einem Jahr ist die Scheidung nur ausnahmsweise möglich. Das bedeutet gegenüber dem alten Recht eine Einschränkung der Scheidungsmöglichkeit, denn bisher war die Scheidung bei schuldhaften Eheverfehlungen eines Ehegatten für den anderen ohne weiteres möglich. Eine Ehefrau, die feststellte, daß ihr Mann sie betrogen hatte, konnte sich sofort scheiden lassen, jetzt muß sie nachweisen, daß die Fortsetzung der Ehe für sie eine unzumutbare Härte wäre –

eine viel strengere Bedingung also. Diese Einschränkung der Scheidungsmöglichkeit im ersten Trennungsjahr ist praktisch nicht unbedeutend, denn die Statistiken zeigen, daß bisher die überwiegende Mehrheit aller Scheidungen vor Ablauf des ersten Trennungsjahres beantragt wurde. Der Sinn der Vorschrift ist es, übereilte Scheidungen zu verhindern.

b) Trennungszeit mehr als 1 Jahr

Ist das erste Trennungsjahr abgelaufen, so wird eine Scheidung leichter. Wenn *beide* Ehegatten die Scheidung wollen – wenn also beide sie beantragen oder zwar nur einer sie beantragt, der andere aber zustimmt –, so wird nach 1jähriger Trennung gemäß § 1566 BGB „unwiderlegbar vermutet, daß die Ehe gescheitert ist". Die Ehe kann dann also geschieden werden.

Wenn nur *ein* Ehegatte nach 1jähriger Trennung eine Scheidung will, der andere aber nicht, so gilt diese gesetzliche Vermutung des § 1566 BGB nicht. Die Ehe kann auch dann geschieden werden, aber nur, wenn der *scheidungswillige Ehegatte beweist, daß sie gescheitert ist.* Er muß jetzt nicht mehr beweisen, daß die Fortsetzung der Ehe gerade mit diesem Ehepartner für ihn eine Zumutung wäre, aber er muß sagen können: Unsere Ehe ist kaputt, aus den und den Gründen, und es ist auch nicht zu erwarten, daß wir uns wieder vertragen werden.

Dies ist einer der Punkte, wo es in Zukunft sehr auf die Meinung der Richter – auf die Rechtsprechung also – ankommen wird. Es ist sehr wahrscheinlich, daß die Richter auf die bisherigen Scheidungsgründe zurückgreifen werden. Vom Ehebruch und von anderen Eheverfehlungen kann also auch in Zukunft die Rede sein. Auf die *Schuldfrage* allerdings kommt es *nicht* mehr an. Ein Scheidungskläger kann also in Zukunft behaupten, er selbst habe durch sein Verhalten die eheliche Gemeinschaft zerstört, und das Gericht muß seine Klage nicht abweisen. Wenn der Richter zu der Überzeugung kommt, daß die Ehe gescheitert ist, kann der Ehegatte, der sich nicht scheiden lassen will, versuchen, sich auf die *Härteklausel* zu berufen (vgl. dazu unten S. 93).

c) Trennung seit mehr als 3 Jahren

Lebt ein Ehepaar seit 3 Jahren getrennt, so ist eine Scheidung relativ einfach, auch wenn nur ein Ehegatte die Scheidung will. Er braucht nämlich in diesem Fall das Scheitern der Ehe nicht mehr im einzelnen zu beweisen, nach § 1566 Abs. 2 BGB wird bei 3jähriger Trennung vom Gesetz unwiderleglich vermutet, daß die Ehe gescheitert ist. Anders als bei der Trennungsfrist von einem Jahr kommt es auch nicht mehr darauf an, ob beide Ehegatten geschieden werden wollen oder ob einer noch an der Ehe festhält.

Hier liegt der Kern des Zerrüttungsprinzips. Nach 3jähriger Trennung ist eine Scheidung auch *gegen* den Willen eines Ehegatten möglich und dies auch dann, wenn der (nach altem Recht) „Schuldige" die Scheidung verlangt und der „Unschuldige" sie nicht will.

3. Ausnahmen: Aussetzung des Verfahrens und Härteklausel

In allen Fällen, in denen der Richter im Laufe des Scheidungsprozesses zu der Überzeugung kommt, es bestünden doch noch Versöhnungschancen für die zerstrittenen Ehegatten, kann er das Verfahren *aussetzen* (§ 614 Abs. 2 ZPO). Während des ersten Trennungsjahres kann er das sogar dann, wenn *beide* Ehegatten übereinstimmend geschieden werden wollen. Später – also nach 1jährigem Getrenntleben – darf der Richter das Verfahren nur noch aussetzen, wenn eine streitige Scheidung vorliegt, wenn also *ein* Ehegatte die Scheidung will, der andere aber nicht. Wurde das Verfahren ausgesetzt und ändert sich in dieser Zeit nichts, so wird der Prozeß fortgesetzt. Die Aussetzung des Verfahrens darf nur einmal wiederholt werden. Insgesamt darf sie nicht länger dauern als 1 Jahr, nach einer Trennungszeit von mehr als 3 Jahren sogar nur 1/2 Jahr.

Nicht nur der Richter, auch ein Ehegatte, der die Scheidung ablehnt, hat noch ein letztes Mittel, selbst wenn nach 3jähriger Trennung das Scheitern der Ehe unwiderleglich vermutet wird: Er kann sich auf die Härteklausel berufen. In besonderen Ausnahmefällen kann er die Scheidung um weitere 2 Jahre hinausschieben. Nach § 1568 BGB gibt es zwei Gruppen von Fällen, in denen eine Berufung auf die Härteklausel Erfolg haben kann: Erstens, wenn *minderjährige Kinder* da sind und ihretwegen *aus besonderen Gründen* ausnahmsweise die Aufrechterhaltung der Ehe um weitere 2 Jahre notwendig scheint. Das kann eigentlich nur dann der Fall sein, wenn ein Kind durch die Scheidung in seiner psychischen Entwicklung schwer gestört werden würde. In den allermeisten Fällen werden freilich – wie Kinderpsychologen immer wieder betonen – Kinder durch die Streitereien der Eltern vor der Scheidung viel stärker belastet als durch die Scheidung selbst. Es müßte sich hier schon um besondere Ausnahmefälle handeln. Das Vorhandensein minderjähriger Kinder allein rechtfertigt die Berufung auf die Härteklausel sicher nicht.

Die zweite Gruppe von Fällen, die eine Berufung auf die Härteklausel rechtfertigen, umschreibt § 1568 BGB mit den Worten: „wenn und solange die Scheidung für den Antragsgegner, der sie ablehnt, auf Grund außergewöhnlicher Umstände eine so schwere Härte darstellen würde, daß die Aufrechterhaltung der Ehe auch unter Berücksichtigung der Belange des Antragstellers ausnahmsweise geboten erscheint". Daraus wird klar: Eine Berufung auf die Härteklausel kann nur in *außergewöhnlichen Ausnahmefällen* Erfolg haben. Welcher Art die Umstände sind, die im Rahmen der Härteklausel berücksichtigt werden, ist ganz unterschiedlich. Das kann eine schwere Krankheit sein, es kann der besondere Verlauf der Ehe sein, wenn beispielsweise ein Partner auf den anderen während vieler Jahre vertraut und ihn unterstützt hat und dieser ihn dann plötzlich und abrupt allein läßt, es kann sein, daß gerade zu diesem Zeitpunkt, in dem ein Ehegatte die Scheidung erreichen will, sie für den anderen – zu anderen schweren Schicksalsschlägen hinzuaddiert – unzumutbar ist. Es können wirklich nur Sonderfälle sein, die im Rahmen der Härteklausel berücksichtigt werden können. Die Richter werden hier sehr sorgfältig darauf achten müssen, daß die Aufrechterhaltung einer Ehe *nicht* mehr als Mittel zur *Bestrafung* eines ungetreuen Ehegatten dienen darf, sondern daß es die Belange des nicht scheidungswilligen Ehegatten sind, die hier zur Debatte stehen. Dabei können nach der Formulierung des Gesetzes *auch finanzielle Gesichtspunkte* eine Rolle spielen. Es war einer der entscheidenden Kompromisse im Vermittlungsausschuß, daß auch materielle, nicht nur immaterielle Härten im Rahmen der Härteklausel berücksichtigt werden können. Nur muß man bedenken, daß der wirtschaftlich schwächere Teil nach dem neuen Scheidungsrecht sehr weitgehend gesichert und versorgt wird, so daß auch hier nur ungewöhnliche, vom Gesetzgeber sonst nicht geregelte Fälle berücksichtigt werden können.

In diesem zweiten Fall (außergewöhnliche Umstände, die eine besondere Härte begründen) *muß der scheidungsunwillige Ehegatte sich auf die Härteklausel berufen,* wenn er sie in Anspruch nehmen will. Der Richter ist nicht verpflichtet, sie von sich aus zu berücksichtigen. Derjenige Ehegatte, der sich auf die Härteklausel beruft, muß die Tatsachen, die er behauptet, auch beweisen können, etwa durch ärztliche oder psychiatrische Gutachten, die seine Behauptungen stützen.

Ist die Berufung auf die Härteklausel erfolgreich, kommt also der Richter zu dem Schluß, hier liege wirklich ein außergewöhnlicher Ausnahmefall vor, so wird er die Ehe nicht scheiden, wenn die Ehegatten weniger als 5 Jahre getrennt leben. *Nach 5jähriger Trennung* ist die Berufung auf die Härteklausel *nicht* mehr möglich.

Zusammenfassend ergibt sich damit folgendes

Schema der Scheidungsmöglichkeiten und Scheidungsfristen:

Trennung weniger als 1 Jahr:

> Scheidung nur in Ausnahmefällen.
> Aussetzung des Verfahrens durch den Richter bis zu 1 Jahr möglich.
> Härteklausel möglich.

Trennung bis zu 3 Jahren:

> a) Wenn beide Ehegatten die Scheidung wollen, so ist sie ohne weiteres möglich.
> b) Wenn einer der Ehegatten der Scheidung widerspricht, so muß der scheidungswillige Ehegatte das Scheitern der Ehe beweisen. Aussetzung des Verfahrens bis zu 1 Jahr und Berufung auf die Härteklausel möglich.

Trennung von 3 bis 5 Jahren:

>   Ablehnung der Scheidung nur in Ausnahmefällen bei Berufung
>   auf die Härteklausel.

Trennung von mehr als 5 Jahren:

>   Freie Scheidung auch auf Antrag nur eines Ehegatten.
>   Berufung auf die Härteklausel ist nicht mehr möglich.

II. Die Scheidungsfolgen

Die entscheidende Neuerung des neuen Scheidungsrechts besteht darin, daß in Zukunft niemand länger als 5 Jahre in einer gescheiterten Ehe festgehalten werden kann. Sehr oft – wenn auch nicht immer – hatte dieses Sich-Anklammern an eine effektiv nicht mehr bestehende Ehe ein sehr verständliches und auch berechtigtes Motiv: Angst vor den finanziellen Konsequenzen. Meistens waren es die Frauen, die eine Scheidung um jeden Preis verhindern wollten. Vor allem ältere Frauen, die der Familie wegen ihren Beruf aufgegeben (oder erst gar nicht aufgenommen) hatten, fürchteten, nach einer Scheidung plötzlich ohne allen finanziellen Rückhalt dazustehen. Und nicht einmal zu Unrecht: Wenn der Mann wieder heiratete, gingen nach dem alten Recht die Ansprüche der neuen Familie vor. Folglich konnte es wirklich geschehen, daß die „alte" Ehefrau dann plötzlich vor dem Nichts stand.

Wenn das neue Scheidungsrecht die sogenannte „Schuld" am Scheitern einer Ehe letztlich nicht mehr als relevant betrachten wollte, so konnte es diese Schuld auch nicht mehr wie früher als entscheidenden Gesichtspunkt für den Unterhaltsanspruch eines Ehegatten gegen den anderen berücksichtigen. Außerdem mußten die berechtigten finanziellen Interessen des wirtschaftlich schwächeren geschiedenen Ehegatten berücksichtigt werden. Das Scheidungsfolgerecht ist deshalb um vieles umfangreicher und komplizierter geworden, als es vorher war. Es kann im folgenden daher nur in seinen Grundzügen dargestellt werden.

1. Der Unterhaltsanspruch des geschiedenen Ehegatten

Nach § 1569 BGB hat der geschiedene Ehegatte einen Unterhaltsanspruch nur dann, wenn er nicht selbst für sich sorgen kann. Anders gesagt bedeutet das: Wer ein eigenes Einkommen hat, von dem er leben kann, der hat auch keinen Unterhaltsanspruch gegen seinen

geschiedenen Ehegatten. Das Gesetz nennt nun in den folgenden
Bestimmungen 6 mögliche Tatbestände, die einen Unterhaltsanspruch begründen können. Das sind:

a) Kindererziehung (§ 1570 BGB),

b) Krankheit (§ 1572 BGB),

c) Alter (§ 1571 BGB),

d) Übergang bis zum Auffinden einer angemessenen Erwerbstätigkeit (§ 1573 BGB),

e) Ausbildung (§ 1575 BGB),

f) Sonstige schwerwiegende Gründe, die einer Erwerbstätigkeit im
Wege stehen (§ 1576 BGB).

a) Unterhalt wegen Kindererziehung (§ 1570 BGB)

Wer nach der Scheidung ein oder mehrere gemeinschaftliche Kinder
versorgen muß, kann Unterhalt verlangen, kann also vom geschiedenen Ehepartner nicht auf eine Erwerbstätigkeit verwiesen werden. Es soll dafür gesorgt sein, daß ein Elternteil – meistens wird
es die Mutter sein – für die Kinder da ist. Wer die Kinder bekommt,
entscheidet das Familiengericht (vgl. unten S. 108). Die Entscheidung über das Sorgerecht für die Kinder wird in Zukunft also oft
zugleich eine Entscheidung über den Unterhaltsanspruch des Ehegatten sein, der die Kinder bekommt. Voraussetzung ist, daß es sich
um gemeinschaftliche Kinder handelt, nicht um voreheliche Kinder
nur eines Ehegatten.

Der Unterhaltsanspruch wegen Kindererziehung besteht *„solange
und soweit . . . eine Erwerbstätigkeit nicht erwartet werden kann".*
Es wird Aufgabe der Gerichte sein, genauer zu definieren, wann
neben Kindern eine berufliche Belastung des erziehenden Elternteils
erwartet werden kann und welchen Umfang sie haben kann. Hier
wird die Zahl und das Alter der Kinder eine wesentliche Rolle spielen. Eine Mutter, die ein schulpflichtiges Kind im Internat unterbringt, kann nicht unter Berufung auf ihr Sorgerecht vom Vater
des Kindes vollen Unterhalt verlangen. Andererseits kann eine
Frau, die mehrere schulpflichtige Kinder betreut, nicht zusätzlich
auf eine halbtägige Berufstätigkeit verwiesen werden mit der Begründung, sie habe ja nun den Vormittag frei. Es wird auch von

Bedeutung sein, ob die Mutter schon während der Ehe berufstätig war oder nicht. Eine Ärztin, die während der Ehe neben ihren Familienaufgaben eine Praxis betrieben hat, kann nach der Scheidung nicht ohne weiteres sagen, sie wolle sich nun aber ganz ihren Kindern widmen, ihren Beruf aufgeben und von ihrem geschiedenen Mann Unterhalt verlangen. Es wird bei der Frage, ob der Ehegatte, der die Kinder bekommt, zusätzlich berufstätig sein muß, sehr auf die Umstände des Einzelfalles ankommen. Feste allgemeine Regeln kann man heute noch nicht geben.

b) Unterhalt wegen Krankheit (§ 1572 BGB)

Wer krank oder sonst arbeitsunfähig ist, kann von seinem geschiedenen Ehegatten Unterhalt verlangen. Das gilt auch dann, wenn die Krankheit nicht schon im Zeitpunkt der Scheidung bestand, sondern erst später eintrat, nachdem die Kinder größer sind, nach dem Abschluß der eigenen Ausbildung oder auch nach einer vorübergehenden Berufstätigkeit. Der leistungsfähige Ehegatte ist auch dann zum Unterhalt verpflichtet, wenn der andere nach der Scheidung keine angemessene Erwerbstätigkeit finden konnte und erst dann krank wird. Der Grund für die Krankheit muß nicht unbedingt in den Belastungen während der Ehe liegen, also eine Art Nachwirkung der Ehe sein. Es genügt, wenn sie in den genannten Zeitpunkten vorhanden war. War freilich ein geschiedener Ehegatte schon dauerhaft in das Berufsleben integriert, so kann er dann bei einer Krankheit nicht mehr auf seinen früheren Ehegatten zurückgreifen.

c) Unterhalt wegen Alter (§ 1571 BGB)

Wer bei der Scheidung nach der Kindererziehung und nach nur vorübergehender Berufstätigkeit zu alt ist, um zu arbeiten, kann von seinem geschiedenen Ehegatten ebenfalls Unterhalt verlangen. Diese Vorschrift gilt vor allem für alle Ehepaare, die lange verheiratet waren, einer – meist ist es die Frau – auf eine Berufstätigkeit zugunsten der Familie verzichtet hat, und nun nach einer

Scheidung völlig ungesichert dastehen würde, wenn der andere nicht für ihn sorgte. Es muß in diesen Fällen nicht unbedingt das Rentenalter oder die Pensionsgrenze erreicht worden sein.

d) Übergangsunterhalt bis zum Finden einer angemessenen Erwerbstätigkeit (§§ 1573, 1574 BGB)

Wer keine Kinder zu versorgen hat und für eine Berufstätigkeit auch nicht zu alt und zu krank ist, kann für die Übergangszeit nach der Scheidung dann Unterhalt verlangen, wenn er keine angemessene Stelle findet oder der Arbeitsverdienst nicht für den Unterhalt reicht.

Hier ergibt sich alsbald die Frage: Was ist denn nun eine *angemessene* Erwerbstätigkeit, die übernommen werden müßte, und was ist *nicht angemessen* und kann abgelehnt werden? Der Begriff „angemessen" ist in § 1574 Abs. 2 BGB definiert. Bei der Beurteilung der Frage, ob eine Tätigkeit angemessen ist oder nicht, spielen danach die Ausbildung, die Fähigkeiten, das Alter und der Gesundheitszustand eine Rolle, und es ist auch der Lebensstandard während der Ehe zu berücksichtigen. Ein gut verdienender Rechtsanwalt kann seine geschiedene Frau nicht zwingen, Putzhilfe zu werden, der Chefarzt könnte aber seiner geschiedenen Frau wohl zumuten, wieder Krankenschwester zu werden, wenn sie das auch vor der Ehe gewesen ist.

e) Ausbildungsunterhalt (§ 1575 BGB)

Der Grundsatz des Unterhaltsrechts nach der Scheidung heißt: Wer selbst für sich sorgen kann, hat keinen Unterhaltsanspruch. Nun ist es aber auch heute noch so, daß viele Frauen ohne eine abgeschlossene Berufsausbildung heiraten oder daß sie mit einer qualifizierten Ausbildung gar nicht erst beginnen, weil sie immer wieder hören: Du heiratest ja doch. Früher war dieser Hinweis nicht einmal falsch (wenn auch unklug). Eine verheiratete Frau, die keine Eheverfehlung beging, konnte eine Scheidung verhindern und hatte so praktisch eine lebenslängliche Unterhaltssicherung, wenn nur der Mann einigermaßen verdiente. Die Ehe war tatsächlich ein „rettender Hafen", in den man flüchten konnte.

Wenn das neue Scheidungsrecht eine drastische Erleichterung der Scheidungsmöglichkeiten bringt, so muß es auf die Grundsituation sehr vieler Ehefrauen Rücksicht nehmen, es muß Starthilfen geben für ein Leben unter anderen Voraussetzungen.

Eine der wichtigsten Bestimmungen in diesem Zusammenhang ist der § 1575 BGB, wonach ein geschiedener Ehegatte, der *„in Erwartung der Ehe eine Schul- oder Berufsausbildung nicht aufgenommen oder abgebrochen hat"*, vom anderen Unterhalt verlangen kann. Das gleiche gilt für eine Fortbildung oder Umschulung. Nicht nur der Lebensbedarf wie Nahrung, Kleidung, Miete, Krankenversicherung und dergleichen ist zu bezahlen, auch die Ausbildungskosten müssen übernommen werden.

Geschiedene Frauen – meistens wird es sich ja hier um die Frauen handeln, wenn auch das Gesetz nach seinem Wortlaut selbstverständlich geschlechtsneutral formuliert ist – können also in Zukunft auf Kosten ihrer geschiedenen Männer ihre Berufsausbildung nachholen oder fortsetzen, wenn sie nachweisen können, daß sie diese Ausbildung „in Erwartung der Ehe oder während der Ehe" nicht begonnen oder nicht abgeschlossen hatten. Erforderlich ist weiter, daß diese Ausbildung sie befähigt, den Unterhalt in Zukunft durch Berufstätigkeit selbst zu verdienen, und daß ein erfolgreicher Abschluß der Ausbildung zu erwarten ist. Der Anspruch besteht nicht für unbegrenzte Zeit, sondern längstens für die Zeit, in der eine derartige Ausbildung normalerweise abgeschlossen ist. Durchfallen in Prüfungen geht dann im Zweifel zu Lasten des Prüflings, es sei denn, nacheheliche Streitereien seien daran schuld.

f) Unterhalt wegen sonstiger schwerwiegender Gründe (§ 1576 BGB)

Wenn alle bisher genannten Tatbestände, die den Unterhaltsanspruch nach einer Scheidung begründen können, nicht vorliegen, so wird normalerweise auch kein Unterhaltsanspruch bestehen. Beide Ehegatten haben dann für sich selbst zu sorgen, keiner kann den anderen in Anspruch nehmen. Nur in ganz ungewöhnlichen Notfällen, wenn es grob unbillig wäre, keinen Unterhaltsanspruch an-

zuerkennen, kann auch dann ein Anspruch gegeben sein. Wie die
Gerichte die Worte „schwerwiegende Gründe" und „grob unbillig" auslegen werden, kann man zur Zeit noch nicht sagen. Es wird
sich jedenfalls nur um sehr seltene Ausnahmefälle handeln. Der
§ 1576 BGB ist im ursprünglichen Regierungsentwurf nicht enthalten gewesen und wurde erst später im Laufe der parlamentarischen
Beratungen eingefügt.

Umfang und Dauer des Unterhalts

Wieviel muß der Ehegatte, der dem anderen Unterhalt schuldet,
genau zahlen? Das Gesetz sagt in § 1578 BGB: „Der Unterhalt
umfaßt den gesamten Lebensbedarf." Wieviel das ist, richtet sich
nach dem Lebensstandard, den die Ehegatten während der Ehe
gehabt haben. Die Kosten für eine Krankenversicherung gehören
dazu und außer im Fall des Ausbildungsunterhalts auch die Kosten für eine Altersversorgung. Wer Ausbildungsunterhalt erhält,
kann auch die Ausbildungskosten verlangen.

Wer eigenes Vermögen hat und aus diesem Vermögen ein Einkommen bezieht (z. B. Zinsen, Dividenden, Mieteinnahmen oder
dergleichen), muß sich diese Einkünfte auf seinen Unterhalt anrechnen lassen. Das gleiche gilt für ein Arbeitseinkommen. Hat
eine Frau also eigenes Vermögen (etwa ein Haus oder ein Aktien-
paket oder ein beträchtliches Bankkonto), so hat sie einen Unterhaltsanspruch gegen ihren geschiedenen Mann nur, wenn und soweit diese Einkünfte zu ihrem Lebensunterhalt nicht ausreichen.
Den Stamm ihres Vermögens braucht sie freilich nicht anzugrei-
fen; sie muß also das Haus oder die Aktien nicht verkaufen (§ 1577
Abs. 3 BGB). Vermögens- und Arbeitseinkünfte sind nur anzurechnen, wenn voller Unterhalt gezahlt wird (§ 1577 Abs. 2 BGB).
Stünde das nicht im Gesetz, so könnte der zum Unterhalt verpflichtete Ehegatte den Unterhaltsbetrag dadurch verringern, daß
er einfach nicht zahlt und den anderen auf diese Weise zu irgend-
einer Erwerbstätigkeit zwingt, zu der dieser an sich nicht verpflichtet ist.

In einigen besonders gelagerten Fällen ist ein geschiedener Ehegatte trotz des Vorliegens aller Voraussetzungen für einen Unter-

haltsanspruch *nicht* zur Zahlung verpflichtet (§ 1579 BGB). Das Gesetz nennt kurze Ehedauer, ein Verbrechen oder ein schweres vorsätzliches Vergehen gegen den an sich zur Zahlung Verpflichteten und mutwilliges Herbeiführen der Bedürftigkeit als mögliche Einzelfälle und läßt auch andere ebenso schwerwiegende Gründe gelten.

Jeder Unterhaltsanspruch setzt im übrigen voraus, daß derjenige, der zahlen soll, überhaupt etwas hat. Wer nicht einmal für sich selbst sorgen kann, kann nicht auch noch anderen etwas abgeben. § 1581 BGB bestimmt deshalb, daß derjenige, der durch Zahlung des vollen Betrags den eigenen angemessenen Unterhalt gefährden würde, weniger zahlen muß, unter Umständen eben auch gar nichts, wenn er selbst nicht genug hat.

Nun kann es vorkommen, daß ein unterhaltspflichtiger Ehemann wieder heiratet und seiner geschiedenen Frau erklärt, er könne jetzt nicht mehr zahlen, weil sonst für die neue Familie nichts mehr übrig wäre. Grundsätzlich *geht nach § 1582 BGB der Anspruch der geschiedenen ersten Frau dem der „neuen" zweiten Ehefrau vor.* Das gilt uneingeschränkt, wenn aus der zweiten Ehe keine Kinder da sind, die zweite Frau arbeitsfähig ist und die geschiedene Frau Kinder versorgen muß. Sobald aus der neuen Ehe Kinder hervorgegangen sind, steht Familie gegen Familie. Ist nicht für alle genug da, so *sind die Unterhaltsansprüche der minderjährigen Kinder gleichrangig mit denen der Frauen* (§ 1609 BGB), der Unterhaltsanspruch der ersten Frau rangiert aber vor dem der zweiten Frau (§ 1582 BGB).

Der *laufende Unterhalt* besteht in der Zahlung einer Geldrente, die monatlich im voraus zu zahlen ist (§ 1585 BGB). Statt der laufenden monatlichen Rente kann auch die Zahlung eines *einmaligen größeren Kapitalbetrages* vereinbart werden, mit der dann der Unterhaltsanspruch für alle Zukunft abgegolten ist. Gegen den Willen des zur Zahlung verpflichteten Ehegatten kann der unterhaltsberechtigte geschiedene Ehegatte eine solche einmalige größere Zahlung nur verlangen, wenn ein wichtiger Grund vorliegt.

Der Unterhaltsanspruch *erlischt* mit der Wiederheirat oder dem Tod des Berechtigten (§ 1586 BGB). Nach Auflösung auch der

zweiten Ehe kann aber der Unterhaltsanspruch aus der ersten Ehe
unter Umständen wiederaufleben (§ 1586a BGB).

Stirbt der zum Unterhalt verpflichtete Ehegatte, so haften seine
Erben (§ 1586 b BGB).

Unterhaltsvertrag

Die Ehegatten können über die Unterhaltspflicht für die Zeit nach
der Scheidung vertragliche Vereinbarungen treffen (§ 1585 c BGB).
Das bedeutet: Alle Bestimmungen über Unterhaltsansprüche sind
vertraglich abänderbar, sie können auch ganz ausgeschlossen werden. Ein Ehepaar kann also bei der Heirat oder auch später einen
Vertrag schließen, in dem jeder auf Unterhaltsansprüche gegen den
anderen verzichtet oder in dem einer dem anderen mehr verspricht,
als er nach dem Gesetz leisten müßte. In jedem Fall empfiehlt es
sich, solche Verträge nicht leichtfertig zu schließen, sondern sich
sehr genau über die rechtlichen Konsequenzen zu informieren. Gerade in solchen Fällen sollte man die Kosten einer anwaltlichen
Beratung nicht scheuen.

2. Der Versorgungsausgleich

Völlig neu im Scheidungsrecht ist der lange und heiß diskutierte
Versorgungsausgleich. Im Grunde handelt es sich hier um nichts anderes als um die Übertragung des Grundgedankens der Zugewinngemeinschaft (vgl. dazu oben S. 63) auf die Altersversorgung. Nach
dem alten Recht behielt nach einer Scheidung jeder seine Renten-,
Pensions- oder sonstigen Versorgungsansprüche. Das bedeutet: Wer
während der Ehe verdiente (in der Regel der Mann), hatte später
auch seine volle Altersversorgung. Wer nicht verdiente, weil er
Haushalt und Kinder versorgte, die Hausfrau also, hatte keine
selbständige Altersversorgung.

Das neue Recht sieht vor, daß derjenige Ehegatte, der während
der Ehe mehr für seine Alterssicherung hat tun können, dem
anderen davon etwas abgibt, und zwar so viel, wie es der *Dauer*

der Ehe entspricht. Hat beispielsweise ein Angestellter in 30jähriger Berufstätigkeit einen Rentenanspruch erworben und war er von diesen 30 Jahren 15 Jahre lang mit der nunmehr von ihm geschiedenen Frau verheiratet, so kann sie entsprechend der Ehedauer von der Hälfte seiner Rente den ihr zustehenden Teil – wiederum die Hälfte – also ¼ verlangen. Diesen Anteil hat sie aber aus eigenem Recht, als eigenständige Altersversicherung, nicht als Unterhaltsanspruch gegen den Mann. Je länger die Ehe gedauert hat, desto größer ist der Anteil an der Altersversorgung.

Die *Berechnung* des Ausgleichs ist im einzelnen sehr kompliziert und je nachdem, um welche Art der Altersversorgung es sich handelt, auch verschieden. Sie wird vom Familienrichter während des Scheidungsprozesses vorgenommen, und zugleich mit der Scheidung wird der Versorgungsanspruch ausgeglichen.

In den allermeisten Fällen erhält der geschiedene Ehegatte durch den Versorgungsausgleich nach der Scheidung nur eine *Anwartschaft,* einen Anspruch für die Zeit, wenn er renten- oder pensionsberechtigt wird, nicht einen Anspruch auf bares Geld. Wenn allerdings ältere Ehegatten, die schon renten- oder pensionsberechtigt sind, sich scheiden lassen, kann das auch anders sein.

Im einzelnen kann der Ausgleich auf verschiedene Weise vorgenommen werden. Hat der ausgleichspflichtige Ehegatte eine Rentenanwartschaft, so wird – wie im obigen Beispiel – ein Teil seiner Anwartschaft auf den geschiedenen Ehegatten übertragen, und dieser erhält dann selbst eine Rente aus eigenem Recht (§ 1587b BGB). In anderen Fällen werden Rentenanwartschaften neu begründet. Vor allem wenn ein Beamter sich scheiden läßt, bekommt sein geschiedener Ehegatte nicht einen Teil der Beamtenpension (er ist ja nicht Beamter), sondern er wird in der gesetzlichen Rentenversicherung neu versichert; die Pension des Beamten wird dann entsprechend gekürzt. Auch bei Ansprüchen aus einer betrieblichen Altersversorgung oder einer privaten Lebensversicherung muß für den geschiedenen Ehegatten eine Altersversorgung im Rahmen der gesetzlichen Rentenversicherung durch Einzahlung der Beträge erst begründet werden.

Von den Unterhaltszahlungen ist der Versorgungsausgleich grundsätzlich unabhängig. Wer aus dem Versorgungsausgleich einen Anspruch auf eigene Altersversorgung erhält, kann, wenn diese zu gering ist, um seinen Lebensbedarf zu decken, daneben noch einen Unterhaltsanspruch gegen seinen geschiedenen Ehegatten haben.

In einigen Fällen, in denen der Versorgungsausgleich *grob unbillig* wäre, schließt § 1587c BGB ihn ausdrücklich aus, d. h.:

– wenn der Versorgungsausgleich unter Berücksichtigung der beiderseitigen Verhältnisse, vor allem aber des Vermögenserwerbs während der Ehe grob unbillig wäre (*Beispiel:* Ein Grundstücksmakler war mit einer Lehrerin verheiratet, es bestand Gütertrennung. Er hat während der Ehe ein beträchtliches Vermögen erworben, sie einen Pensionsanspruch. Hier wäre es unbillig, wenn sie sich ihren Pensionsanspruch kürzen lassen müßte);

– wenn der Ausgleichsberechtigte eigene Anwartschaften oder Aussichten in Erwartung der Scheidung selbst verhindert hat, um dadurch einen höheren Ausgleich zu ergattern;

– wenn der Berechtigte während der Ehe längere Zeit hindurch seine Pflicht, zum Familienunterhalt beizutragen, gröblich verletzt hat.

Ehevertrag über den Versorgungsausgleich

Auch über den Versorgungsausgleich können die Ehegatten Verträge schließen. Das kann in einem *Ehevertrag* geschehen (§ 1408 Abs. 2 BGB), der bereits vor der Heirat oder auch während der Ehe geschlossen werden kann. Er *muß* bei gleichzeitiger Anwesenheit beider Teile *vor einem Notar* geschlossen werden (§ 1410 BGB; vgl. auch oben S. 78). Nur in einem solchen Ehevertrag kann der Versorgungsausgleich ganz ausgeschlossen werden. Haben die Ehegatten den Versorgungsausgleich ausgeschlossen, so tritt Gütertrennung ein (§ 1414 BGB). Das ist für den wirtschaftlich schwächeren Ehegatten ein ganz erhebliches Risiko. Vor allem die nicht berufstätige Hausfrau kann auf diese Weise unüberlegt und leichtsinnig auf ihre Alterssicherung verzichten, weil sie die Tragweite und Bedeutung ihrer Unterschrift nicht übersieht, weil sie eine spätere Scheidung für ausgeschlossen hält oder weil sie einfach zu zaghaft und zu schüchtern ist, um sich zu wehren. Nur wenn innerhalb eines Jahres die Scheidung beantragt wird, ist der Ausschluß des Versorgungsausgleichs unwirksam.

Im Zusammenhang mit einer bereits laufenden Scheidung kann der Versorgungsausgleich nicht mehr frei ausgeschlossen werden.

§ 1587 BGB will verhindern, daß der sozial schwächere Teil übervorteilt wird. Solche Vereinbarungen sind deshalb nur wirksam, wenn sie notariell beurkundet und vom Familienrichter (der auch über die Scheidung entscheidet) genehmigt sind. Der Familienrichter wird die Genehmigung verweigern, wenn die Vereinbarung offensichtlich nicht zur „Sicherung des Berechtigten für den Fall der Erwerbsunfähigkeit und des Alters geeignet ist" oder wenn sie sonst zu keinem angemessenen Ausgleich unter den Ehegatten führt. In diesen Fällen eines Vertrages über den Versorgungsausgleich im Zusammenhang mit dem Scheidungsprozeß ist also dafür gesorgt, daß keiner den anderen übervorteilt, auch wenn etwas anderes vereinbart wird, als im Gesetz steht.

Stichtag: 1. Juli 1977

Die Bestimmungen über den Versorgungsausgleich gelten wie das gesamte neue Scheidungsrecht nur für *Ehen, die nach dem 1. Juli 1977 geschieden werden*. Ehegatten, die dann bereits geschieden sind, sind nach dem alten Recht geschieden. Für sie gilt hinsichtlich der Scheidungsfolgen weiter das alte Recht. Ein Versorgungsausgleich kommt für sie nicht mehr in Frage. Auch alte Unterhalts- und Eheverträge behalten ihre Wirksamkeit. So gibt es vom 1. Juli 1977 an für Geschiedene ein Nebeneinander von verschiedenen Bestimmungen: Wer nach altem Recht geschieden ist, für den gilt weiter das Schuldprinzip, mit allen Konsequenzen, die das hat; wer nach dem neuen Recht geschieden ist, für den gilt das Zerrüttungsprinzip, gleichgültig, wann die Ehe geschlossen wurde.

3. Elterliche Gewalt und Unterhalt für die Kinder

Um die Frage, bei welchem Elternteil nach einer Scheidung die Kinder bleiben, wird oft erbittert und hartnäckig gestritten. Nach dem alten Scheidungsrecht war mit der Entscheidung über die Schuld in aller Regel auch die Frage entschieden, wer die Kinder bekam, der Nichtschuldige nämlich. Da das neue Scheidungsrecht eine Schuldfeststellung nicht mehr kennt, kann es auch bei der Entscheidung über die Kinder darauf keine Rücksicht nehmen.

Entscheidung über die Kinder

Nach § 1671 BGB trifft das *Familiengericht* während des Scheidungsprozesses eine Entscheidung über die Kinder. Maßgebend für seine Entscheidung soll das *Kindeswohl* sein. Soweit irgend möglich sollen die aus der zerrütteten Ehe stammenden Kinder dort aufwachsen, wo sie die besten Entwicklungsmöglichkeiten haben. Sind die Eltern selbst zu einer Einigung gekommen, so können sie dem Gericht einen gemeinsamen Vorschlag über die zukünftige Regelung machen. In sehr vielen Fällen wird das Gericht diesen Vorschlag auch akzeptieren. Es kann ihn aber auch ablehnen, wenn es meint, daß damit das Kindeswohl nicht genügend berücksichtigt ist.

Sind mehrere gemeinsame Kinder da, so liegt es nahe, daß Eltern die Kinder unter sich aufteilen. In der bisherigen Rechtsprechung sind die Gerichte solchen Vereinbarungen ungern gefolgt. Es galt als einer der Grundsätze der Rechtsprechung, daß Kinder aus geschiedenen Ehen besser zusammen bei einem Elternteil aufwachsen als getrennt eines beim Vater, eines bei der Mutter. Es spricht viel dafür, daß sich an dieser gerichtlichen Praxis auch in Zukunft nicht viel ändern wird.

Wenn die Eltern sich nicht einigen können oder das Gericht ihren Vorschlag nicht billigt, so „trifft es die Regelung, die unter Berücksichtigung der gesamten Verhältnisse dem Wohle des Kindes am besten entspricht". Das Familiengericht entscheidet dann also allein. Es kann mit dem Kind selbst sprechen (§ 1695 Abs. 2 BGB), und es kann einen Kinderpsychologen zuziehen, um herauszufinden, bei wem das Kind am besten aufgehoben ist. Es kann außerdem seine Anordnungen jederzeit ändern, solange das Kind minderjährig ist (§ 1696 BGB).

Ganz allgemein kann man sagen, daß die Gerichte bisher dazu geneigt haben, kleinere Kinder der Mutter zu geben. Das wird sich wohl auch in Zukunft nicht ändern. Freilich wird nach dem neuen Scheidungsrecht bei der Entscheidung über die Kinder praktisch über den Unterhaltsanspruch *der Mutter* mit entschieden. Denn derjenige Ehegatte, der gemeinsame Kinder versorgen muß, hat gegen den anderen einen Unterhaltsanspruch (vgl. dazu oben S. 98). Jedenfalls haben gleichzeitig auch die Kinder einen Unterhaltsanspruch gegen beide Eltern (dazu unten S. 109).

Recht zum persönlichen Verkehr mit dem Kind

Wer die elterliche Gewalt über die gemeinsamen Kinder bekommt, entscheidet alle Dinge, die das Kind betreffen, allein. Der andere Ehegatte verliert jeden Einfluß auf die Erziehung und die Pflege des Kindes. Er behält jedoch das sogenannte *Verkehrsrecht* (§ 1634 BGB). Er darf das Kind sehen, es besuchen, gelegentlich (auch regelmäßig) mit ihm verreisen, kurz, er kann den persönlichen Kontakt mit dem Kind pflegen und ausbauen. Die technischen Einzelheiten regelt auch hier das Familiengericht. Das Verkehrsrecht kann auch eingeschränkt oder ganz ausgeschlossen werden, wenn dies zum Wohl des Kindes erforderlich ist (§ 1634 Abs. 2 BGB).

Unterhaltsanspruch der Kinder

Nach einer Scheidung bleibt es die Pflicht *beider* Eltern, für den Unterhalt der Kinder zu sorgen. Dieser Unterhaltsanspruch des Kindes gegen seine Eltern ist in einer intakten Ehe unproblematisch. Nach einer Scheidung wird das schwieriger. Derjenige, der die elterliche Gewalt bekommt, hat das Kind zu pflegen und alle praktischen Dinge zu tun. Er muß für Nahrung, Wohnung und Wäsche sorgen, bei Krankheiten den Arzt rufen, die häusliche Pflege übernehmen, später den Kindergarten aussuchen und über die schulische Ausbildung und Erziehung entscheiden. Der andere Elternteil, dem die elterliche Gewalt nicht zusteht, muß vor allem zahlen. Wie hoch seine Zahlungspflicht im Einzelfall ist, hängt von seinem Einkommen einerseits und andererseits vom Alter des Kindes ab. Je älter und selbständiger das Kind wird, desto geringer wird der Anteil sein, den der Elternteil, der die elterliche Gewalt bekommen hat, durch tatsächliche persönliche Sorge zum Unterhalt des Kindes beiträgt, um so größer wird dann auch seine Pflicht, durch Geldzahlungen zum Unterhalt beizutragen.

In jedem Fall endet die elterliche Gewalt mit dem 18. Lebensjahr des Kindes. Die Unterhaltspflicht läuft aber auch dann noch weiter, wenn das „erwachsene Kind" seine Ausbildung noch nicht beendet

hat oder sonst bedürftig ist. Für behinderte Kinder endet die Unterhaltspflicht in manchen Fällen nie. Auch in diesen Fällen bleiben
grundsätzlich beide Eltern nebeneinander zum Unterhalt verpflichtet.

4. Wohnung und Hausrat

Über beides – Wohnung und Verteilung des gemeinsamen Hausrats
– sollten die Eheleute sich möglichst einigen. Ist eine Einigung nicht
zustande zu bringen, so muß auch hier das *Familiengericht* entscheiden (§ 1 HausratsVO). Es wird dabei die Umstände des Einzelfalles
und vor allem auch das Wohl der Kinder berücksichtigen (§ 2 HausratsVO).

Bei der Zuteilung der *Wohnung* wird viel dafür sprechen, dem
Ehegatten, der die Kinder behält, auch die Wohnung zu lassen. Davon kann es aber Ausnahmen geben: Der Eigentümer eines (gemeinsam bewohnten) Hauses soll nur dann ausziehen müssen, wenn dies
notwendig ist, um eine unbillige Härte zu vermeiden (§ 3 HausratsVO). Eine Dienst- oder Werkswohnung kann demjenigen, der
nicht Betriebszugehöriger ist (in der Regel der Frau), nur zugewiesen
werden, wenn der Arbeitgeber einverstanden ist (§ 4 HausratsVO).
Unter Umständen kann die Wohnung auch geteilt werden (§ 6 HausratsVO).

Bei der Verteilung des *Hausrats* gilt grundsätzlich: Jeder darf
behalten, was er mit in die Ehe gebracht hat. Was während der Ehe
für den gemeinsamen Haushalt angeschafft wurde, gilt als gemeinsames Eigentum, egal, wer es bezahlt hat (§ 8 HausratsVO). Der
Richter kann notwendige Gegenstände, die einem gehören, dem anderen zuweisen, wenn dieser auf die Weiterbenutzung angewiesen
ist und der andere sie entbehren kann.

Beispiel: Die Ehefrau, die das Sorgerecht für die Kinder bekommt, darf
die Waschmaschine behalten, auch wenn der Mann sie mit in die Ehe gebracht hat.

5. Der Name nach der Scheidung

Nach dem neuen Eherecht behält der geschiedene Ehegatte den Ehenamen (§ 1355 Abs. 4 BGB). Je nachdem, wessen Name bei der
Heirat von den Ehegatten zum Ehenamen gemacht worden ist (vgl.
dazu oben S. 35), behält die Frau den Namen des Mannes oder
der Mann den Namen der Frau. Es liegt in der Hand desjenigen
Ehegatten, der bei der Heirat den Namen gewechselt hat, nach der
Scheidung wieder seinen Geburtsnamen oder den Namen anzunehmen, den er zur Zeit der Eheschließung geführt hat; er kann das
tun, wenn er möchte, er muß es aber nicht.

III. Scheidungsklage – das Verfahren

Nach dem alten Recht gab es für die verschiedenen Fragen, über die beim Auseinanderbrechen einer Ehe gestritten wird, keine einheitliche gerichtliche Zuständigkeit. Das Scheidungsverfahren, die Verteilung des Sorgerechts für die Kinder, Unterhaltsprozeß, Zugewinnausgleich – es konnte vorkommen, daß über alle diese Dinge einzeln prozessiert wurde und entschieden werden mußte. Nach dem neuen Recht soll das anders werden.

1. Zuständigkeit des Familiengerichts

Bei den Amtsgerichten werden als neue Abteilungen die Familiengerichte eingerichtet. Bei ihnen sollen alle mit der Scheidung zusammenhängenden Fragen entschieden werden. Über den Scheidungsantrag und die Regelung der Scheidungsfolgen soll zusammen verhandelt und gleichzeitig entschieden werden (§ 623 ZPO). Das wird wahrscheinlich dazu führen, daß Scheidungen nicht mehr so schnell ausgesprochen werden wie bisher; doch hat es den Vorteil, daß nach Abschluß des Scheidungsverfahrens auch wirklich Klarheit herrscht und nachher nicht noch jahrelang über die Scheidungsfolgen prozessiert werden muß.

2. Was muß man tun, wenn man sich scheiden lassen will?

Im Scheidungsprozeß braucht jeder Ehegatte einen Rechtsanwalt, der ihn vor Gericht vertritt. Wer sich scheiden lassen will, sollte also zunächst nach einem Anwalt suchen, dem er vertraut. Mit diesem Anwalt muß er seinen Scheidungswunsch besprechen und ihm die für den Scheidungsprozeß wesentlichen Tatsachen liefern. Es ist unbedingt erforderlich, den Anwalt so genau und so richtig wie möglich zu informieren, nur dann kann er seinen Mandanten richtig beraten und auch seine Interessen vor Gericht angemessen vertreten. Wer seinem Anwalt wesentliche Dinge verschweigt oder ihn belügt, schneidet sich ins eigene Fleisch.

Der Anwalt wird dann alle weiteren formalen Schritte unternehmen und schließlich den Scheidungsantrag beim zuständigen Gericht einreichen.

3. Wie reagiert man, wenn der andere sich scheiden lassen will?

Wer in einer zerrütteten Ehe lebt und eines Tages im Briefkasten einen Brief vom Anwalt seines Ehegatten findet, in dem dieser ihm mitteilt, sein Mandant wolle sich scheiden lassen, wird zwar in den meisten Fällen nicht aus allen Wolken fallen, sondern etwas Derartiges erwartet haben, aber er wird sich überlegen müssen, was er nun tun soll.

Auch ihm ist dringend zu raten, einen Anwalt aufzusuchen und mit ihm das weitere Vorgehen und die eigenen Reaktionen auf den Scheidungswunsch des anderen zu besprechen. Spätestens im Scheidungsprozeß wird ihm das Gericht sonst einen Rechtsanwalt beiordnen, wenn es der Meinung ist, daß dies zum Schutz seiner Interessen erforderlich ist (§ 625 ZPO). In jedem Fall ist es aber besser, schon vorher mit einem Anwalt, den man sich selbst hat aussuchen können, das eigene Vorgehen zu besprechen.

4. Die Kosten

Anwälte kosten Geld, und auch Gerichte entscheiden nicht gratis. Grundsätzlich tragen die Ehegatten die Gerichtskosten je zur Hälfte, wenn die Ehe geschieden wird. Das Gericht kann die Kosten anders verteilen, wenn diese Kostenteilung für einen Ehegatten unzumutbar ist (§ 93a ZPO). Wird der Scheidungsantrag abgewiesen, so trägt der Antragsteller die Kosten allein.

Sowohl der Anwalt wie das Gericht werden zu Beginn des Verfahrens einen *Kostenvorschuß* verlangen. Für einen nicht verdienenden Ehegatten ist es schwer möglich, diese Beträge aufzubringen. Er kann deshalb von seinem verdienenden Ehegatten verlangen, daß dieser für ihn die Vorschüsse zahlt (§ 1360a Abs. 4 BGB).

Anhang

Die wichtigsten Gesetzesbestimmungen
in der ab
1. Juli 1977 geltenden Fassung

1. Bürgerliches Gesetzbuch

Vom 18. August 1896 (RGBl. S. 195)
Zuletzt geändert durch das Erste Gesetz
zur Reform des Ehe- und Familienrechts (1. EheRG)
vom 14. Juni 1976 (BGBl. I S. 1421)

(Auszug)[1]

Viertes Buch. Familienrecht

Erster Abschnitt. Bürgerliche Ehe

Fünfter Titel. Wirkungen der Ehe im allgemeinen

§ 1353 [Eheliche Lebensgemeinschaft][2] (1) Die Ehe wird auf Lebenszeit geschlossen. Die Ehegatten sind einander zur ehelichen Lebensgemeinschaft verpflichtet.

(2) Ein Ehegatte ist nicht verpflichtet, dem Verlangen des anderen Ehegatten nach Herstellung der Gemeinschaft Folge zu leisten, wenn sich das Verlangen als Mißbrauch seines Rechtes darstellt oder wenn die Ehe gescheitert ist.

§ 1355 [Name] (1) Die Ehegatten führen einen gemeinsamen Familiennamen (Ehenamen).

(2) Zum Ehenamen können die Ehegatten bei der Eheschließung durch Erklärung gegenüber dem Standesbeamten den Geburtsnamen des Mannes oder den Geburtsnamen der Frau bestimmen. Treffen sie keine Bestimmung, so ist Ehename der Geburtsname des Mannes. Geburtsname ist der Name, der in die Geburtsurkunde der Verlobten zur Zeit der Eheschließung einzutragen ist.

(3) Ein Ehegatte, dessen Geburtsname nicht Ehename wird, kann durch Erklärung gegenüber dem Standesbeamten dem Ehenamen seinen Geburtsnamen oder den zur Zeit der Eheschließung geführten Namen voranstellen; die Erklärung bedarf der öffentlichen Beglaubigung.

(4) Der verwitwete oder geschiedene Ehegatte behält den Ehenamen. Er kann durch Erklärung gegenüber dem Standesbeamten seinen Geburtsnamen oder den Namen wieder annehmen, den er zur Zeit der Eheschließung geführt hat; die Erklärung bedarf der öffentlichen Beglaubigung.

---

1 Das Bürgerliche Gesetzbuch ist vollständig abgedruckt in: „BGB Bürgerliches Gesetzbuch", Goldmann Gesetze, Band 8019.
2 Die in eckige Klammern [ ] gesetzten Paragraphenüberschriften und sonstigen Zusätze sind nicht Bestandteil des Gesetzes.

§ 1356 [Haushaltsführung; Erwerbstätigkeit]   (1) Die Ehegatten regeln die Haushaltsführung im gegenseitigen Einvernehmen. Ist die Haushaltsführung einem der Ehegatten überlassen, so leitet dieser den Haushalt in eigener Verantwortung.

(2) Beide Ehegatten sind berechtigt, erwerbstätig zu sein. Bei der Wahl und Ausübung einer Erwerbstätigkeit haben sie auf die Belange des anderen Ehegatten und der Familie die gebotene Rücksicht zu nehmen.

§ 1357 [Schlüsselgewalt]   (1) Jeder Ehegatte ist berechtigt, Geschäfte zur angemessenen Deckung des Lebensbedarfs der Familie mit Wirkung auch für den anderen Ehegatten zu besorgen. Durch solche Geschäfte werden beide Ehegatten berechtigt und verpflichtet, es sei denn, daß sich aus den Umständen etwas anderes ergibt.

(2) Ein Ehegatte kann die Berechtigung des anderen Ehegatten, Geschäfte mit Wirkung für ihn zu besorgen, beschränken oder ausschließen; besteht für die Beschränkung oder Ausschließung kein ausreichender Grund, so hat das Vormundschaftsgericht sie auf Antrag aufzuheben. Dritten gegenüber wirkt die Beschränkung oder Ausschließung nur nach Maßgabe des § 1412.

(3) Absatz 1 gilt nicht, wenn die Ehegatten getrennt leben.

§ 1358   [aufgehoben]

§ 1359 [Sorgfaltspflicht]   Die Ehegatten haben bei der Erfüllung der sich aus dem ehelichen Verhältnis ergebenden Verpflichtungen einander nur für diejenige Sorgfalt einzustehen, welche sie in eigenen Angelegenheiten anzuwenden pflegen.

§ 1360 [Unterhaltspflicht]   Die Ehegatten sind einander verpflichtet, durch ihre Arbeit und mit ihrem Vermögen die Familie angemessen zu unterhalten. Ist einem Ehegatten die Haushaltsführung überlassen, so erfüllt er seine Verpflichtung, durch Arbeit zum Unterhalt der Familie beizutragen, in der Regel durch die Führung des Haushalts.

§ 1360a [Umfang des Unterhalts]   (1) Der angemessene Unterhalt der Familie umfaßt alles, was nach den Verhältnissen der Ehegatten erforderlich ist, um die Kosten des Haushalts zu bestreiten und die persönlichen Bedürfnisse der Ehegatten und den Lebensbedarf der gemeinsamen unterhaltsberechtigten Kinder zu befriedigen.

(2) Der Unterhalt ist in der Weise zu leisten, die durch die eheliche Lebensgemeinschaft geboten ist. Die Ehegatten sind einander verpflichtet, die zum gemeinsamen Unterhalt der Familie erforderlichen Mittel für einen angemessenen Zeitraum im voraus zur Verfügung zu stellen.

(3) Die für die Unterhaltspflicht der Verwandten geltenden Vorschriften der §§ 1613 bis 1615 sind entsprechend anzuwenden.

(4) Ist ein Ehegatte nicht in der Lage, die Kosten eines Rechtsstreits zu tragen, der eine persönliche Angelegenheit betrifft, so ist der andere Ehegatte verpflichtet, ihm diese Kosten vorzuschießen, soweit dies der Billig-

keit entspricht. Das gleiche gilt für die Kosten der Verteidigung in einem Strafverfahren, das gegen einen Ehegatten gerichtet ist.

§ 1360b [Verzicht auf Rückgabe] Leistet ein Ehegatte zum Unterhalt der Familie einen höheren Beitrag als ihm obliegt, so ist im Zweifel anzunehmen, daß er nicht beabsichtigt, von dem anderen Ehegatten Ersatz zu verlangen.

§ 1361 [Unterhalt bei Getrenntleben] (1) Leben die Ehegatten getrennt, so kann ein Ehegatte von dem anderen den nach den Lebensverhältnissen und den Erwerbs- und Vermögensverhältnissen der Ehegatten angemessenen Unterhalt verlangen. Ist zwischen den getrennt lebenden Ehegatten ein Scheidungsverfahren rechtshängig, so gehören zum Unterhalt vom Eintritt der Rechtshängigkeit an auch die Kosten einer angemessenen Versicherung für den Fall des Alters sowie der Berufs- oder Erwerbsunfähigkeit.

(2) Der nichterwerbstätige Ehegatte kann nur dann darauf verwiesen werden, seinen Unterhalt durch eine Erwerbstätigkeit selbst zu verdienen, wenn dies von ihm nach seinen persönlichen Verhältnissen, insbesondere wegen einer früheren Erwerbstätigkeit unter Berücksichtigung der Dauer der Ehe, und nach den wirtschaftlichen Verhältnissen beider Ehegatten erwartet werden kann.

(3) Die Vorschrift des § 1579 Abs. 1 Nr. 2 bis 4, Abs. 2 über die Herabsetzung des Unterhaltsanspruchs aus Billigkeitsgründen ist entsprechend anzuwenden.

(4) Der laufende Unterhalt ist durch Zahlung einer Geldrente zu gewähren. Die Rente ist monatlich im voraus zu zahlen. Der Verpflichtete schuldet den vollen Monatsbetrag auch dann, wenn der Berechtigte im Laufe des Monats stirbt. § 1360a Abs. 3, 4 und die §§ 1360b, 1605 sind entsprechend anzuwenden.

§ 1361a [Teilung von Haushaltsgegenständen] (1) Leben die Ehegatten getrennt, so kann jeder von ihnen die ihm gehörenden Haushaltsgegenstände von dem anderen Ehegatten herausverlangen. Er ist jedoch verpflichtet, sie dem anderen Ehegatten zum Gebrauch zu überlassen, soweit dieser sie zur Führung eines abgesonderten Haushalts benötigt und die Überlassung nach den Umständen des Falles der Billigkeit entspricht.

(2) Haushaltsgegenstände, die den Ehegatten gemeinsam gehören, werden zwischen ihnen nach den Grundsätzen der Billigkeit verteilt.

(3) Können sich die Ehegatten nicht einigen, so entscheidet das zuständige Gericht. Dieses kann eine angemessene Vergütung für die Benutzung der Haushaltsgegenstände festsetzen.

(4) Die Eigentumsverhältnisse bleiben unberührt, sofern die Ehegatten nichts anderes vereinbaren.

§ 1362 [Eigentumsvermutung] (1) Zugunsten der Gläubiger des Mannes und der Gläubiger der Frau wird vermutet, daß die im Besitz eines Ehegatten oder beider Ehegatten befindlichen beweglichen Sachen dem

Schuldner gehören. Diese Vermutung gilt nicht, wenn die Ehegatten getrennt leben und sich die Sachen im Besitze des Ehegatten befinden, der nicht Schuldner ist. Inhaberpapiere und Orderpapiere, die mit Blankoindossament versehen sind, stehen den beweglichen Sachen gleich.

(2) Für die ausschließlich zum persönlichen Gebrauch eines Ehegatten bestimmten Sachen wird im Verhältnis der Ehegatten zueinander und zu den Gläubigern vermutet, daß sie dem Ehegatten gehören, für dessen Gebrauch sie bestimmt sind.

Sechster Titel. Eheliches Güterrecht

I. Gesetzliches Güterrecht

§ 1363 [Zugewinngemeinschaft] (1) Die Ehegatten leben im Güterstand der Zugewinngemeinschaft, wenn sie nicht durch Ehevertrag etwas anderes vereinbaren.

(2) Das Vermögen des Mannes und das Vermögen der Frau werden nicht gemeinschaftliches Vermögen der Ehegatten; dies gilt auch für Vermögen, das ein Ehegatte nach der Eheschließung erwirbt. Der Zugewinn, den die Ehegatten in der Ehe erzielen, wird jedoch ausgeglichen, wenn die Zugewinngemeinschaft endet.

§ 1364 [Vermögensverwaltung] Jeder Ehegatte verwaltet sein Vermögen selbständig; er ist jedoch in der Verwaltung seines Vermögens nach Maßgabe der folgenden Vorschriften beschränkt.

§ 1365 [Verfügungsmacht] (1) Ein Ehegatte kann sich nur mit Einwilligung des anderen Ehegatten verpflichten, über sein Vermögen im ganzen zu verfügen. Hat er sich ohne Zustimmung des anderen Ehegatten verpflichtet, so kann er die Verpflichtung nur erfüllen, wenn der andere Ehegatte einwilligt.

(2) Entspricht das Rechtsgeschäft den Grundsätzen einer ordnungsmäßigen Verwaltung, so kann das Vormundschaftsgericht auf Antrag des Ehegatten die Zustimmung des anderen Ehegatten ersetzen, wenn dieser sie ohne ausreichenden Grund verweigert oder durch Krankheit oder Abwesenheit an der Abgabe einer Erklärung verhindert und mit dem Aufschub Gefahr verbunden ist.

§ 1366 [Verträge] (1) Ein Vertrag, den ein Ehegatte ohne die erforderliche Einwilligung des anderen Ehegatten schließt, ist wirksam, wenn dieser ihn genehmigt.

(2) Bis zur Genehmigung kann der Dritte den Vertrag widerrufen. Hat er gewußt, daß der Mann oder die Frau verheiratet ist, so kann er nur widerrufen, wenn der Mann oder die Frau wahrheitswidrig behauptet hat, der andere Ehegatte habe eingewilligt; er kann auch in diesem Falle nicht widerrufen, wenn ihm beim Abschluß des Vertrages bekannt war, daß der andere Ehegatte nicht eingewilligt hatte.

(3) Fordert der Dritte den Ehegatten auf, die erforderliche Genehmi-

gung des anderen Ehegatten zu beschaffen, so kann dieser sich nur dem Dritten gegenüber über die Genehmigung erklären; hat er sich bereits vor der Aufforderung seinem Ehegatten gegenüber erklärt, so wird die Erklärung unwirksam. Die Genehmigung kann nur innerhalb von zwei Wochen seit dem Empfang der Aufforderung erklärt werden; wird sie nicht erklärt, so gilt sie als verweigert. Ersetzt das Vormundschaftsgericht die Genehmigung, so ist sein Beschluß nur wirksam, wenn der Ehegatte ihn dem Dritten innerhalb der zweiwöchigen Frist mitteilt; andernfalls gilt die Genehmigung als verweigert.

(4) Wird die Genehmigung verweigert, so ist der Vertrag unwirksam.

§ 1367 [Einseitige Rechtsgeschäfte] Ein einseitiges Rechtsgeschäft, das ohne die erforderliche Einwilligung vorgenommen wird, ist unwirksam.

§ 1368 [Verfügung ohne Zustimmung] Verfügt ein Ehegatte ohne die erforderliche Zustimmung des anderen Ehegatten über sein Vermögen, so ist auch der andere Ehegatte berechtigt, die sich aus der Unwirksamkeit der Verfügung ergebenden Rechte gegen den Dritten gerichtlich geltend zu machen.

§ 1369 [Verfügungsmacht über Haushaltsgegenstände] (1) Ein Ehegatte kann über ihm gehörende Gegenstände des ehelichen Haushalts nur verfügen und sich zu einer solchen Verfügung auch nur verpflichten, wenn der andere Ehegatte einwilligt.

(2) Das Vormundschaftsgericht kann auf Antrag des Ehegatten die Zustimmung des anderen Ehegatten ersetzen, wenn dieser sie ohne ausreichenden Grund verweigert oder durch Krankheit oder Abwesenheit verhindert ist, eine Erklärung abzugeben.

(3) Die Vorschriften der §§ 1366 bis 1368 gelten entsprechend.

§ 1370 [Surrogation] Haushaltsgegenstände, die an Stelle von nicht mehr vorhandenen oder wertlos gewordenen Gegenständen angeschafft werden, werden Eigentum des Ehegatten, dem die nicht mehr vorhandenen oder wertlos gewordenen Gegenstände gehört haben.

§ 1371 [Zugewinnausgleich bei Tod] (1) Wird der Güterstand durch den Tod eines Ehegatten beendet, so wird der Ausgleich des Zugewinns dadurch verwirklicht, daß sich der gesetzliche Erbteil des überlebenden Ehegatten um ein Viertel der Erbschaft erhöht; hierbei ist unerheblich, ob die Ehegatten im einzelnen Fall einen Zugewinn erzielt haben.

(2) Wird der überlebende Ehegatte nicht Erbe und steht ihm auch kein Vermächtnis zu, so kann er Ausgleich des Zugewinns nach den Vorschriften der §§ 1373 bis 1383, 1390 verlangen; der Pflichtteil des überlebenden Ehegatten oder eines anderen Pflichtteilsberechtigten bestimmt sich in diesem Falle nach dem nicht erhöhten gesetzlichen Erbteil des Ehegatten.

(3) Schlägt der überlebende Ehegatte die Erbschaft aus, so kann er neben dem Ausgleich des Zugewinns den Pflichtteil auch dann verlangen, wenn

dieser ihm nach den erbrechtlichen Bestimmungen nicht zustünde; dies gilt nicht, wenn er durch Vertrag mit seinem Ehegatten auf sein gesetzliches Erbrecht oder sein Pflichtteilsrecht verzichtet hat.

(4) Sind erbberechtigte Abkömmlinge des verstorbenen Ehegatten, welche nicht aus der durch den Tod dieses Ehegatten aufgelösten Ehe stammen, oder erbersatzberechtigte Abkömmlinge vorhanden, so ist der überlebende Ehegatte verpflichtet, diesen Abkömmlingen, wenn und soweit sie dessen bedürfen, die Mittel zu einer angemessenen Ausbildung aus dem nach Absatz 1 zusätzlich gewährten Viertel zu gewähren.

§ 1372 [Zugewinnausgleich in anderen Fällen]   Wird der Güterstand auf andere Weise als durch den Tod eines Ehegatten beendet, so wird der Zugewinn nach den Vorschriften der §§ 1373 bis 1390 ausgeglichen.

§ 1373 [Zugewinn]   Zugewinn ist der Betrag, um den das Endvermögen eines Ehegatten das Anfangsvermögen übersteigt.

§ 1374 [Anfangsvermögen]   (1) Anfangsvermögen ist das Vermögen, das einem Ehegatten nach Abzug der Verbindlichkeiten beim Eintritt des Güterstandes gehört; die Verbindlichkeiten können nur bis zur Höhe des Vermögens abgezogen werden.

(2) Vermögen, das ein Ehegatte nach Eintritt des Güterstandes von Todes wegen oder mit Rücksicht auf ein künftiges Erbrecht, durch Schenkung oder als Ausstattung erwirbt, wird nach Abzug der Verbindlichkeiten dem Anfangsvermögen hinzugerechnet, soweit es nicht den Umständen nach zu den Einkünften zu rechnen ist.

§ 1375 [Endvermögen]   (1) Endvermögen ist das Vermögen, das einem Ehegatten nach Abzug der Verbindlichkeiten bei der Beendigung des Güterstandes gehört. Die Verbindlichkeiten werden, wenn Dritte gemäß § 1390 in Anspruch genommen werden können, auch insoweit abgezogen, als sie die Höhe des Vermögens übersteigen.

(2) Dem Endvermögen eines Ehegatten wird der Betrag hinzugerechnet, um den dieses Vermögen dadurch vermindert ist, daß ein Ehegatte nach Eintritt des Güterstandes

1. unentgeltliche Zuwendungen gemacht hat, durch die er nicht einer sittlichen Pflicht oder einer auf den Anstand zu nehmenden Rücksicht entsprochen hat.
2. Vermögen verschwendet hat oder
3. Handlungen in der Absicht vorgenommen hat, den anderen Ehegatten zu benachteiligen.

(3) Der Betrag der Vermögensminderung wird dem Endvermögen nicht hinzugerechnet, wenn sie mindestens zehn Jahre vor Beendigung des Güterstandes eingetreten ist oder wenn der andere Ehegatte mit der unentgeltlichen Zuwendung oder der Verschwendung einverstanden gewesen ist.

§ 1376 [Berechnung]   (1) Der Berechnung des Anfangsvermögens wird der Wert zugrunde gelegt, den das beim Eintritt des Güterstandes vor-

handene Vermögen in diesem Zeitpunkt, das dem Anfangsvermögen hinzuzurechnende Vermögen im Zeitpunkt des Erwerbes hatte.

(2) Der Berechnung des Endvermögens wird der Wert zugrunde gelegt,
den das bei Beendigung des Güterstandes vorhandene Vermögen in diesem
Zeitpunkt, eine dem Endvermögen hinzuzurechnende Vermögensminderung in dem Zeitpunkt hatte, in dem sie eingetreten ist.

(3) Die vorstehenden Vorschriften gelten entsprechend für die Bewertung
von Verbindlichkeiten.

(4) Ein land- oder forstwirtschaftlicher Betrieb, der bei der Berechnung
des Anfangsvermögens und des Endvermögens zu berücksichtigen ist, ist
mit dem Ertragswert anzusetzen; die Vorschrift des § 2049 Abs. 2 ist anzuwenden.

§ 1377 [Verzeichnis] (1) Haben die Ehegatten den Bestand und den
Wert des einem Ehegatten gehörenden Anfangsvermögens und der diesem
Vermögen hinzuzurechnenden Gegenstände gemeinsam in einem Verzeichnis festgestellt, so wird im Verhältnis der Ehegatten zueinander vermutet, daß das Verzeichnis richtig ist.

(2) Jeder Ehegatte kann verlangen, daß der andere Ehegatte bei der
Aufnahme des Verzeichnisses mitwirkt. Auf die Aufnahme des Verzeichnisses sind die für den Nießbrauch geltenden Vorschriften des § 1035 anzuwenden. Jeder Ehegatte kann den Wert der Vermögensgegenstände und
der Verbindlichkeiten auf seine Kosten durch Sachverständige feststellen
lassen.

(3) Soweit kein Verzeichnis aufgenommen ist, wird vermutet, daß das
Endvermögen eines Ehegatten seinen Zugewinn darstellt.

§ 1378 [Zugewinnausgleich] (1) Übersteigt der Zugewinn des einen
Ehegatten den Zugewinn des anderen, so steht die Hälfte des Überschusses dem anderen Ehegatten als Ausgleichsforderung zu.

(2) Die Höhe der Ausgleichsforderung wird durch den Wert des Vermögens begrenzt, das nach Abzug der Verbindlichkeiten bei Beendigung
des Güterstandes vorhanden ist.

(3) Die Ausgleichsforderung entsteht mit der Beendigung des Güterstandes und ist von diesem Zeitpunkt an vererblich und übertragbar. Eine
Vereinbarung, die die Ehegatten während eines Verfahrens, das auf die
Auflösung der Ehe gerichtet ist, für den Fall der Auflösung der Ehe über
den Ausgleich des Zugewinns treffen, bedarf der notariellen Beurkundung;
§ 127a findet auch auf eine Vereinbarung Anwendung, die in einem Verfahren in Ehesachen vor dem Prozeßgericht protokolliert wird. Im übrigen
kann sich kein Ehegatte vor der Beendigung des Güterstandes verpflichten,
über die Ausgleichsforderung zu verfügen.

(4) Die Ausgleichsforderung verjährt in drei Jahren; die Frist beginnt
mit dem Zeitpunkt, in dem der Ehegatte erfährt, daß der Güterstand beendet ist. Die Forderung verjährt jedoch spätestens dreißig Jahre nach der
Beendigung des Güterstandes. Endet der Güterstand durch den Tod eines

Ehegatten, so sind im übrigen die Vorschriften anzuwenden, die für die Verjährung eines Pflichtteilsanspruchs gelten.

§ 1379 [Auskunftspflicht] (1) Nach der Beendigung des Güterstandes ist jeder Ehegatte verpflichtet, dem anderen Ehegatten über den Bestand seines Endvermögens Auskunft zu erteilen. Jeder Ehegatte kann verlangen, daß er bei der Aufnahme des ihm nach § 260 vorzulegenden Verzeichnisses zugezogen und daß der Wert der Vermögensgegenstände und der Verbindlichkeiten ermittelt wird. Er kann auch verlangen, daß das Verzeichnis auf seine Kosten durch die zuständige Behörde oder durch einen zuständigen Beamten oder Notar aufgenommen wird.

(2) Hat ein Ehegatte die Scheidung beantragt oder Klage auf Aufhebung oder Nichtigerklärung der Ehe erhoben, gilt Absatz 1 entsprechend.

§ 1380 [Anrechnung] (1) Auf die Ausgleichsforderung eines Ehegatten wird angerechnet, was ihm von dem anderen Ehegatten durch Rechtsgeschäft unter Lebenden mit der Bestimmung zugewendet ist, daß es auf die Ausgleichsforderung angerechnet werden soll. Im Zweifel ist anzunehmen, daß Zuwendungen angerechnet werden sollen, wenn ihr Wert den Wert von Gelegenheitsgeschenken übersteigt, die nach den Lebensverhältnissen der Ehegatten üblich sind.

(2) Der Wert der Zuwendung wird bei der Berechnung der Ausgleichsforderung dem Zugewinn des Ehegatten hinzugerechnet, der die Zuwendung gemacht hat. Der Wert bestimmt sich nach dem Zeitpunkt der Zuwendung.

§ 1381 [Unbilligkeit] (1) Der Schuldner kann die Erfüllung der Ausgleichsforderung verweigern, soweit der Ausgleich des Zugewinns nach den Umständen des Falles grob unbillig wäre.

(2) Grobe Unbilligkeit kann insbesondere dann vorliegen, wenn der Ehegatte, der den geringeren Zugewinn erzielt hat, längere Zeit hindurch die wirtschaftlichen Verpflichtungen, die sich aus dem ehelichen Verhältnis ergeben, schuldhaft nicht erfüllt hat.

§ 1382 [Stundung] (1) Das Familiengericht kann eine Ausgleichsforderung, soweit sie vom Schuldner nicht bestritten wird, auf Antrag stunden, wenn die sofortige Zahlung den Schuldner besonders hart treffen würde und dem Gläubiger eine Stundung zugemutet werden kann.

(2) Eine gestundete Forderung hat der Schuldner zu verzinsen.

(3) Das Familiengericht kann auf Antrag anordnen, daß der Schuldner für eine gestundete Forderung Sicherheit zu leisten hat.

(4) Über die Höhe der Verzinsung und über Art und Umfang der Sicherheitsleistung entscheidet das Familiengericht nach billigem Ermessen.

(5) Soweit über die Ausgleichsforderung ein Rechtsstreit anhängig wird, kann der Schuldner einen Antrag auf Stundung nur in diesem Verfahren stellen.

(6) Das Familiengericht kann eine rechtskräftige Entscheidung auf An-

trag aufheben oder ändern, wenn sich die Verhältnisse nach der Entscheidung wesentlich geändert haben.

§ 1383 [Übertragung einzelner Gegenstände] (1) Das Familiengericht kann auf Antrag des Gläubigers anordnen, daß der Schuldner bestimmte Gegenstände seines Vermögens dem Gläubiger unter Anrechnung auf die Ausgleichsforderung zu übertragen hat, wenn dies erforderlich ist, um eine grobe Unbilligkeit für den Gläubiger zu vermeiden, und wenn dies dem Schuldner zugemutet werden kann; in der Entscheidung ist der Betrag festzusetzen, der auf die Ausgleichsforderung angerechnet wird.

(2) Der Gläubiger muß die Gegenstände, deren Übertragung er begehrt, in dem Antrage bezeichnen.

(3) § 1382 Abs. 5 gilt entsprechend.

§ 1384 [Stichtag bei Scheidung] Wird die Ehe geschieden, so tritt für die Berechnung des Zugewinns an die Stelle der Beendigung des Güterstandes der Zeitpunkt der Rechtshängigkeit des Scheidungsantrags.

§ 1385 [Vorzeitiger Zugewinnausgleich bei Getrenntleben] Leben die Ehegatten seit mindestens drei Jahren getrennt, so kann jeder von ihnen auf vorzeitigen Ausgleich des Zugewinns klagen.

§ 1386 [Vorzeitiger Zugewinnausgleich aus anderen Gründen] (1) Ein Ehegatte kann auf vorzeitigen Ausgleich des Zugewinns klagen, wenn der andere Ehegatte längere Zeit hindurch die wirtschaftlichen Verpflichtungen, die sich aus dem ehelichen Verhältnis ergeben, schuldhaft nicht erfüllt hat und anzunehmen ist, daß er sie auch in Zukunft nicht erfüllen wird.

(2) Ein Ehegatte kann auf vorzeitigen Ausgleich des Zugewinns klagen, wenn der andere Ehegatte

1. ein Rechtsgeschäft der in § 1365 bezeichneten Art ohne die erforderliche Zustimmung vorgenommen hat oder
2. sein Vermögen durch eine der in § 1375 bezeichneten Handlungen vermindert hat

und eine erhebliche Gefährdung der künftigen Ausgleichsforderungen zu besorgen ist.

(3) Ein Ehegatte kann auf vorzeitigen Ausgleich des Zugewinns klagen, wenn der andere Ehegatte sich ohne ausreichenden Grund beharrlich weigert, ihn über den Bestand seines Vermögens zu unterrichten.

§ 1387 [Berechnungszeitpunkt] Wird auf vorzeitigen Ausgleich des Zugewinns erkannt, so tritt für die Berechnung des Zugewinns an die Stelle der Beendigung des Güterstandes der Zeitpunkt, in dem die Klage auf vorzeitigen Ausgleich erhoben ist.

§ 1388 [Gütertrennung] Mit der Rechtskraft des Urteils, durch das auf vorzeitigen Ausgleich des Zugewinns erkannt ist, tritt Gütertrennung ein.

§ 1389 [Sicherheitsleistung] Ist die Klage auf vorzeitigen Ausgleich des Zugewinns, auf Nichtigerklärung oder Aufhebung der Ehe erhoben oder

der Antrag auf Scheidung der Ehe gestellt, so kann ein Ehegatte Sicherheitsleistung verlangen, wenn wegen des Verhaltens des anderen Ehegatten
zu besorgen ist, daß seine Rechte auf den künftigen Ausgleich des Zugewinns erheblich gefährdet werden.

§ 1390 [Herausgabeanspruch gegen Dritte] (1) Soweit einem Ehegatten
gemäß § 1378 Abs. 2 eine Ausgleichsforderung nicht zusteht, weil der
andere Ehegatte in der Absicht, ihn zu benachteiligen, unentgeltliche Zuwendungen an einen Dritten gemacht hat, ist der Dritte verpflichtet, das
Erlangte nach den Vorschriften über die Herausgabe einer ungerechtfer-
tigten Bereicherung an den Ehegatten zum Zwecke der Befriedigung wegen der ausgefallenen Ausgleichsforderung herauszugeben. Der Dritte
kann die Herausgabe durch Zahlung des fehlenden Betrages abwenden.

(2) Das gleiche gilt für andere Rechtshandlungen, wenn die Absicht, den
Ehegatten zu benachteiligen, dem Dritten bekannt war.

(3) Der Anspruch verjährt in drei Jahren nach der Beendigung des Güterstandes. Endet der Güterstand durch den Tod eines Ehegatten, so wird
die Verjährung nicht dadurch gehemmt, daß der Anspruch erst geltend
gemacht werden kann, wenn der Ehegatte die Erbschaft oder ein Vermächtnis ausgeschlagen hat.

(4) Ist die Klage auf vorzeitigen Ausgleich des Zugewinns oder auf
Nichtigerklärung, Scheidung oder Aufhebung der Ehe erhoben, so kann
ein Ehegatte von dem Dritten Sicherheitsleistung wegen der ihm nach den
Absätzen 1 und 2 zustehenden Ansprüche verlangen.

§§ 1391 bis 1407   [weggefallen]

II. Vertragsmäßiges Güterrecht

1. Allgemeine Vorschriften

§ 1408 [Ehevertrag]   (1) Die Ehegatten können ihre güterrechtlichen
Verhältnisse durch Vertrag (Ehevertrag) regeln, insbesondere auch nach
der Eingehung der Ehe den Güterstand aufheben oder ändern.

(2) In einem Ehevertrag können die Ehegatten durch eine ausdrück-
liche Vereinbarung auch den Versorgungsausgleich ausschließen. Der Ausschluß ist unwirksam, wenn innerhalb eines Jahres nach Vertragsschluß
Antrag auf Scheidung der Ehe gestellt wird.

§ 1409 [Unzulässige Verweisung auf ungültiges oder ausländisches Recht]
(1) Der Güterstand kann nicht durch Verweisung auf ein nicht mehr
geltendes oder auf ein ausländisches Gesetz bestimmt werden.

(2) Hat ein Ehegatte zur Zeit der Eheschließung oder, falls der Vertrag
später geschlossen wird, zu dieser Zeit seinen Wohnsitz im Ausland, so
kann auf ein an diesem Wohnsitz geltendes Güterrecht verwiesen werden.

§ 1410 [Form]   Der Ehevertrag muß bei gleichzeitiger Anwesenheit beider Teile zur Niederschrift eines Notars geschlossen werden.

§ 1411 [Beschränkte Geschäftsfähigkeit]   (1) Wer in der Geschäftsfähigkeit beschränkt ist, kann einen Ehevertrag nur mit Zustimmung seines gesetzlichen Vertreters schließen. Ist der gesetzliche Vertreter ein Vormund, so ist außer der Zustimmung des gesetzlichen Vertreters die Genehmigung des Vormundschaftsgerichts erforderlich, wenn der Ausgleich des Zugewinns ausgeschlossen oder eingeschränkt oder wenn Gütergemeinschaft vereinbart oder aufgehoben wird. Der gesetzliche Vertreter kann für einen in der Geschäftsfähigkeit beschränkten Ehegatten keinen Ehevertrag schließen.

(2) **[Geschäftsunfähigkeit]**   Für einen geschäftsunfähigen Ehegatten schließt der gesetzliche Vertreter den Vertrag; Gütergemeinschaft kann er nicht vereinbaren oder aufheben. Ist der gesetzliche Vertreter ein Vormund, so kann er den Vertrag nur mit Genehmigung des Vormundschaftsgerichts schließen.

§ 1412 [Einwendung gegen Dritte]   (1) Haben die Ehegatten den gesetzlichen Güterstand ausgeschlossen oder geändert, so können sie hieraus einem Dritten gegenüber Einwendungen gegen ein Rechtsgeschäft, das zwischen einem von ihnen und dem Dritten vorgenommen worden ist, nur herleiten, wenn der Ehevertrag im Güterrechtsregister des zuständigen Amtsgerichts eingetragen oder dem Dritten bekannt war, als das Rechtsgeschäft vorgenommen wurde; Einwendungen gegen ein rechtskräftiges Urteil, das zwischen einem der Ehegatten und dem Dritten ergangen ist, sind nur zulässig, wenn der Ehevertrag eingetragen oder dem Dritten bekannt war, als der Rechtsstreit anhängig wurde.

(2) Das gleiche gilt, wenn die Ehegatten eine im Güterrechtsregister eingetragene Regelung der güterrechtlichen Verhältnisse durch Ehevertrag aufheben oder ändern.

§ 1413 [Überlassung der Verwaltung]   Überläßt ein Ehegatte sein Vermögen der Verwaltung des anderen Ehegatten, so kann das Recht, die Überlassung jederzeit zu widerrufen, nur durch Ehevertrag ausgeschlossen oder eingeschränkt werden; ein Widerruf aus wichtigem Grunde bleibt gleichwohl zulässig.

2. Gütertrennung

§ 1414 [Begründung]   Schließen die Ehegatten den gesetzlichen Güterstand aus oder heben sie ihn auf, so tritt Gütertrennung ein, falls sich nicht aus dem Ehevertrag etwas anderes ergibt. Das gleiche gilt, wenn der Ausgleich des Zugewinns oder der Versorgungsausgleich ausgeschlossen oder die Gütergemeinschaft aufgehoben wird.

3. Gütergemeinschaft

a) Allgemeine Vorschriften

§ 1415 [Vereinbarung]   Vereinbaren die Ehegatten durch Ehevertrag Gütergemeinschaft, so gelten die nachstehenden Vorschriften.

§ 1416 [Gesamtgut] (1) Das Vermögen des Mannes und das Vermögen der Frau werden durch die Gütergemeinschaft gemeinschaftliches Vermögen beider Ehegatten (Gesamtgut). Zu dem Gesamtgut gehört auch das Vermögen, das der Mann oder die Frau während der Gütergemeinschaft erwirbt.

(2) Die einzelnen Gegenstände werden gemeinschaftlich; sie brauchen nicht durch Rechtsgeschäft übertragen zu werden.

(3) Wird ein Recht gemeinschaftlich, das im Grundbuch eingetragen ist oder in das Grundbuch eingetragen werden kann, so kann jeder Ehegatte von dem anderen verlangen, daß er zur Berichtigung des Grundbuchs mitwirke. Entsprechendes gilt, wenn ein Recht gemeinschaftlich wird, das im Schiffsregister oder im Schiffsbauregister eingetragen ist.

§ 1417 [Sondergut] (1) Vom Gesamtgut ist das Sondergut ausgeschlossen.

(2) Sondergut sind die Gegenstände, die nicht durch Rechtsgeschäft übertragen werden können.

(3) Jeder Ehegatte verwaltet sein Sondergut selbständig. Er verwaltet es für Rechnung des Gesamtgutes.

§ 1418 [Vorbehaltsgut] (1) Vom Gesamtgut ist das Vorbehaltsgut ausgeschlossen.

(2) Vorbehaltsgut sind die Gegenstände,
1. die durch Ehevertrag zum Vorbehaltsgut eines Ehegatten erklärt sind;
2. die ein Ehegatte von Todes wegen erwirbt oder die ihm von einem Dritten unentgeltlich zugewendet werden, wenn der Erblasser durch letztwillige Verfügung, der Dritte bei der Zuwendung bestimmt hat, daß der Erwerb Vorbehaltsgut sein soll;
3. die ein Ehegatte auf Grund eines zu seinem Vorbehaltsgut gehörenden Rechtes oder als Ersatz für die Zerstörung, Beschädigung oder Entziehung eines zum Vorbehaltsgut gehörenden Gegenstandes oder durch ein Rechtsgeschäft erwirbt, das sich auf das Vorbehaltsgut bezieht.

(3) Jeder Ehegatte verwaltet das Vorbehaltsgut selbständig. Er verwaltet es für eigene Rechnung.

(4) Gehören Vermögensgegenstände zum Vorbehaltsgut, so ist dies Dritten gegenüber nur nach Maßgabe des § 1412 wirksam.

§ 1419 [Verfügungsbeschränkung] (1) Ein Ehegatte kann nicht über seinen Anteil am Gesamtgut und an den einzelnen Gegenständen verfügen, die zum Gesamtgut gehören; er ist nicht berechtigt, Teilung zu verlangen.

(2) Gegen eine Forderung, die zum Gesamtgut gehört, kann der Schuldner nur mit einer Forderung aufrechnen, deren Berichtigung er aus dem Gesamtgut verlangen kann.

§ 1420 [Verwendung der Einkünfte] Die Einkünfte, die in das Gesamtgut fallen, sind vor den Einkünften, die in das Vorbehaltsgut fallen, der

Stamm des Gesamtgutes ist vor dem Stamm des Vorbehaltsgutes oder des Sondergutes für den Unterhalt der Familie zu verwenden.

§ 1421 [Verwaltung] Die Ehegatten sollen in dem Ehevertrag, durch den sie die Gütergemeinschaft vereinbaren, bestimmen, ob das Gesamtgut von dem Mann oder der Frau oder von ihnen gemeinschaftlich verwaltet wird. Enthält der Ehevertrag keine Bestimmung hierüber, so verwalten die Ehegatten das Gesamtgut gemeinschaftlich.

b) Verwaltung des Gesamtgutes durch den Mann oder die Frau

§ 1422 [Umfang] Der Ehegatte, der das Gesamtgut verwaltet, ist insbesondere berechtigt, die zum Gesamtgut gehörenden Sachen in Besitz zu nehmen und über das Gesamtgut zu verfügen; er führt Rechtsstreitigkeiten, die sich auf das Gesamtgut beziehen, im eigenen Namen. Der andere Ehegatte wird durch die Verwaltungshandlungen nicht persönlich verpflichtet.

§ 1423 [Verfügung über das Gesamtgut] Der Ehegatte, der das Gesamtgut verwaltet, kann sich nur mit Einwilligung des anderen Ehegatten verpflichten, über das Gesamtgut im ganzen zu verfügen. Hat er sich ohne Zustimmung des anderen Ehegatten verpflichtet, so kann er die Verpflichtung nur erfüllen, wenn der andere Ehegatte einwilligt.

§ 1424 [Grundstücke] Der Ehegatte, der das Gesamtgut verwaltet, kann nur mit Einwilligung des anderen Ehegatten über ein zum Gesamtgut gehörendes Grundstück verfügen; er kann sich zu einer solchen Verfügung auch nur mit Einwilligung seines Ehegatten verpflichten. Dasselbe gilt, wenn ein eingetragenes Schiff oder Schiffsbauwerk zum Gesamtgut gehört.

§ 1425 [Schenkungen] (1) Der Ehegatte, der das Gesamtgut verwaltet, kann nur mit Einwilligung des anderen Ehegatten Gegenstände aus dem Gesamtgut verschenken; hat er ohne Zustimmung des anderen Ehegatten versprochen, Gegenstände aus dem Gesamtgut zu verschenken, so kann er dieses Versprechen nur erfüllen, wenn der andere Ehegatte einwilligt. Das gleiche gilt von einem Schenkungsversprechen, das sich nicht auf das Gesamtgut bezieht.

(2) Ausgenommen sind Schenkungen, durch die einer sittlichen Pflicht oder einer auf den Anstand zu nehmenden Rücksicht entsprochen wird.

§ 1426 [Ersetzung der Zustimmung] Ist ein Rechtsgeschäft, das nach den §§ 1423, 1424 nur mit Einwilligung des anderen Ehegatten vorgenommen werden kann, zur ordnungsmäßigen Verwaltung des Gesamtgutes erforderlich, so kann das Vormundschaftsgericht auf Antrag die Zustimmung des anderen Ehegatten ersetzen, wenn dieser sie ohne ausreichenden Grund verweigert oder durch Krankheit oder Abwesenheit an der Abgabe einer Erklärung verhindert und mit dem Aufschub Gefahr verbunden ist.

§ 1427 [Fehlende Einwilligung] (1) Nimmt der Ehegatte, der das Gesamtgut verwaltet, ein Rechtsgeschäft ohne die erforderliche Einwilligung des anderen Ehegatten vor, so gelten die Vorschriften des § 1366 Abs. 1, 3, 4 und des § 1367 entsprechend.

(2) Einen Vertrag kann der Dritte bis zur Genehmigung widerrufen. Hat er gewußt, daß der Ehegatte in Gütergemeinschaft lebt, so kann er nur widerrufen, wenn dieser wahrheitswidrig behauptet hat, der andere Ehegatte habe eingewilligt; er kann auch in diesem Falle nicht widerrufen, wenn ihm beim Abschluß des Vertrages bekannt war, daß der andere Ehegatte nicht eingewilligt hatte.

§ 1428 [Fehlende Zustimmung] Verfügt der Ehegatte, der das Gesamtgut verwaltet, ohne die erforderliche Zustimmung des anderen Ehegatten über ein zum Gesamtgut gehörendes Recht, so kann dieser das Recht gegen Dritte gerichtlich geltend machen; der Ehegatte, der das Gesamtgut verwaltet, braucht hierzu nicht mitzuwirken.

§ 1429 [Verhinderung] Ist der Ehegatte, der das Gesamtgut verwaltet, durch Krankheit oder durch Abwesenheit verhindert, ein Rechtsgeschäft vorzunehmen, das sich auf das Gesamtgut bezieht, so kann der andere Ehegatte das Rechtsgeschäft vornehmen, wenn mit dem Aufschub Gefahr verbunden ist; er kann hierbei im eigenen Namen oder im Namen des verwaltenden Ehegatten handeln. Das gleiche gilt für die Führung eines Rechtsstreits, der sich auf das Gesamtgut bezieht.

§ 1430 [Verweigerung der Zustimmung] Verweigert der Ehegatte, der das Gesamtgut verwaltet, ohne ausreichenden Grund die Zustimmung zu einem Rechtsgeschäft, das der andere Ehegatte zur ordnungsmäßigen Besorgung seiner persönlichen Angelegenheiten vornehmen muß, aber ohne diese Zustimmung nicht mit Wirkung für das Gesamtgut vornehmen kann, so kann das Vormundschaftsgericht die Zustimmung auf Antrag ersetzen.

§ 1431 [Erwerbsgeschäft] (1) Hat der Ehegatte, der das Gesamtgut verwaltet, darin eingewilligt, daß der andere Ehegatte selbständig ein Erwerbsgeschäft betreibt, so ist seine Zustimmung zu solchen Rechtsgeschäften und Rechtsstreitigkeiten nicht erforderlich, die der Geschäftsbetrieb mit sich bringt. Einseitige Rechtsgeschäfte, die sich auf das Erwerbsgeschäft beziehen, sind dem Ehegatten gegenüber vorzunehmen, der das Erwerbsgeschäft betreibt.

(2) Weiß der Ehegatte, der das Gesamtgut verwaltet, daß der andere Ehegatte ein Erwerbsgeschäft betreibt, und hat er hiergegen keinen Einspruch eingelegt, so steht dies einer Einwilligung gleich.

(3) Dritten gegenüber ist ein Einspruch und der Widerruf der Einwilligung nur nach Maßgabe des § 1412 wirksam.

§ 1432 [Erbschaft; Vermächtnis] (1) Ist dem Ehegatten, der das Gesamtgut nicht verwaltet, eine Erbschaft oder ein Vermächtnis angefallen, so ist nur er berechtigt, die Erbschaft oder das Vermächtnis anzunehmen oder auszuschlagen; die Zustimmung des anderen Ehegatten ist nicht erforderlich. Das gleiche gilt von dem Verzicht auf den Pflichtteil oder auf

den Ausgleich eines Zugewinns sowie von der Ablehnung eines Vertrags-
antrags oder einer Schenkung.

(2) Der Ehegatte, der das Gesamtgut nicht verwaltet, kann ein Inventar
über eine ihm angefallene Erbschaft ohne Zustimmung des anderen Ehegatten errichten.

§ 1433 [Fortsetzung eines Rechtsstreits]   Der Ehegatte, der das Gesamtgut nicht verwaltet, kann ohne Zustimmung des anderen Ehegatten einen
Rechtsstreit fortsetzen, der beim Eintritt der Gütergemeinschaft anhängig
war.

§ 1434 [Ungerechtfertigte Bereicherung]   Wird durch ein Rechtsgeschäft,
das ein Ehegatte ohne die erforderliche Zustimmung des anderen Ehegatten vornimmt, das Gesamtgut bereichert, so ist die Bereicherung nach
den Vorschriften über die ungerechtfertigte Bereicherung aus dem Gesamtgut herauszugeben.

§ 1435 [Pflichten]   Der Ehegatte hat das Gesamtgut ordnungsmäßig zu
verwalten. Er hat den anderen Ehegatten über die Verwaltung zu unterrichten und ihm auf Verlangen über den Stand der Verwaltung Auskunft
zu erteilen. Mindert sich das Gesamtgut, so muß er zu dem Gesamtgut
Ersatz leisten, wenn er den Verlust verschuldet oder durch ein Rechtsgeschäft herbeigeführt hat, das er ohne die erforderliche Zustimmung des
anderen Ehegatten vorgenommen hat.

§ 1436 [Vormund]   Steht der Ehegatte, der das Gesamtgut verwaltet,
unter Vormundschaft, so hat ihn der Vormund in den Rechten und Pflichten zu vertreten, die sich aus der Verwaltung des Gesamtgutes ergeben.
Dies gilt auch dann, wenn der andere Ehegatte zum Vormund bestellt ist.

§ 1437 [Gesamtgutsverbindlichkeiten]   (1) Aus dem Gesamtgut können
die Gläubiger des Ehegatten, der das Gesamtgut verwaltet, und, soweit
sich aus den §§ 1438 bis 1440 nichts anderes ergibt, auch die Gläubiger des
anderen Ehegatten Befriedigung verlangen (Gesamtgutsverbindlichkeiten).

(2) Der Ehegatte, der das Gesamtgut verwaltet, haftet für die Verbindlichkeiten des anderen Ehegatten, die Gesamtgutsverbindlichkeiten sind,
auch persönlich als Gesamtschuldner. Die Haftung erlischt mit der Beendigung der Gütergemeinschaft, wenn die Verbindlichkeiten im Verhältnis der Ehegatten zueinander dem anderen Ehegatten zur Last fallen.

§ 1438 [Haftung]   (1) Das Gesamtgut haftet für eine Verbindlichkeit
aus einem Rechtsgeschäft, das während der Gütergemeinschaft vorgenommen wird, nur dann, wenn der Ehegatte, der das Gesamtgut verwaltet,
das Rechtsgeschäft vornimmt oder wenn er ihm zustimmt oder wenn das
Rechtsgeschäft ohne seine Zustimmung für das Gesamtgut wirksam ist.

(2) Für die Kosten eines Rechtsstreits haftet das Gesamtgut auch dann,
wenn das Urteil dem Gesamtgut gegenüber nicht wirksam ist.

§ 1439 [Haftung bei Erwerb einer Erbschaft]   Das Gesamtgut haftet

nicht für Verbindlichkeiten, die durch den Erwerb einer Erbschaft entstehen, wenn der Ehegatte, der Erbe ist, das Gesamtgut nicht verwaltet
und die Erbschaft während der Gütergemeinschaft als Vorbehaltsgut oder
als Sondergut erwirbt; das gleiche gilt beim Erwerb eines Vermächtnisses.

§ 1440 [Haftung für Vorbehaltsgut, Sondergut; Erwerbsgeschäft] Das
Gesamtgut haftet nicht für eine Verbindlichkeit, die während der Gütergemeinschaft infolge eines zum Vorbehaltsgut oder Sondergut gehörenden
Rechtes oder des Besitzes einer dazu gehörenden Sache in der Person des
Ehegatten entsteht, der das Gesamtgut nicht verwaltet. Das Gesamtgut
haftet jedoch, wenn das Recht oder die Sache zu einem Erwerbsgeschäft
gehört, das der Ehegatte mit Einwilligung des anderen Ehegatten selbständig betreibt, oder wenn die Verbindlichkeit zu den Lasten des Sondergutes gehört, die aus den Einkünften beglichen zu werden pflegen.

§ 1441 [Haftung im Innenverhältnis] Im Verhältnis der Ehegatten zueinander fallen folgende Gesamtgutsverbindlichkeiten dem Ehegatten zur
Last, in dessen Person sie entstehen:
1. die Verbindlichkeiten aus einer unerlaubten Handlung, die er nach Eintritt der Gütergemeinschaft begeht, oder aus einem Strafverfahren, das
   wegen einer solchen Handlung gegen ihn gerichtet wird;
2. die Verbindlichkeiten aus einem sich auf sein Vorbehaltsgut oder sein
   Sondergut beziehenden Rechtsverhältnis, auch wenn sie vor Eintritt der
   Gütergemeinschaft oder vor der Zeit entstanden sind, zu der das Gut
   Vorbehaltsgut oder Sondergut geworden ist;
3. die Kosten eines Rechtsstreits über eine der in den Nummern 1 und 2
   bezeichneten Verbindlichkeiten.

§ 1442 [Haftung für Sondergut und Erwerbsgeschäft] Die Vorschriften
des § 1441 Nr. 2, 3 gelten nicht, wenn die Verbindlichkeiten zu den Lasten
des Sondergutes gehören, die aus den Einkünften beglichen zu werden
pflegen. Die Vorschriften gelten auch dann nicht, wenn die Verbindlichkeiten durch den Betrieb eines für Rechnung des Gesamtgutes geführten
Erwerbsgeschäfts oder infolge eines zu einem solchen Erwerbsgeschäft gehörenden Rechtes oder des Besitzes einer dazu gehörenden Sache entstehen.

§ 1443 [Rechtsstreit] (1) Im Verhältnis der Ehegatten zueinander fallen die Kosten eines Rechtsstreits, den die Ehegatten miteinander führen,
dem Ehegatten zur Last, der sie nach allgemeinen Vorschriften zu tragen
hat.

(2) Führt der Ehegatte, der das Gesamtgut nicht verwaltet, einen Rechtsstreit mit einem Dritten, so fallen die Kosten des Rechtsstreits im Verhältnis der Ehegatten zueinander diesem Ehegatten zur Last. Die Kosten
fallen jedoch dem Gesamtgut zur Last, wenn das Urteil dem Gesamtgut
gegenüber wirksam ist oder wenn der Rechtsstreit eine persönliche Angelegenheit oder eine Gesamtgutsverbindlichkeit des Ehegatten betrifft und
die Aufwendung der Kosten den Umständen nach geboten ist; § 1441 Nr. 3
und § 1442 bleiben unberührt.

§ 1444 [Ausstattung] (1) Verspricht oder gewährt der Ehegatte, der das Gesamtgut verwaltet, einem gemeinschaftlichen Kind aus dem Gesamtgut eine Ausstattung, so fällt ihm im Verhältnis der Ehegatten zueinander die Ausstattung zur Last, soweit sie das Maß übersteigt, das dem Gesamtgut entspricht.

(2) Verspricht oder gewährt der Ehegatte, der das Gesamtgut verwaltet, einem nicht gemeinschaftlichen Kind eine Ausstattung aus dem Gesamtgut, so fällt sie im Verhältnis der Ehegatten zueinander dem Vater oder der Mutter zur Last; für den Ehegatten, der das Gesamtgut nicht verwaltet, gilt dies jedoch nur insoweit, als er zustimmt oder die Ausstattung nicht das Maß übersteigt, das dem Gesamtgut entspricht.

§ 1445 [Wertersatz] (1) Verwendet der Ehegatte, der das Gesamtgut verwaltet, Gesamtgut in sein Vorbehaltsgut oder in sein Sondergut, so hat er den Wert des Verwendeten zum Gesamtgut zu ersetzen.

(2) Verwendet er Vorbehaltsgut oder Sondergut in das Gesamtgut, so kann er Ersatz aus dem Gesamtgut verlangen.

§ 1446 [Ausgleichsanspruch] (1) Was der Ehegatte, der das Gesamtgut verwaltet, zum Gesamtgut schuldet, braucht er erst nach der Beendigung der Gütergemeinschaft zu leisten; was er aus dem Gesamtgut zu fordern hat, kann er erst nach der Beendigung der Gütergemeinschaft fordern.

(2) Was der Ehegatte, der das Gesamtgut nicht verwaltet, zum Gesamtgut oder was er zum Vorbehaltsgut oder Sondergut des anderen Ehegatten schuldet, braucht er erst nach der Beendigung der Gütergemeinschaft zu leisten; er hat die Schuld jedoch schon vorher zu berichtigen, soweit sein Vorbehaltsgut und sein Sondergut hierzu ausreichen.

§ 1447 [Aufhebungsanspruch des nicht verwaltenden Teils] Der Ehegatte, der das Gesamtgut nicht verwaltet, kann auf Aufhebung der Gütergemeinschaft klagen,

1. wenn seine Rechte für die Zukunft dadurch erheblich gefährdet werden können, daß der andere Ehegatte zur Verwaltung des Gesamtgutes unfähig ist oder sein Recht, das Gesamtgut zu verwalten, mißbraucht;
2. wenn der andere Ehegatte seine Verpflichtung, zum Familienunterhalt beizutragen, verletzt hat und für die Zukunft eine erhebliche Gefährdung des Unterhalts zu besorgen ist;
3. wenn das Gesamtgut durch Verbindlichkeiten, die in der Person des anderen Ehegatten entstanden sind, in solchem Maße überschuldet ist, daß ein späterer Erwerb des Ehegatten, der das Gesamtgut nicht verwaltet, erheblich gefährdet wird;
4. wenn der andere Ehegatte entmündigt ist und der die Entmündigung aussprechende Beschluß nicht mehr angefochten werden kann.

§ 1448 [Aufhebungsanspruch des verwaltenden Teils] Der Ehegatte, der das Gesamtgut verwaltet, kann auf Aufhebung der Gütergemeinschaft klagen, wenn das Gesamtgut infolge von Verbindlichkeiten des anderen Ehegatten, die diesem im Verhältnis der Ehegatten zueinander zur Last fallen, in solchem Maße überschuldet ist, daß ein späterer Erwerb erheblich gefährdet wird.

§ 1449 [Aufhebungsurteil] (1) Mit der Rechtskraft des Urteils ist die Gütergemeinschaft aufgehoben; für die Zukunft gilt Gütertrennung.

(2) Dritten gegenüber ist die Aufhebung der Gütergemeinschaft nur nach Maßgabe des § 1412 wirksam.

c) Gemeinschaftliche Verwaltung des Gesamtgutes durch die Ehegatten

§ 1450 [Gemeinsame Verfügung] (1) Wird das Gesamtgut von den Ehegatten gemeinschaftlich verwaltet, so sind die Ehegatten insbesondere nur gemeinschaftlich berechtigt, über das Gesamtgut zu verfügen und Rechtsstreitigkeiten zu führen, die sich auf das Gesamtgut beziehen. Der Besitz an den zum Gesamtgut gehörenden Sachen gebührt den Ehegatten gemeinschaftlich.

(2) Ist eine Willenserklärung den Ehegatten gegenüber abzugeben, so genügt die Abgabe gegenüber einem Ehegatten.

§ 1451 [Mitwirkungspflicht] Jeder Ehegatte ist dem anderen gegenüber verpflichtet, zu Maßregeln mitzuwirken, die zur ordnungsmäßigen Verwaltung des Gesamtgutes erforderlich sind.

§ 1452 [Ersetzung der Zustimmung] (1) Ist zur ordnungsmäßigen Verwaltung des Gesamtgutes die Vornahme eines Rechtsgeschäfts oder die Führung eines Rechtsstreits erforderlich, so kann das Vormundschaftsgericht auf Antrag eines Ehegatten die Zustimmung des anderen Ehegatten ersetzen, wenn dieser sie ohne ausreichenden Grund verweigert.

(2) Die Vorschrift des Absatzes 1 gilt auch, wenn zur ordnungsmäßigen Besorgung der persönlichen Angelegenheiten eines Ehegatten ein Rechtsgeschäft erforderlich ist, das der Ehegatte mit Wirkung für das Gesamtgut nicht ohne Zustimmung des anderen Ehegatten vornehmen kann.

§ 1453 [Fehlende Einwilligung] (1) Verfügt ein Ehegatte ohne die erforderliche Einwilligung des anderen Ehegatten über das Gesamtgut, so gelten die Vorschriften des § 1366 Abs. 1, 3, 4 und des § 1367 entsprechend.

(2) Einen Vertrag kann der Dritte bis zur Genehmigung widerrufen. Hat er gewußt, daß der Ehegatte in Gütergemeinschaft lebt, so kann er nur widerrufen, wenn dieser wahrheitswidrig behauptet hat, der andere Ehegatte habe eingewilligt; er kann auch in diesem Falle nicht widerrufen, wenn ihm beim Abschluß des Vertrages bekannt war, daß der andere Ehegatte nicht eingewilligt hatte.

§ 1454 [Verhinderung] Ist ein Ehegatte durch Krankheit oder Abwesenheit verhindert, bei einem Rechtsgeschäft mitzuwirken, das sich auf das Gesamtgut bezieht, so kann der andere Ehegatte das Rechtsgeschäft vornehmen, wenn mit dem Aufschub Gefahr verbunden ist; er kann hierbei im eigenen Namen oder im Namen beider Ehegatten handeln. Das gleiche gilt für die Führung eines Rechtsstreits, der sich auf das Gesamtgut bezieht.

§ 1455 [Nicht mitwirkungsbedürftige Maßnahmen] Jeder Ehegatte
kann ohne Mitwirkung des anderen Ehegatten

1. eine ihm angefallene Erbschaft oder ein ihm angefallenes Vermächtnis
   annehmen oder ausschlagen;
2. auf seinen Pflichtteil oder auf den Ausgleich eines Zugewinns verzichten;
3. ein Inventar über eine ihm oder dem anderen Ehegatten angefallene
   Erbschaft errichten, es sei denn, daß die dem anderen Ehegatten angefallene Erbschaft zu dessen Vorbehaltsgut oder Sondergut gehört;
4. einen ihm gemachten Vertragsantrag oder eine ihm gemachte Schenkung ablehnen;
5. ein sich auf das Gesamtgut beziehendes Rechtsgeschäft gegenüber dem
   anderen Ehegatten vornehmen;
6. ein zum Gesamtgut gehörendes Recht gegen den anderen Ehegatten
   gerichtlich geltend machen;
7. einen Rechtsstreit fortsetzen, der beim Eintritt der Gütergemeinschaft
   anhängig war;
8. ein zum Gesamtgut gehörendes Recht gegen einen Dritten gerichtlich
   geltend machen, wenn der andere Ehegatte ohne die erforderliche Zustimmung über das Recht verfügt hat;
9. ein Widerspruchsrecht gegenüber einer Zwangsvollstreckung in das Gesamtgut gerichtlich geltend machen;
10. die zur Erhaltung des Gesamtgutes notwendigen Maßnahmen treffen,
    wenn mit dem Aufschub Gefahr verbunden ist.

§ 1456 [Erwerbsgeschäft] (1) Hat ein Ehegatte darin eingewilligt, daß
der andere Ehegatte selbständig ein Erwerbsgeschäft betreibt, so ist seine
Zustimmung zu solchen Rechtsgeschäften und Rechtsstreitigkeiten nicht erforderlich, die der Geschäftsbetrieb mit sich bringt. Einseitige Rechtsgeschäfte, die sich auf das Erwerbsgeschäft beziehen, sind dem Ehegatten
gegenüber vorzunehmen, der das Erwerbsgeschäft betreibt.

(2) Weiß ein Ehegatte, daß der andere ein Erwerbsgeschäft betreibt, und
hat er hiergegen keinen Einspruch eingelegt, so steht dies einer Einwilligung
gleich.

(3) Dritten gegenüber ist ein Einspruch und der Widerruf der Einwilligung nur nach Maßgabe des § 1412 wirksam.

§ 1457 [Ungerechtfertigte Bereicherung] Wird durch ein Rechtsgeschäft,
das ein Ehegatte ohne die erforderliche Zustimmung des anderen Ehegatten vornimmt, das Gesamtgut bereichert, so ist die Bereicherung nach
den Vorschriften über die ungerechtfertigte Bereicherung aus dem Gesamtgut herauszugeben.

§ 1458 [Elterliche Gewalt oder Vormundschaft] Solange ein Ehegatte
unter elterlicher Gewalt oder unter Vormundschaft steht, verwaltet der
andere Ehegatte das Gesamtgut allein; die Vorschriften der §§ 1422 bis
1449 sind anzuwenden.

§ 1459 [Gesamtgutsverbindlichkeiten] (1) Die Gläubiger des Mannes und die Gläubiger der Frau können, soweit sich aus den §§ 1460 bis 1462 nichts anderes ergibt, aus dem Gesamtgut Befriedigung verlangen (Gesamtgutsverbindlichkeiten).

(2) Für die Gesamtgutsverbindlichkeiten haften die Ehegatten auch persönlich als Gesamtschuldner. Fallen die Verbindlichkeiten im Verhältnis der Ehegatten zueinander einem der Ehegatten zur Last, so erlischt die Verbindlichkeit des anderen Ehegatten mit der Beendigung der Gütergemeinschaft.

§ 1460 [Haftung] (1) Das Gesamtgut haftet für eine Verbindlichkeit aus einem Rechtsgeschäft, das ein Ehegatte während der Gütergemeinschaft vornimmt, nur dann, wenn der andere Ehegatte dem Rechtsgeschäft zustimmt oder wenn das Rechtsgeschäft ohne seine Zustimmung für das Gesamtgut wirksam ist.

(2) Für die Kosten eines Rechtsstreits haftet das Gesamtgut auch dann, wenn das Urteil dem Gesamtgut gegenüber nicht wirksam ist.

§ 1461 [Haftung für Erbschaftsverbindlichkeiten] Das Gesamtgut haftet nicht für Verbindlichkeiten eines Ehegatten, die durch den Erwerb einer Erbschaft oder eines Vermächtnisses entstehen, wenn der Ehegatte die Erbschaft oder das Vermächtnis während der Gütergemeinschaft als Vorbehaltsgut oder als Sondergut erwirbt.

§ 1462 [Haftung für Vorbehaltsgut oder Sondergut] Das Gesamtgut haftet nicht für eine Verbindlichkeit eines Ehegatten, die während der Gütergemeinschaft infolge eines zum Vorbehaltsgut oder zum Sondergut gehörenden Rechtes oder des Besitzes einer dazu gehörenden Sache entsteht. Das Gesamtgut haftet jedoch, wenn das Recht oder die Sache zu einem Erwerbsgeschäft gehört, das ein Ehegatte mit Einwilligung des anderen Ehegatten selbständig betreibt, oder wenn die Verbindlichkeit zu den Lasten des Sondergutes gehört, die aus den Einkünften beglichen zu werden pflegen.

§ 1463 [Innenverhältnis] Im Verhältnis der Ehegatten zueinander fallen folgende Gesamtgutsverbindlichkeiten dem Ehegatten zur Last, in dessen Person sie entstehen:

1. die Verbindlichkeiten aus einer unerlaubten Handlung, die er nach Eintritt der Gütergemeinschaft begeht, oder aus einem Strafverfahren, das wegen einer solchen Handlung gegen ihn gerichtet wird;
2. die Verbindlichkeiten aus einem sich auf sein Vorbehaltsgut oder sein Sondergut beziehenden Rechtsverhältnis, auch wenn sie vor Eintritt der Gütergemeinschaft oder vor der Zeit entstanden sind, zu der das Gut Vorbehaltsgut oder Sondergut geworden ist;
3. die Kosten eines Rechtsstreits über eine der in den Nummern 1 und 2 bezeichneten Verbindlichkeiten.

§ 1464 [Haftung] Die Vorschriften des § 1463 Nr. 2, 3 gelten nicht, wenn die Verbindlichkeiten zu den Lasten des Sondergutes gehören, die aus den Einkünften beglichen zu werden pflegen. Die Vorschriften gelten auch nicht, wenn die Verbindlichkeiten durch den Betrieb eines für Rechnung des Gesamtgutes geführten Erwerbsgeschäfts oder infolge eines zu einem solchen Erwerbsgeschäft gehörenden Rechtes oder des Besitzes einer dazu gehörenden Sache entstehen.

§ 1465 [Rechtsstreit] (1) Im Verhältnis der Ehegatten zueinander fallen die Kosten eines Rechtsstreits, den die Ehegatten miteinander führen, dem Ehegatten zur Last, der sie nach allgemeinen Vorschriften zu tragen hat.

(2) Führt ein Ehegatte einen Rechtsstreit mit einem Dritten, so fallen die Kosten des Rechtsstreits im Verhältnis der Ehegatten zueinander dem Ehegatten zur Last, der den Rechtsstreit führt. Die Kosten fallen jedoch dem Gesamtgut zur Last, wenn das Urteil dem Gesamtgut gegenüber wirksam ist oder wenn der Rechtsstreit eine persönliche Angelegenheit oder eine Gesamtgutsverbindlichkeit des Ehegatten betrifft und die Aufwendung der Kosten den Umständen nach geboten ist; § 1463 Nr. 3 und § 1464 bleiben unberührt.

§ 1466 [Ausstattung] Im Verhältnis der Ehegatten zueinander fallen die Kosten der Ausstattung eines nicht gemeinschaftlichen Kindes dem Vater oder der Mutter des Kindes zur Last.

§ 1467 [Wertersatz] (1) Verwendet ein Ehegatte Gesamtgut in sein Vorbehaltsgut oder in sein Sondergut, so hat er den Wert des Verwendeten zum Gesamtgut zu ersetzen.

(2) Verwendet ein Ehegatte Vorbehaltsgut oder Sondergut in das Gesamtgut, so kann er Ersatz aus dem Gesamtgut verlangen.

§ 1468 [Ausgleichsanspruch] Was ein Ehegatte zum Gesamtgut oder was er zum Vorbehaltsgut oder Sondergut des anderen Ehegatten schuldet, braucht er erst nach Beendigung der Gütergemeinschaft zu leisten; soweit jedoch das Vorbehaltsgut und das Sondergut des Schuldners ausreichen, hat er die Schuld schon vorher zu berichtigen.

§ 1469 [Aufhebungsanspruch] Jeder Ehegatte kann auf Aufhebung der Gütergemeinschaft klagen,

1. wenn seine Rechte für die Zukunft dadurch erheblich gefährdet werden können, daß der andere Ehegatte ohne seine Mitwirkung Verwaltungshandlungen vornimmt, die nur gemeinschaftlich vorgenommen werden dürfen;

2. wenn der andere Ehegatte sich ohne ausreichenden Grund beharrlich weigert, zur ordnungsmäßigen Verwaltung des Gesamtgutes mitzuwirken;

3. wenn der andere Ehegatte seine Verpflichtung, zum Familienunterhalt beizutragen, verletzt hat und für die Zukunft eine erhebliche Gefährdung des Unterhalts zu besorgen ist;

4. wenn das Gesamtgut durch Verbindlichkeiten, die in der Person des anderen Ehegatten entstanden sind und diesem im Verhältnis der Ehe-

gatten zueinander zur Last fallen, in solchem Maße überschuldet ist, daß ein späterer Erwerb erheblich gefährdet wird;

5. wenn der andere Ehegatte entmündigt ist und der die Entmündigung aussprechende Beschluß nicht mehr angefochten werden kann.

§ 1470 [Urteil]   (1) Mit der Rechtskraft des Urteils ist die Gütergemeinschaft aufgehoben; für die Zukunft gilt Gütertrennung.

(2) Dritten gegenüber ist die Aufhebung der Gütergemeinschaft nur nach Maßgabe des § 1412 wirksam.

d) Auseinandersetzung des Gesamtgutes

§ 1471 [Auseinandersetzung]   (1) Nach der Beendigung der Gütergemeinschaft setzen sich die Ehegatten über das Gesamtgut auseinander.

(2) Bis zur Auseinandersetzung gelten für das Gesamtgut die Vorschriften des § 1419.

§ 1472 [Verwaltung vor Auseinandersetzung]   (1) Bis zur Auseinandersetzung verwalten die Ehegatten das Gesamtgut gemeinschaftlich.

(2) Jeder Ehegatte darf das Gesamtgut in derselben Weise wie vor der Beendigung der Gütergemeinschaft verwalten, bis er von der Beendigung Kenntnis erlangt oder sie kennen muß. Ein Dritter kann sich hierauf nicht berufen, wenn er bei der Vornahme eines Rechtsgeschäfts weiß oder wissen muß, daß die Gütergemeinschaft beendet ist.

(3) Jeder Ehegatte ist dem anderen gegenüber verpflichtet, zu Maßregeln mitzuwirken, die zur ordnungsmäßigen Verwaltung des Gesamtgutes erforderlich sind; die zur Erhaltung notwendigen Maßregeln kann jeder Ehegatte allein treffen.

(4) Endet die Gütergemeinschaft durch den Tod eines Ehegatten, so hat der überlebende Ehegatte die Geschäfte, die zur ordnungsmäßigen Verwaltung erforderlich sind und nicht ohne Gefahr aufgeschoben werden können, so lange zu führen, bis der Erbe anderweit Fürsorge treffen kann. Diese Verpflichtung besteht nicht, wenn der verstorbene Ehegatte das Gesamtgut allein verwaltet hat.

§ 1473 [Ersetzung]   (1) Was auf Grund eines zum Gesamtgut gehörenden Rechtes oder als Ersatz für die Zerstörung, Beschädigung oder Entziehung eines zum Gesamtgut gehörenden Gegenstandes oder durch ein Rechtsgeschäft erworben wird, das sich auf das Gesamtgut bezieht, wird Gesamtgut.

(2) Gehört eine Forderung, die durch Rechtsgeschäft erworben ist, zum Gesamtgut, so braucht der Schuldner dies erst dann gegen sich gelten zu lassen, wenn er erfährt, daß die Forderung zum Gesamtgut gehört; die Vorschriften der §§ 406 bis 408 sind entsprechend anzuwenden.

§ 1474 [Durchführung]   Die Ehegatten setzen sich, soweit sie nichts anderes vereinbaren, nach den §§ 1475 bis 1481 auseinander.

§ 1475 [Verbindlichkeiten]   (1) Die Ehegatten haben zunächst die Gesamtgutsverbindlichkeiten zu berichtigen. Ist eine Verbindlichkeit noch nicht fällig oder ist sie streitig, so müssen die Ehegatten zurückbehalten, was zur Berichtigung dieser Verbindlichkeit erforderlich ist.

(2) Fällt eine Gesamtgutsverbindlichkeit im Verhältnis der Ehegatten zueinander einem der Ehegatten allein zur Last, so kann dieser nicht verlangen, daß die Verbindlichkeit aus dem Gesamtgut berichtigt wird.

(3) Das Gesamtgut ist in Geld umzusetzen, soweit dies erforderlich ist, um die Gesamtgutsverbindlichkeiten zu berichtigen.

§ 1476 [Überschuß]   (1) Der Überschuß, der nach der Berichtigung der Gesamtgutsverbindlichkeiten verbleibt, gebührt den Ehegatten zu gleichen Teilen.

(2) Was einer der Ehegatten zum Gesamtgut zu ersetzen hat, muß er sich auf seinen Teil anrechnen lassen. Soweit er den Ersatz nicht auf diese Weise leistet, bleibt er dem anderen Ehegatten verpflichtet.

§ 1477 [Abwicklung]   (1) Der Überschuß wird nach den Vorschriften über die Gemeinschaft geteilt.

(2) Jeder Ehegatte kann gegen Ersatz des Wertes die Sachen übernehmen, die ausschließlich zu seinem persönlichen Gebrauch bestimmt sind, insbesondere Kleider, Schmucksachen und Arbeitsgeräte. Das gleiche gilt für die Gegenstände, die ein Ehegatte in die Gütergemeinschaft eingebracht oder während der Gütergemeinschaft durch Erbfolge, durch Vermächtnis oder mit Rücksicht auf ein künftiges Erbrecht, durch Schenkung oder als Ausstattung erworben hat.

§ 1478 [Scheidung]   (1) Ist die Ehe geschieden, bevor die Auseinandersetzung beendet ist, so ist auf Verlangen eines Ehegatten jedem von ihnen der Wert dessen zurückzuerstatten, was er in die Gütergemeinschaft eingebracht hat; reicht hierzu der Wert des Gesamtgutes nicht aus, so ist der Fehlbetrag von den Ehegatten nach dem Verhältnis des Wertes des von ihnen Eingebrachten zu tragen.

(2) Als eingebracht sind anzusehen
1. die Gegenstände, die einem Ehegatten beim Eintritt der Gütergemeinschaft gehört haben;
2. die Gegenstände, die ein Ehegatte von Todes wegen oder mit Rücksicht auf ein künftiges Erbrecht, durch Schenkung oder als Ausstattung erworben hat, es sei denn, daß der Erwerb den Umständen nach zu den Einkünften zu rechnen war;
3. die Rechte, die mit dem Tod eines Ehegatten erlöschen oder deren Erwerb durch den Tod eines Ehegatten bedingt ist.

(3) Der Wert des Eingebrachten bestimmt sich nach der Zeit der Einbringung.

§ 1479 [Aufhebung durch Urteil]   Wird die Gütergemeinschaft auf Grund der §§ 1447, 1448 oder des § 1469 durch Urteil aufgehoben, so kann der Ehegatte, der das Urteil erwirkt hat, verlangen, daß die Auseinandersetzung so erfolgt, wie wenn der Anspruch auf Auseinandersetzung in dem Zeitpunkt rechtshängig geworden wäre, in dem die Klage auf Aufhebung der Gütergemeinschaft erhoben ist.

§ 1480 [Haftung]   Wird das Gesamtgut geteilt, bevor eine Gesamtgutsverbindlichkeit berichtigt ist, so haftet dem Gläubiger auch der Ehegatte persönlich als Gesamtschuldner, für den zur Zeit der Teilung eine solche Haftung nicht besteht. Seine Haftung beschränkt sich auf die ihm zugeteilten Gegenstände; die für die Haftung des Erben geltenden Vorschriften der §§ 1990, 1991 sind entsprechend anzuwenden.

§ 1481 [Innenverhältnis]   (1) Wird das Gesamtgut geteilt, bevor eine Gesamtgutsverbindlichkeit berichtigt ist, die im Verhältnis der Ehegatten zueinander dem Gesamtgut zur Last fällt, so hat der Ehegatte, der das Gesamtgut während der Gütergemeinschaft allein verwaltet hat, dem anderen Ehegatten dafür einzustehen, daß dieser weder über die Hälfte der Verbindlichkeit noch über das aus dem Gesamtgut Erlangte hinaus in Anspruch genommen wird.

(2) Haben die Ehegatten das Gesamtgut während der Gütergemeinschaft gemeinschaftlich verwaltet, so hat jeder Ehegatte dem anderen dafür einzustehen, daß dieser von dem Gläubiger nicht über die Hälfte der Verbindlichkeit hinaus in Anspruch genommen wird.

(3) Fällt die Verbindlichkeit im Verhältnis der Ehegatten zueinander einem der Ehegatten zur Last, so hat dieser dem anderen dafür einzustehen, daß der andere Ehegatte von dem Gläubiger nicht in Anspruch genommen wird.

§ 1482 [Auflösung durch den Tod]   Wird die Ehe durch den Tod eines Ehegatten aufgelöst, so gehört der Anteil des verstorbenen Ehegatten am Gesamtgut zum Nachlaß. Der verstorbene Ehegatte wird nach den allgemeinen Vorschriften beerbt.

e) Fortgesetzte Gütergemeinschaft

§ 1483 [Begriff]   (1) Die Ehegatten können durch Ehevertrag vereinbaren, daß die Gütergemeinschaft nach dem Tode eines Ehegatten zwischen dem überlebenden Ehegatten und den gemeinschaftlichen Abkömmlingen fortgesetzt wird. Treffen die Ehegatten eine solche Vereinbarung, so wird die Gütergemeinschaft mit den gemeinschaftlichen Abkömmlingen fortgesetzt, die bei gesetzlicher Erbfolge als Erben berufen sind. Der Anteil des verstorbenen Ehegatten am Gesamtgut gehört nicht zum Nachlaß; im übrigen wird der Ehegatte nach den allgemeinen Vorschriften beerbt.

(2) Sind neben den gemeinschaftlichen Abkömmlingen andere Abkömmlinge vorhanden, so bestimmen sich ihr Erbrecht und ihre Erbteile so, wie wenn fortgesetzte Gütergemeinschaft nicht eingetreten wäre.

§ 1484 [Ablehnungsrecht]   (1) Der überlebende Ehegatte kann die Fortsetzung der Gütergemeinschaft ablehnen.

(2) Auf die Ablehnung finden die für die Ausschlagung einer Erbschaft geltenden Vorschriften der §§ 1943 bis 1947, 1950, 1952, 1954 bis 1957, 1959 entsprechende Anwendung. Steht der überlebende Ehegatte unter

elterlicher Gewalt oder unter Vormundschaft, so ist zur Ablehnung die Genehmigung des Vormundschaftsgerichts erforderlich.

(3) Lehnt der Ehegatte die Fortsetzung der Gütergemeinschaft ab, so gilt das gleiche wie im Falle des § 1482.

§ 1485 [Gesamtgut] (1) Das Gesamtgut der fortgesetzten Gütergemeinschaft besteht aus dem ehelichen Gesamtgute, soweit es nicht nach § 1483 Abs. 2 einem nicht anteilsberechtigten Abkömmlinge zufällt, und aus dem Vermögen, das der überlebende Ehegatte aus dem Nachlasse des verstorbenen Ehegatten oder nach dem Eintritte der fortgesetzten Gütergemeinschaft erwirbt.

(2) Das Vermögen, das ein gemeinschaftlicher Abkömmling zur Zeit des Eintritts der fortgesetzten Gütergemeinschaft hat oder später erwirbt, gehört nicht zu dem Gesamtgute.

(3) Auf das Gesamtgut finden die für die eheliche Gütergemeinschaft geltenden Vorschriften des § 1438 Abs. 2, 3[3] entsprechende Anwendung.

§ 1486 [Vorbehaltsgut] (1) Vorbehaltsgut des überlebenden Ehegatten ist, was er bisher als Vorbehaltsgut gehabt hat oder was er nach § 1418 Abs. 2 Nr. 2, 3 als Vorbehaltsgut erwirbt.

(2) Sondergut des überlebenden Ehegatten ist, was er bisher als Sondergut gehabt hat oder was er als Sondergut erwirbt.

§ 1487 [Rechte und Pflichten von Ehegatten und Abkömmlingen]
(1) Die Rechte und Verbindlichkeiten des überlebenden Ehegatten sowie der anteilsberechtigten Abkömmlinge in Ansehung des Gesamtgutes der fortgesetzten Gütergemeinschaft bestimmen sich nach den für die eheliche Gütergemeinschaft geltenden Vorschriften der §§ 1419, 1422 bis 1428, 1434, des § 1435 Satz 1, 3 und der §§ 1436, 1445; der überlebende Ehegatte hat die rechtliche Stellung des Ehegatten, der das Gesamtgut allein verwaltet, die anteilsberechtigten Abkömmlinge haben die rechtliche Stellung des anderen Ehegatten.

(2) Was der überlebende Ehegatte zu dem Gesamtgut schuldet oder aus dem Gesamtgut zu fordern hat, ist erst nach der Beendigung der fortgesetzten Gütergemeinschaft zu leisten.

§ 1488 [Gesamtgutsverbindlichkeiten] Gesamtgutsverbindlichkeiten der fortgesetzten Gütergemeinschaft sind die Verbindlichkeiten des überlebenden Ehegatten sowie solche Verbindlichkeiten des verstorbenen Ehegatten, die Gesamtgutsverbindlichkeiten der ehelichen Gütergemeinschaft waren.

§ 1489 [Haftung] (1) Für die Gesamtgutsverbindlichkeiten der fortgesetzten Gütergemeinschaft haftet der überlebende Ehegatte persönlich.

(2) Soweit die persönliche Haftung den überlebenden Ehegatten nur in-

---

3 Jetzt: § 1416 Abs. 2, 3.

folge des Eintritts der fortgesetzten Gütergemeinschaft trifft, finden die für die Haftung des Erben für die Nachlaßverbindlichkeiten geltenden Vorschriften entsprechende Anwendung; an die Stelle des Nachlasses tritt das Gesamtgut in dem Bestande, den es zur Zeit des Eintritts der fortgesetzten Gütergemeinschaft hat.

(3) Eine persönliche Haftung der anteilsberechtigten Abkömmlinge für die Verbindlichkeiten des verstorbenen oder des überlebenden Ehegatten wird durch die fortgesetzte Gütergemeinschaft nicht begründet.

§ 1490 [Tod eines Abkömmlings]　Stirbt ein anteilsberechtigter Abkömmling, so gehört sein Anteil an dem Gesamtgute nicht zu seinem Nachlasse. Hinterläßt er Abkömmlinge, die anteilsberechtigt sein würden, wenn er den verstorbenen Ehegatten nicht überlebt hätte, so treten die Abkömmlinge an seine Stelle. Hinterläßt er solche Abkömmlinge nicht, so wächst sein Anteil den übrigen anteilsberechtigten Abkömmlingen und, wenn solche nicht vorhanden sind, dem überlebenden Ehegatten an.

§ 1491 [Verzicht]　(1) Ein anteilsberechtigter Abkömmling kann auf seinen Anteil an dem Gesamtgute verzichten. Der Verzicht erfolgt durch Erklärung gegenüber dem für den Nachlaß des verstorbenen Ehegatten zuständigen Gerichte; die Erklärung ist in öffentlich beglaubigter Form abzugeben. Das Nachlaßgericht soll die Erklärung dem überlebenden Ehegatten und den übrigen anteilsberechtigten Abkömmlingen mitteilen.

(2) Der Verzicht kann auch durch Vertrag mit dem überlebenden Ehegatten und den übrigen anteilsberechtigten Abkömmlingen erfolgen. Der Vertrag bedarf der notariellen Beurkundung.

(3) Steht der Abkömmling unter elterlicher Gewalt oder unter Vormundschaft, so ist zu dem Verzichte die Genehmigung des Vormundschaftsgerichts erforderlich.

(4) Der Verzicht hat die gleichen Wirkungen, wie wenn der Verzichtende zur Zeit des Verzichts ohne Hinterlassung von Abkömmlingen gestorben wäre.

§ 1492 [Aufhebungsrecht]　(1) Der überlebende Ehegatte kann die fortgesetzte Gütergemeinschaft jederzeit aufheben. Die Aufhebung erfolgt durch Erklärung gegenüber dem für den Nachlaß des verstorbenen Ehegatten zuständigen Gerichte; die Erklärung ist in öffentlich beglaubigter Form abzugeben. Das Nachlaßgericht soll die Erklärung den anteilsberechtigten Abkömmlingen und, wenn der überlebende Ehegatte gesetzlicher Vertreter eines der Abkömmlinge ist, dem Vormundschaftsgerichte mitteilen.

(2) Die Aufhebung kann auch durch Vertrag zwischen dem überlebenden Ehegatten und den anteilsberechtigten Abkömmlingen erfolgen. Der Vertrag bedarf der notariellen Beurkundung.

(3) Steht der überlebende Ehegatte unter elterlicher Gewalt oder unter Vormundschaft, so ist zu der Aufhebung die Genehmigung des Vormundschaftsgerichts erforderlich.

§ 1493 [Wiederverheiratung] (1) Die fortgesetzte Gütergemeinschaft endigt mit der Wiederverheiratung des überlebenden Ehegatten.

(2) Der überlebende Ehegatte hat, wenn ein anteilsberechtigter Abkömmling minderjährig ist oder bevormundet wird, die Absicht der Wiederverheiratung dem Vormundschaftsgericht anzuzeigen, ein Verzeichnis des Gesamtguts einzureichen, die Gütergemeinschaft aufzuheben und die Auseinandersetzung herbeizuführen. Das Vormundschaftsgericht kann gestatten, daß die Aufhebung der Gütergemeinschaft bis zur Eheschließung unterbleibt und daß die Auseinandersetzung erst später erfolgt.

§ 1494 [Tod des überlebenden Ehegatten] (1) Die fortgesetzte Gütergemeinschaft endet mit dem Tode des überlebenden Ehegatten.

(2) Wird der überlebende Ehegatte für tot erklärt oder wird seine Todeszeit nach den Vorschriften des Verschollenheitsgesetzes festgestellt, so endet die fortgesetzte Gütergemeinschaft mit dem Zeitpunkt, der als Zeitpunkt des Todes gilt.

§ 1495 [Aufhebungsanspruch] Ein anteilsberechtigter Abkömmling kann gegen den überlebenden Ehegatten auf Aufhebung der fortgesetzten Gütergemeinschaft klagen,

1. wenn seine Rechte für die Zukunft dadurch erheblich gefährdet werden können, daß der überlebende Ehegatte zur Verwaltung des Gesamtgutes unfähig ist oder sein Recht, das Gesamtgut zu verwalten, mißbraucht;
2. wenn der überlebende Ehegatte seine Verpflichtung, dem Abkömmling Unterhalt zu gewähren, verletzt hat und für die Zukunft eine erhebliche Gefährdung des Unterhalts zu besorgen ist;
3. wenn der überlebende Ehegatte entmündigt ist und der die Entmündigung aussprechende Beschluß nicht mehr angefochten werden kann;
4. wenn der überlebende Ehegatte die elterliche Gewalt über den Abkömmling verwirkt hat oder, falls sie ihm zugestanden hätte, verwirkt haben würde.

§ 1496 [Urteil] Die Aufhebung der fortgesetzten Gütergemeinschaft tritt in den Fällen des § 1495 mit der Rechtskraft des Urteils ein. Sie tritt für alle Abkömmlinge ein, auch wenn das Urteil auf die Klage eines der Abkömmlinge ergangen ist.

§ 1497 [Auseinandersetzung] (1) Nach der Beendigung der fortgesetzten Gütergemeinschaft setzen sich der überlebende Ehegatte und die Abkömmlinge über das Gesamtgut auseinander.

(2) Bis zur Auseinandersetzung bestimmt sich ihr Rechtsverhältnis am Gesamtgut nach den §§ 1419, 1472, 1473.

§ 1498 [Abwicklung] Auf die Auseinandersetzung sind die Vorschriften der §§ 1475, 1476, des § 1477 Abs. 1, der §§ 1479, 1480 und des § 1481 Abs. 1, 3 anzuwenden; an die Stelle des Ehegatten, der das Gesamtgut allein verwaltet hat, tritt der überlebende Ehegatte, an die Stelle des anderen Ehegatten treten die anteilsberechtigten Abkömmlinge. Die in

§ 1476 Abs. 2 Satz 2 bezeichnete Verpflichtung besteht nur für den überlebenden Ehegatten.

§ 1499 [Verbindlichkeiten des überlebenden Ehegatten]　Bei der Auseinandersetzung fallen dem überlebenden Ehegatten zur Last:

1. die ihm bei dem Eintritte der fortgesetzten Gütergemeinschaft obliegenden Gesamtgutsverbindlichkeiten, für die das eheliche Gesamtgut nicht haftete oder die im Verhältnisse der Ehegatten zueinander ihm zur Last fielen;
2. die nach dem Eintritte der fortgesetzten Gütergemeinschaft entstandenen Gesamtgutsverbindlichkeiten, die, wenn sie während der ehelichen Gütergemeinschaft in seiner Person entstanden wären, im Verhältnisse der Ehegatten zueinander ihm zur Last gefallen sein würden;
3. eine Ausstattung, die er einem anteilsberechtigten Abkömmling über das dem Gesamtgut entsprechende Maß hinaus oder die er einem nicht anteilsberechtigten Abkömmlinge versprochen oder gewährt hat.

§ 1500 [Anrechnung von Verbindlichkeiten]　(1) Die anteilsberechtigten Abkömmlinge müssen sich Verbindlichkeiten des verstorbenen Ehegatten, die diesem im Verhältnisse der Ehegatten zueinander zur Last fielen, bei der Auseinandersetzung auf ihren Anteil insoweit anrechnen lassen, als der überlebende Ehegatte nicht von dem Erben des verstorbenen Ehegatten Deckung hat erlangen können.

(2) In gleicher Weise haben sich die anteilsberechtigten Abkömmlinge anrechnen zu lassen, was der verstorbene Ehegatte zu dem Gesamtgute zu ersetzen hatte.

§ 1501 [Anrechnung von Abfindungen]　(1) Ist einem anteilsberechtigten Abkömmlinge für den Verzicht auf seinen Anteil eine Abfindung aus dem Gesamtgute gewährt worden, so wird sie bei der Auseinandersetzung in das Gesamtgut eingerechnet und auf die den Abkömmlingen gebührende Hälfte angerechnet.

(2) Der überlebende Ehegatte kann mit den übrigen anteilsberechtigten Abkömmlingen schon vor der Aufhebung der fortgesetzten Gütergemeinschaft eine abweichende Vereinbarung treffen. Die Vereinbarung bedarf der notariellen Beurkundung; sie ist auch denjenigen Abkömmlingen gegenüber wirksam, welche erst später in die fortgesetzte Gütergemeinschaft eintreten.

§ 1502 [Übernahmerecht]　(1) Der überlebende Ehegatte ist berechtigt, das Gesamtgut oder einzelne dazu gehörende Gegenstände gegen Ersatz des Wertes zu übernehmen. Das Recht geht nicht auf den Erben über.

(2) Wird die fortgesetzte Gütergemeinschaft auf Grund des § 1495 durch Urteil aufgehoben, so steht dem überlebenden Ehegatten das im Absatz 1 bestimmte Recht nicht zu. Die anteilsberechtigten Abkömmlinge können in diesem Falle diejenigen Gegenstände gegen Ersatz des Wertes übernehmen, welche der verstorbene Ehegatte nach § 1477 Abs. 2 zu übernehmen berechtigt sein würde. Das Recht kann von ihnen nur gemeinschaftlich ausgeübt werden.

§ 1503 [Teilung] (1) Mehrere anteilsberechtigte Abkömmlinge teilen die ihnen zufallende Hälfte des Gesamtguts nach dem Verhältnisse der Anteile, zu denen sie im Falle der gesetzlichen Erbfolge als Erben des verstorbenen Ehegatten berufen sein würden, wenn dieser erst zur Zeit der Beendigung der fortgesetzten Gütergemeinschaft gestorben wäre.

(2) Das Vorempfangene kommt nach den für die Ausgleichung unter Abkömmlingen geltenden Vorschriften zur Ausgleichung, soweit nicht eine solche bereits bei der Teilung des Nachlasses des verstorbenen Ehegatten erfolgt ist.

(3) Ist einem Abkömmlinge, der auf seinen Anteil verzichtet hat, eine Abfindung aus dem Gesamtgute gewährt worden, so fällt sie den Abkömmlingen zur Last, denen der Verzicht zustatten kommt.

§ 1504 [Haftung] Soweit die anteilsberechtigten Abkömmlinge nach § 1480 den Gesamtgutsgläubigern haften, sind sie im Verhältnisse zueinander nach der Größe ihres Anteils an dem Gesamtgute verpflichtet. Die Verpflichtung beschränkt sich auf die ihnen zugeteilten Gegenstände; die für die Haftung des Erben geltenden Vorschriften der §§ 1990, 1991 finden entsprechende Anwendung.

§ 1505 [Anteilsergänzung] Die Vorschriften über das Recht auf Ergänzung des Pflichtteils finden zugunsten eines anteilsberechtigten Abkömmlings entsprechende Anwendung; an die Stelle des Erbfalls tritt die Beendigung der fortgesetzten Gütergemeinschaft, als gesetzlicher Erbteil gilt der dem Abkömmlinge zur Zeit der Beendigung gebührende Anteil an dem Gesamtgut, als Pflichtteil gilt die Hälfte des Wertes dieses Anteils.

§ 1506 Ist ein gemeinschaftlicher Abkömmling erbunwürdig, so ist er auch des Anteils an dem Gesamtgut unwürdig. Die Vorschriften über die Erbunwürdigkeit finden entsprechende Anwendung.

§ 1507 [Zeugnis] Das Nachlaßgericht hat dem überlebenden Ehegatten auf Antrag ein Zeugnis über die Fortsetzung der Gütergemeinschaft zu erteilen. Die Vorschriften über den Erbschein finden entsprechende Anwendung.

§ 1508 [aufgehoben]

§ 1509 [Ausschließung von Ehegatten] Jeder Ehegatte kann für den Fall, daß die Ehe durch seinen Tod aufgelöst wird, die Fortsetzung der Gütergemeinschaft durch letztwillige Verfügung ausschließen, wenn er berechtigt ist, dem anderen Ehegatten den Pflichtteil zu entziehen oder auf Aufhebung der Gütergemeinschaft zu klagen. Das gleiche gilt, wenn der Ehegatte auf Aufhebung der Ehe zu klagen berechtigt ist und die Klage erhoben hat. Auf die Ausschließung finden die Vorschriften über die Entziehung des Pflichtteils entsprechende Anwendung.

§ 1510 [Ausschluß der Fortsetzung] Wird die Fortsetzung der Gütergemeinschaft ausgeschlossen, so gilt das gleiche wie im Falle des § 1482.

§ 1511 [Ausschließung von Abkömmlingen] (1) Jeder Ehegatte kann für den Fall, daß die Ehe durch seinen Tod aufgelöst wird, einen gemeinschaftlichen Abkömmling von der fortgesetzten Gütergemeinschaft durch letztwillige Verfügung ausschließen.

(2) Der ausgeschlossene Abkömmling kann, unbeschadet seines Erbrechts, aus dem Gesamtgute der fortgesetzten Gütergemeinschaft die Zahlung des Betrags verlangen, der ihm von dem Gesamtgute der ehelichen Gütergemeinschaft als Pflichtteil gebühren würde, wenn die fortgesetzte Gütergemeinschaft nicht eingetreten wäre. Die für den Pflichtteilsanspruch geltenden Vorschriften finden entsprechende Anwendung.

(3) Der dem ausgeschlossenen Abkömmlinge gezahlte Betrag wird bei der Auseinandersetzung den anteilsberechtigten Abkömmlingen nach Maßgabe des § 1500 angerechnet. Im Verhältnisse der Abkömmlinge zueinander fällt er den Abkömmlingen zur Last, denen die Ausschließung zustatten kommt.

§ 1512 [Herabsetzung des Anteils]   Jeder Ehegatte kann für den Fall, daß mit seinem Tode die fortgesetzte Gütergemeinschaft eintritt, den einem anteilsberechtigten Abkömmlinge nach der Beendigung der fortgesetzten Gütergemeinschaft gebührenden Anteil an dem Gesamtgut durch letztwillige Verfügung bis auf die Hälfte herabsetzen.

§ 1513 [Entziehung des Anteils] (1) Jeder Ehegatte kann für den Fall, daß mit seinem Tode die fortgesetzte Gütergemeinschaft eintritt, einem anteilsberechtigten Abkömmlinge den diesem nach der Beendigung der fortgesetzten Gütergemeinschaft gebührenden Anteil an dem Gesamtgute durch letztwillige Verfügung entziehen, wenn er berechtigt ist, dem Abkömmlinge den Pflichtteil zu entziehen. Die Vorschriften des § 2336 Abs. 2 bis 4 finden entsprechende Anwendung.

(2) Der Ehegatte kann, wenn er nach § 2338 berechtigt ist, das Pflichtteilsrecht des Abkömmlinges zu beschränken, den Anteil des Abkömmlinges am Gesamtgut einer entsprechenden Beschränkung unterwerfen.

§ 1514 [Zuwendung an Dritte]   Jeder Ehegatte kann den Betrag, den er nach § 1512 oder nach § 1513 Abs. 1 einem Abkömmling entzieht, auch einem Dritten durch letztwillige Verfügung zuwenden.

§ 1515 [Sonderbestimmungen] (1) Jeder Ehegatte kann für den Fall, daß mit seinem Tode die fortgesetzte Gütergemeinschaft eintritt, durch letztwillige Verfügung anordnen, daß ein anteilsberechtigter Abkömmling das Recht haben soll, bei der Teilung das Gesamtgut oder einzelne dazu gehörende Gegenstände gegen Ersatz des Wertes zu übernehmen.

(2) Gehört zu dem Gesamtgut ein Landgut, so kann angeordnet werden, daß das Landgut mit dem Ertragswert oder mit einem Preise, der den Ertragswert mindestens erreicht, angesetzt werden soll. Die für die Erbfolge geltenden Vorschriften des § 2049 finden Anwendung.

(3) Das Recht, das Landgut zu dem in Absatz 2 bezeichneten Werte

oder Preise zu übernehmen, kann auch dem überlebenden Ehegatten eingeräumt werden.

§ 1516 [Zustimmung] (1) Zur Wirksamkeit der in den §§ 1511 bis 1515 bezeichneten Verfügungen eines Ehegatten ist die Zustimmung des anderen Ehegatten erforderlich.

(2) Die Zustimmung kann nicht durch einen Vertreter erteilt werden. Ist der Ehegatte in der Geschäftsfähigkeit beschränkt, so ist die Zustimmung seines gesetzlichen Vertreters nicht erforderlich. Die Zustimmungserklärung bedarf der notariellen Beurkundung. Die Zustimmung ist unwiderruflich.

(3) Die Ehegatten können die in den §§ 1511 bis 1515 bezeichneten Verfügungen auch in einem gemeinschaftlichen Testamente treffen.

§ 1517 [Verzicht] (1) Zur Wirksamkeit eines Vertrags, durch den ein gemeinschaftlicher Abkömmling einem der Ehegatten gegenüber für den Fall, daß die Ehe durch dessen Tod aufgelöst wird, auf seinen Anteil am Gesamtgute der fortgesetzten Gütergemeinschaft verzichtet oder durch den ein solcher Verzicht aufgehoben wird, ist die Zustimmung des anderen Ehegatten erforderlich. Für die Zustimmung gelten die Vorschriften des § 1516 Abs. 2 Satz 3, 4.

(2) Die für den Erbverzicht geltenden Vorschriften finden entsprechende Anwendung.

§ 1518 [Zwingende Vorschriften] Anordnungen, die mit den Vorschriften der §§ 1483 bis 1517 in Widerspruch stehen, können von den Ehegatten weder durch letztwillige Verfügung noch durch Vertrag getroffen werden. Das Recht der Ehegatten, den Vertrag, durch den sie die Fortsetzung der Gütergemeinschaft vereinbart haben, durch Ehevertrag aufzuheben, bleibt unberührt.

§§ 1519 bis 1557 [aufgehoben]

III. Güterrechtsregister

§ 1558 [Zuständigkeit] (1) Die Eintragungen in das Güterrechtsregister haben bei dem Amtsgericht zu geschehen, in dessen Bezirke der Mann seinen Wohnsitz hat.

(2) Durch Anordnung der Landesjustizverwaltung kann die Führung des Registers für mehrere Amtsgerichtsbezirke einem Amtsgericht übertragen werden.

§ 1559 [Veränderter Wohnsitz] Verlegt der Mann nach der Eintragung seinen Wohnsitz in einen anderen Bezirk, so muß die Eintragung im Register dieses Bezirkes wiederholt werden. Die frühere Eintragung gilt als von neuem erfolgt, wenn der Mann den Wohnsitz in den früheren Bezirk zurückverlegt.

§ 1560 [Eintragung nur auf Antrag] Eine Eintragung in das Register soll nur auf Antrag und nur insoweit erfolgen, als sie beantragt ist. Der Antrag ist in öffentlich beglaubigter Form zu stellen.

§ 1561 [Antrag] (1) Zur Eintragung ist der Antrag beider Ehegatten erforderlich; jeder Ehegatte ist dem anderen gegenüber zur Mitwirkung verpflichtet.

(2) Der Antrag eines Ehegatten genügt

1. zur Eintragung eines Ehevertrages oder einer auf gerichtlicher Entscheidung beruhenden Änderung der güterrechtlichen Verhältnisse der Ehegatten, wenn mit dem Antrage der Ehevertrag oder die mit dem Zeugnis der Rechtskraft versehene Entscheidung vorgelegt wird;

2. zur Wiederholung einer Eintragung in das Register eines anderen Bezirks, wenn mit dem Antrag eine nach der Aufhebung des bisherigen Wohnsitzes erteilte, öffentlich beglaubigte Abschrift der früheren Eintragung vorgelegt wird;

3. zur Eintragung des Einspruchs gegen den selbständigen Betrieb eines Erwerbsgeschäfts durch den anderen Ehegatten und zur Eintragung des Widerrufs der Einwilligung, wenn die Ehegatten in Gütergemeinschaft leben und der Ehegatte, der den Antrag stellt, das Gesamtgut allein oder mit dem anderen Ehegatten gemeinschaftlich verwaltet;

4. zur Eintragung der Beschränkung oder Ausschließung der Berechtigung des anderen Ehegatten, Geschäfte mit Wirkung für den Antragsteller zu besorgen (§ 1357 Abs. 2).

§ 1562 [Veröffentlichung] (1) Das Amtsgericht hat die Eintragung durch das für seine Bekanntmachung bestimmte Blatt zu veröffentlichen.

(2) Wird eine Änderung des Güterstandes eingetragen, so hat sich die Bekanntmachung auf die Bezeichnung des Güterstandes und, wenn dieser abweichend von dem Gesetze geregelt ist, auf eine allgemeine Bezeichnung der Abweichung zu beschränken.

§ 1563 [Einsicht] Die Einsicht des Registers ist jedem gestattet. Von den Eintragungen kann eine Abschrift gefordert werden; die Abschrift ist auf Verlangen zu beglaubigen.

Siebenter Titel. Scheidung der Ehe

I. Scheidungsgründe

§ 1564 [Grundsatz] Eine Ehe kann nur durch gerichtliches Urteil auf Antrag eines oder beider Ehegatten geschieden werden. Die Ehe ist mit der Rechtskraft des Urteils aufgelöst. Die Voraussetzungen, unter denen die Scheidung begehrt werden kann, ergeben sich aus den folgenden Vorschriften.

§ 1565 [Scheidung vor Ablauf eines Jahres] (1) Eine Ehe kann geschieden werden, wenn sie gescheitert ist. Die Ehe ist gescheitert, wenn die

Lebensgemeinschaft der Ehegatten nicht mehr besteht und nicht erwartet werden kann, daß die Ehegatten sie wiederherstellen.

(2) Leben die Ehegatten noch nicht ein Jahr getrennt, so kann die Ehe nur geschieden werden, wenn die Fortsetzung der Ehe für den Antragsteller aus Gründen, die in der Person des anderen Ehegatten liegen, eine unzumutbare Härte darstellen würde.

§ 1566 [Scheidung nach 1jähriger bzw. 3jähriger Trennung]   (1) Es wird unwiderlegbar vermutet, daß die Ehe gescheitert ist, wenn die Ehegatten seit einem Jahr getrennt leben und beide Ehegatten die Scheidung beantragen oder der Antragsgegner der Scheidung zustimmt.

(2) Es wird unwiderlegbar vermutet, daß die Ehe gescheitert ist, wenn die Ehegatten seit drei Jahren getrennt leben.

§ 1567 [Definition des Getrenntlebens]   (1) Die Ehegatten leben getrennt, wenn zwischen ihnen keine häusliche Gemeinschaft besteht und ein Ehegatte sie erkennbar nicht herstellen will, weil er die eheliche Lebensgemeinschaft ablehnt. Die häusliche Gemeinschaft besteht auch dann nicht mehr, wenn die Ehegatten innerhalb der ehelichen Wohnung getrennt leben.

(2) Ein Zusammenleben über kürzere Zeit, das der Versöhnung der Ehegatten dienen soll, unterbricht oder hemmt die in § 1566 bestimmten Fristen nicht.

§ 1568 [Härteklausel]   (1) Die Ehe soll nicht geschieden werden, obwohl sie gescheitert ist, wenn und solange die Aufrechterhaltung der Ehe im Interesse der aus der Ehe hervorgegangenen minderjährigen Kinder aus besonderen Gründen ausnahmsweise notwendig ist oder wenn und solange die Scheidung für den Antragsgegner, der sie ablehnt, auf Grund außergewöhnlicher Umstände eine so schwere Härte darstellen würde, daß die Aufrechterhaltung der Ehe auch unter Berücksichtigung der Belange des Antragstellers ausnahmsweise geboten erscheint.

(2) Absatz 1 ist nicht anzuwenden, wenn die Ehegatten länger als fünf Jahre getrennt leben.

II. Unterhalt des geschiedenen Ehegatten

1. Grundsatz

§ 1569 [Grundsatz]   Kann ein Ehegatte nach der Scheidung nicht selbst für seinen Unterhalt sorgen, so hat er gegen den anderen Ehegatten einen Anspruch auf Unterhalt nach den folgenden Vorschriften.

2. Unterhaltsberechtigung

§ 1570 [Kindererziehung]   Ein geschiedener Ehegatte kann von dem anderen Unterhalt verlangen, solange und soweit von ihm wegen der Pflege oder Erziehung eines gemeinschaftlichen Kindes eine Erwerbstätigkeit nicht erwartet werden kann.

§ 1571 [Alter]   Ein geschiedener Ehegatte kann von dem anderen Unterhalt verlangen, soweit von ihm im Zeitpunkt

1. der Scheidung,
2. der Beendigung der Pflege oder Erziehung eines gemeinschaftlichen Kindes oder
3. des Wegfalls der Voraussetzungen für einen Unterhaltsanspruch nach den §§ 1572 und 1573

wegen seines Alters eine Erwerbstätigkeit nicht mehr erwartet werden kann.

§ 1572 [Krankheit]   Ein geschiedener Ehegatte kann von dem anderen Unterhalt verlangen, solange und soweit von ihm vom Zeitpunkt

1. der Scheidung,
2. der Beendigung der Pflege oder Erziehung eines gemeinschaftlichen Kindes,
3. der Beendigung der Ausbildung, Fortbildung oder Umschulung oder
4. des Wegfalls der Voraussetzungen für einen Unterhaltsanspruch nach § 1573

an wegen Krankheit oder anderer Gebrechen oder Schwäche seiner körperlichen oder geistigen Kräfte eine Erwerbstätigkeit nicht erwartet werden kann.

§ 1573 [Übergangsunterhalt]   (1) Soweit ein geschiedener Ehegatte keinen Unterhaltsanspruch nach den §§ 1570 bis 1572 hat, kann er gleichwohl Unterhalt verlangen, solange und soweit er nach der Scheidung keine angemessene Erwerbstätigkeit zu finden vermag.

(2) Reichen die Einkünfte aus einer angemessenen Erwerbstätigkeit zum vollen Unterhalt (§ 1578) nicht aus, kann er, soweit er nicht bereits einen Unterhaltsanspruch nach den §§ 1570 bis 1572 hat, den Unterschiedsbetrag zwischen den Einkünften und dem vollen Unterhalt verlangen.

(3) Absätze 1 und 2 gelten entsprechend, wenn Unterhalt nach den §§ 1570 bis 1572, 1575 zu gewähren war, die Voraussetzungen dieser Vorschriften aber entfallen sind.

(4) Der geschiedene Ehegatte kann auch dann Unterhalt verlangen, wenn die Einkünfte aus einer angemessenen Erwerbstätigkeit wegfallen, weil es ihm trotz seiner Bemühungen nicht gelungen war, den Unterhalt durch die Erwerbstätigkeit nach der Scheidung nachhaltig zu sichern. War es ihm gelungen, den Unterhalt teilweise nachhaltig zu sichern, so kann er den Unterschiedsbetrag zwischen dem nachhaltig gesicherten und dem vollen Unterhalt verlangen.

§ 1574 [Angemessene Erwerbstätigkeit]   (1) Der geschiedene Ehegatte braucht nur eine ihm angemessene Erwerbstätigkeit auszuüben.

(2) Angemessen ist eine Erwerbstätigkeit, die der Ausbildung, den Fähigkeiten, dem Lebensalter und dem Gesundheitszustand des geschiedenen Ehegatten sowie den ehelichen Lebensverhältnissen entspricht; bei den ehelichen Lebensverhältnissen sind die Dauer der Ehe und die Dauer der Pflege oder Erziehung eines gemeinschaftlichen Kindes zu berücksichtigen.

(3) Soweit es zur Aufnahme einer angemessenen Erwerbstätigkeit erforderlich ist, obliegt es dem geschiedenen Ehegatten, sich ausbilden, fortbilden oder umschulen zu lassen, wenn ein erfolgreicher Abschluß der Ausbildung zu erwarten ist.

§ 1575 [Ausbildungsunterhalt] (1) Ein geschiedener Ehegatte, der in Erwartung der Ehe oder während der Ehe eine Schul- oder Berufsausbildung nicht aufgenommen oder abgebrochen hat, kann von dem anderen Ehegatten Unterhalt verlangen, wenn er diese oder eine entsprechende Ausbildung sobald wie möglich aufnimmt, um eine angemessene Erwerbstätigkeit, die den Unterhalt nachhaltig sichert, zu erlangen und der erfolgreiche Abschluß der Ausbildung zu erwarten ist. Der Anspruch besteht längstens für die Zeit, in der eine solche Ausbildung im allgemeinen abgeschlossen wird; dabei sind ehebedingte Verzögerungen der Ausbildung zu berücksichtigen.

(2) Entsprechendes gilt, wenn sich der geschiedene Ehegatte fortbilden oder umschulen läßt, um Nachteile auszugleichen, die durch die Ehe eingetreten sind.

(3) Verlangt der geschiedene Ehegatte nach Beendigung der Ausbildung, Fortbildung oder Umschulung Unterhalt nach § 1573, so bleibt bei der Bestimmung der ihm angemessenen Erwerbstätigkeit (§ 1574 Abs. 2) der erreichte höhere Ausbildungsstand außer Betracht.

§ 1576 [Billigkeitsklausel] Ein geschiedener Ehegatte kann von dem anderen Unterhalt verlangen, soweit und solange von ihm aus sonstigen schwerwiegenden Gründen eine Erwerbstätigkeit nicht erwartet werden kann und die Versagung von Unterhalt unter Berücksichtigung der Belange beider Ehegatten grob unbillig wäre. Schwerwiegende Gründe dürfen nicht allein deswegen berücksichtigt werden, weil sie zum Scheitern der Ehe geführt haben.

§ 1577 [Anrechnung von Einkünften] (1) Der geschiedene Ehegatte kann den Unterhalt nach den §§ 1570 bis 1573, 1575 und 1576 nicht verlangen, solange und soweit er sich aus seinen Einkünften und seinem Vermögen selbst unterhalten kann.

(2) Einkünfte sind nicht anzurechnen, soweit der Verpflichtete nicht den vollen Unterhalt (§ 1578) leistet. Einkünfte, die den vollen Unterhalt übersteigen, sind insoweit anzurechnen, als dies unter Berücksichtigung der beiderseitigen wirtschaftlichen Verhältnisse der Billigkeit entspricht.

(3) Den Stamm des Vermögens braucht der Berechtigte nicht zu verwerten, soweit die Verwertung unwirtschaftlich oder unter Berücksichtigung der beiderseitigen wirtschaftlichen Verhältnisse unbillig wäre.

(4) War zum Zeitpunkt der Ehescheidung zu erwarten, daß der Unterhalt des Berechtigten aus seinem Vermögen nachhaltig gesichert sein würde, fällt das Vermögen aber später weg, so besteht kein Anspruch auf Unterhalt. Dies gilt nicht, wenn im Zeitpunkt des Vermögenswegfalls von dem

Ehegatten wegen der Pflege oder Erziehung eines gemeinschaftlichen Kindes eine Erwerbstätigkeit nicht erwartet werden kann.

§ 1578 [Umfang des Unterhalts] (1) Das Maß des Unterhalts bestimmt sich nach den ehelichen Lebensverhältnissen. Der Unterhalt umfaßt den gesamten Lebensbedarf.

(2) Zum Lebensbedarf gehören auch die Kosten einer angemessenen Versicherung für den Fall der Krankheit sowie die Kosten einer Schul- oder Berufsausbildung, einer Fortbildung oder einer Umschulung nach den §§ 1574, 1575.

(3) Hat der geschiedene Ehegatte einen Unterhaltsanspruch nach den §§ 1570 bis 1573 oder § 1576, so gehören zum Lebensbedarf auch die Kosten einer angemessenen Versicherung für den Fall des Alters sowie der Berufs- oder Erwerbsunfähigkeit.

§ 1579 [Ausschluß] (1) Ein Unterhaltsanspruch besteht nicht, soweit die Inanspruchnahme des Verpflichteten grob unbillig wäre, weil

1. die Ehe von kurzer Dauer war; der Ehedauer steht die Zeit gleich, in welcher der Berechtigte wegen der Pflege oder Erziehung eines gemeinschaftlichen Kindes nach § 1570 Unterhalt verlangen konnte,
2. der Berechtigte sich eines Verbrechens oder eines schweren vorsätzlichen Vergehens gegen den Verpflichteten oder einen nahen Angehörigen des Verpflichteten schuldig gemacht hat,
3. der Berechtigte seine Bedürftigkeit mutwillig herbeigeführt hat oder
4. ein anderer Grund vorliegt, der ebenso schwer wiegt wie die in den Nummern 1 bis 3 aufgeführten Gründe.

(2) Absatz 1 gilt nicht, solange und soweit von dem Berechtigten wegen der Pflege oder Erziehung eines gemeinschaftlichen Kindes eine Erwerbstätigkeit nicht erwartet werden kann.

§ 1580 [Auskunftspflicht] Die geschiedenen Ehegatten sind einander verpflichtet, auf Verlangen über ihre Einkünfte und ihr Vermögen Auskunft zu erteilen. § 1605 ist entsprechend anzuwenden.

3. Leistungsfähigkeit und Rangfolge

§ 1581 [Leistungsunfähigkeit des Verpflichteten] Ist der Verpflichtete nach seinen Erwerbs- und Vermögensverhältnissen unter Berücksichtigung seiner sonstigen Verpflichtungen außerstande, ohne Gefährdung des eigenen angemessenen Unterhalts dem Berechtigten Unterhalt zu gewähren, so braucht er nur insoweit Unterhalt zu leisten, als es mit Rücksicht auf die Bedürfnisse und die Erwerbs- und Vermögensverhältnisse der geschiedenen Ehegatten der Billigkeit entspricht. Den Stamm des Vermögens braucht er nicht zu verwerten, soweit die Verwertung unwirtschaftlich oder unter Berücksichtigung der beiderseitigen wirtschaftlichen Verhältnisse unbillig wäre.

§ 1582 [Rangfolge mehrerer Ehegatten] (1) Bei Ermittlung des Unterhalts des geschiedenen Ehegatten geht im Falle des § 1581 der geschiedene

Ehegatte einem neuen Ehegatten vor, wenn dieser nicht bei entsprechender Anwendung der §§ 1569 bis 1574, § 1576 und des § 1577 Abs. 1 unterhaltsberechtigt wäre. Hätte der neue Ehegatte nach diesen Vorschriften einen Unterhaltsanspruch, geht ihm der geschiedene Ehegatte gleichwohl vor, wenn er nach § 1570 oder nach § 1576 unterhaltsberechtigt ist oder die Ehe mit dem geschiedenen Ehegatten von langer Dauer war. Der Ehedauer steht die Zeit gleich, in der ein Ehegatte wegen der Pflege oder Erziehung eines gemeinschaftlichen Kindes nach § 1570 unterhaltsberechtigt war.

(2) § 1609 bleibt im übrigen unberührt.

§ 1583 [Wiederheirat]   Lebt der Verpflichtete im Falle der Wiederheirat mit seinem neuen Ehegatten im Güterstand der Gütergemeinschaft, so ist § 1604 entsprechend anzuwenden.

§ 1584 [Rangfolge der Haftung]   Der unterhaltspflichtige geschiedene Ehegatte haftet vor den Verwandten des Berechtigten. Soweit jedoch der Verpflichtete nicht leistungsfähig ist, haften die Verwandten vor dem geschiedenen Ehegatten. § 1607 Abs. 2 ist entsprechend anzuwenden.

4. Gestaltung des Unterhaltsanspruchs

§ 1585 [Geldrente; Kapitalabfindung]   (1) Der laufende Unterhalt ist durch Zahlung einer Geldrente zu gewähren. Die Rente ist monatlich im voraus zu entrichten. Der Verpflichtete schuldet den vollen Monatsbetrag auch dann, wenn der Unterhaltsanspruch im Laufe des Monats durch Wiederheirat oder Tod des Berechtigten erlischt.

(2) Statt der Rente kann der Berechtigte eine Abfindung in Kapital verlangen, wenn ein wichtiger Grund vorliegt und der Verpflichtete dadurch nicht unbillig belastet wird.

§ 1585a [Sicherheitsleistung]   (1) Der Verpflichtete hat auf Verlangen Sicherheit zu leisten. Die Verpflichtung, Sicherheit zu leisten, entfällt, wenn kein Grund zu der Annahme besteht, daß die Unterhaltsleistung gefährdet ist oder wenn der Verpflichtete durch die Sicherheitsleistung unbillig belastet würde. Der Betrag, für den Sicherheit zu leisten ist, soll den einfachen Jahresbetrag der Unterhaltsrente nicht übersteigen, sofern nicht nach den besonderen Umständen des Falles eine höhere Sicherheitsleistung angemessen erscheint.

(2) Die Art der Sicherheitsleistung bestimmt sich nach den Umständen; die Beschränkung des § 232 gilt nicht.

§ 1585b [Unterhalt für die Vergangenheit]   (1) Wegen eines Sonderbedarfs (§ 1613 Abs. 2) kann der Berechtigte Unterhalt für die Vergangenheit verlangen.

(2) Im übrigen kann der Berechtigte für die Vergangenheit Erfüllung oder Schadensersatz wegen Nichterfüllung erst von der Zeit an fordern, in der der Unterhaltspflichtige in Verzug gekommen oder der Unterhaltsanspruch rechtshängig geworden ist.

(3) Für eine mehr als ein Jahr vor der Rechtshängigkeit liegende Zeit kann Erfüllung oder Schadensersatz wegen Nichterfüllung nur verlangt werden, wenn anzunehmen ist, daß der Verpflichtete sich der Leistung absichtlich entzogen hat.

§ 1585c [Vereinbarungen]   Die Ehegatten können über die Unterhaltspflicht für die Zeit nach der Scheidung Vereinbarungen treffen.

5. Ende des Unterhaltsanspruchs

§ 1586 [Erlöschen]   (1) Der Unterhaltsanspruch erlischt mit der Wiederheirat oder dem Tod des Berechtigten.

(2) Ansprüche auf Erfüllung oder Schadensersatz wegen Nichterfüllung für die Vergangenheit bleiben bestehen. Das gleiche gilt für den Anspruch auf den zur Zeit der Wiederheirat oder des Todes fälligen Monatsbetrag.

§ 1586a [Auflösung der Zweitehe]   (1) Geht ein geschiedener Ehegatte eine neue Ehe ein und wird die Ehe wieder aufgelöst, so kann er von dem früheren Ehegatten Unterhalt nach § 1570 verlangen, wenn er ein Kind aus der früheren Ehe zu pflegen oder zu erziehen hat. Ist die Pflege oder Erziehung beendet, so kann er Unterhalt nach den §§ 1571 bis 1573, 1575 verlangen.

(2) Der Ehegatte der später aufgelösten Ehe haftet vor dem Ehegatten der früher aufgelösten Ehe.

§ 1586b [Tod des Verpflichteten]   (1) Mit dem Tod des Verpflichteten geht die Unterhaltspflicht auf den Erben als Nachlaßverbindlichkeit über. Die Beschränkungen nach § 1581 fallen weg. Der Erbe haftet jedoch nicht über einen Betrag hinaus, der dem Pflichtteil entspricht, welcher dem Berechtigten zustände, wenn die Ehe nicht geschieden worden wäre.

(2) Für die Berechnung des Pflichtteils bleiben Besonderheiten auf Grund des Güterstandes, in dem die geschiedenen Ehegatten gelebt haben, außer Betracht.

III. Versorgungsausgleich

1. Grundsatz

§ 1587 [Grundsatz]   (1) Zwischen den geschiedenen Ehegatten findet ein Versorgungsausgleich statt, soweit für sie oder einen von ihnen in der Ehezeit Anwartschaften oder Aussichten auf eine Versorgung wegen Alters oder Berufs- oder Erwerbsunfähigkeit der in § 1587a Abs. 2 genannten Art begründet oder aufrechterhalten worden sind. Außer Betracht bleiben Anwartschaften oder Aussichten, die weder mit Hilfe des Vermögens noch durch Arbeit der Ehegatten begründet oder aufrechterhalten worden sind.

(2) Als Ehezeit im Sinne der Vorschriften über den Versorgungsausgleich gilt die Zeit vom Beginn des Monats, in dem die Ehe geschlossen worden ist, bis zum Ende des Monats, der dem Eintritt der Rechtshängigkeit des Scheidungsantrags vorausgeht.

(3) Für Anwartschaften oder Aussichten, über die der Versorgungsaus-

gleich stattfindet, gelten ausschließlich die nachstehenden Vorschriften; die güterrechtlichen Vorschriften finden keine Anwendung.

2. Wertausgleich von Anwartschaften oder Aussichten auf eine Versorgung

§ 1587a [Ermittlung des Wertunterschiedes] (1) Ausgleichspflichtig ist der Ehegatte mit den werthöheren Anwartschaften oder Aussichten auf eine auszugleichende Versorgung. Dem berechtigten Ehegatten steht als Ausgleich die Hälfte des Wertunterschiedes zu.

(2) Für die Ermittlung des Wertunterschiedes sind folgende Werte zugrunde zu legen:

1. Bei einer Versorgung oder Versorgungsanwartschaft aus einem öffentlich-rechtlichen Dienstverhältnis oder aus einem Arbeitsverhältnis mit Anspruch auf Versorgung nach beamtenrechtlichen Vorschriften oder Grundsätzen ist von dem Betrag auszugehen, der sich im Zeitpunkt des Eintritts der Rechtshängigkeit des Scheidungsantrags als Versorgung ergäbe. Dabei wird die bis zu diesem Zeitpunkt zurückgelegte ruhegehaltfähige Dienstzeit um die Zeit bis zur Altersgrenze erweitert (Gesamtzeit). Maßgebender Wert ist der Teil der Versorgung, der dem Verhältnis der in die Ehezeit fallenden ruhegehaltfähigen Dienstzeit zu der Gesamtzeit entspricht. Unfallbedingte Erhöhungen bleiben außer Betracht. Insofern stehen Dienstbezüge entpflichteter Professoren Versorgungsbezügen gleich und gelten die beamtenrechtlichen Vorschriften über die ruhegehaltfähige Dienstzeit entsprechend.

2. Bei Renten oder Rentenanwartschaften aus den gesetzlichen Rentenversicherungen, die den gesetzlichen Rentenanpassungen unterliegen, ist der Betrag zugrunde zu legen, der sich bei Eintritt der Rechtshängigkeit des Scheidungsantrags aus den in die Ehezeit fallenden anrechnungsfähigen Versicherungsjahren als Altersruhegeld ergäbe; seine Ermittlung richtet sich im einzelnen nach den Vorschriften über die gesetzlichen Rentenversicherungen.

3. Bei Leistungen, Anwartschaften oder Aussichten auf Leistungen der betrieblichen Altersversorgung ist,
   a) wenn bei Eintritt der Rechtshängigkeit des Scheidungsantrags die Betriebszugehörigkeit andauert, der Teil der Versorgung zugrunde zu legen, der dem Verhältnis der in die Ehezeit fallenden Betriebszugehörigkeit zu der Zeit vom Beginn der Betriebszugehörigkeit bis zu der in der Versorgungsregelung vorgesehenen festen Altersgrenze entspricht, wobei der Betriebszugehörigkeit gleichgestellte Zeiten einzubeziehen sind; die Versorgung berechnet sich nach dem Betrag, der sich bei Erreichen der in der Versorgungsregelung vorgesehenen festen Altersgrenze ergäbe, wenn die Bemessungsgrundlagen im Zeitpunkt des Eintritts der Rechtshängigkeit des Scheidungsantrags zugrunde gelegt würden;
   b) wenn vor dem Eintritt der Rechtshängigkeit des Scheidungsantrags die Betriebszugehörigkeit beendet worden ist, der Teil der erworbenen

Versorgung zugrunde zu legen, der dem Verhältnis der in die Ehezeit fallenden Betriebszugehörigkeit zu der gesamten Betriebszugehörigkeit entspricht, wobei der Betriebszugehörigkeit gleichgestellte Zeiten einzubeziehen sind.

Dies gilt nicht für solche Leistungen oder Anwartschaften auf Leistungen aus einem Versicherungsverhältnis zu einer zusätzlichen Versorgungseinrichtung des öffentlichen Dienstes, auf die Nummer 4 Buchstabe c anzuwenden ist. Für Anwartschaften oder Aussichten auf Leistungen der betrieblichen Altersversorgung, die im Zeitpunkt des Erlasses der Entscheidung noch nicht unverfallbar sind, finden die Vorschriften über den schuldrechtlichen Versorgungsausgleich Anwendung.

4. Bei sonstigen Renten oder ähnlichen wiederkehrenden Leistungen, die der Versorgung wegen Alters oder Berufs- oder Erwerbsunfähigkeit zu dienen bestimmt sind, oder Anwartschaften oder Aussichten hierauf ist,

   a) wenn sich die Rente oder Leistung nach der Dauer einer Anrechnungszeit bemißt, der Betrag der Versorgungsleistung zugrunde zu legen, der sich aus der in die Ehezeit fallenden Anrechnungszeit ergäbe, wenn bei Eintritt der Rechtshängigkeit des Scheidungsantrags der Versorgungsfall eingetreten wäre;

   b) wenn sich die Rente oder Leistung nicht oder nicht nur nach der Dauer einer Anrechnungszeit und auch nicht nach Buchstabe d bemißt, der Teilbetrag der vollen bestimmungsmäßigen Rente oder Leistung zugrunde zu legen, der dem Verhältnis der in die Ehezeit fallenden, bei der Ermittlung dieser Rente oder Leistung zu berücksichtigenden Zeit zu deren voraussichtlicher Gesamtdauer bis zur Erreichung der für das Ruhegehalt maßgeblichen Altersgrenze entspricht;

   c) wenn sich die Rente oder Leistung nach einem Bruchteil entrichteter Beiträge bemißt, der Betrag zugrunde zu legen, der sich aus den für die Ehezeit entrichteten Beiträgen ergäbe, wenn bei Eintritt der Rechtshängigkeit des Scheidungsantrags der Versorgungsfall eingetreten wäre;

   d) wenn sich die Rente oder Leistung nach den für die gesetzlichen Rentenversicherungen geltenden Grundsätzen bemißt, der Teilbetrag der sich bei Eintritt der Rechtshängigkeit des Scheidungsantrags ergebenden Rente wegen Alters zugrunde zu legen, der dem Verhältnis der in die Ehezeit fallenden Versicherungsjahre zu den insgesamt zu berücksichtigenden Versicherungsjahren entspricht.

5. Bei Renten oder Rentenanwartschaften auf Grund eines Versicherungsvertrages, der zur Versorgung des Versicherten eingegangen wurde, ist,

   a) wenn es sich um eine Versicherung mit einer über den Eintritt der Rechtshängigkeit des Scheidungsantrags hinaus fortbestehenden Prämienzahlungpflicht handelt, von dem Rentenbetrag auszugehen, der sich nach vorheriger Umwandlung in eine prämienfreie Versicherung als Leistung des Versicherers ergäbe, wenn in diesem Zeitpunkt der Versicherungsfall eingetreten wäre. Sind auf die Versicherung Prämien auch für die Zeit vor der Ehe gezahlt worden, so ist der Rentenbetrag entsprechend geringer anzusetzen;

b) wenn eine Prämienzahlungspflicht über den Eintritt der Rechtshängigkeit des Scheidungsantrags hinaus nicht besteht, von dem Rentenbetrag auszugehen, der sich als Leistung des Versicherers ergäbe, wenn in diesem Zeitpunkt der Versicherungsfall eingetreten wäre. Buchstabe a Satz 2 ist anzuwenden.

(3) Bei Versorgungen oder Anwartschaften oder Aussichten auf eine Versorgung nach Absatz 2 Nr. 4, deren Wert nicht in gleicher oder nahezu gleicher Weise steigt wie der Wert der in Absatz 2 Nr. 1 und 2 genannten Anwartschaften, sowie in den Fällen des Absatzes 2 Nr. 5 gilt folgendes:

1. Werden die Leistungen aus einem Deckungskapital oder einer vergleichbaren Deckungsrücklage gewährt, ist das Altersruhegeld zugrunde zu legen, das sich ergäbe, wenn der während der Ehe gebildete Teil des Deckungskapitals oder der auf diese Zeit entfallende Teil der Deckungsrücklage als Beitrag in der gesetzlichen Rentenversicherung entrichtet würde;

2. werden die Leistungen nicht oder nicht ausschließlich aus einem Deckungskapital oder einer vergleichbaren Deckungsrücklage gewährt, ist das Altersruhegeld zugrunde zu legen, das sich ergäbe, wenn ein Barwert der Teilversorgung für den Zeitpunkt des Eintritts der Rechtshängigkeit des Scheidungsantrags ermittelt und als Beitrag in der gesetzlichen Rentenversicherung entrichtet würde. Das Nähere über die Ermittlung des Barwertes bestimmt die Bundesregierung durch Rechtsverordnung mit Zustimmung des Bundesrates.

(4) Bei Leistungen oder Anwartschaften oder Aussichten auf Leistungen der betrieblichen Altersversorgung nach Absatz 2 Nr. 3 findet Absatz 3 Nr. 2 Anwendung.

(5) Bemißt sich die Versorgung nicht nach den in den vorstehenden Absätzen genannten Bewertungsmaßstäben, so bestimmt das Familiengericht die auszugleichende Versorgung in sinngemäßer Anwendung der vorstehenden Vorschriften nach billigem Ermessen.

(6) Stehen einem Ehegatten mehrere Versorgungsanwartschaften im Sinne von Absatz 2 Nr. 1 zu, so ist für die Wertberechnung von den sich nach Anwendung von Ruhensvorschriften ergebenden gesamten Versorgungsbezügen und der gesamten in die Ehezeit fallenden ruhegehaltfähigen Dienstzeit auszugehen; sinngemäß ist zu verfahren, wenn die Versorgung wegen einer Rente oder einer ähnlichen wiederkehrenden Leistung einer Ruhens- oder Anrechnungsvorschrift unterliegen würde.

(7) Für die Zwecke der Bewertung nach Absatz 2 bleibt außer Betracht, daß eine für die Versorgung maßgebliche Wartezeit, Mindestbeschäftigungszeit, Mindestversicherungszeit oder ähnliche zeitliche Voraussetzungen im Zeitpunkt des Eintritts der Rechtshängigkeit des Scheidungsantrags noch nicht erfüllt sind; Absatz 2 Nr. 3 Satz 3 bleibt unberührt. Dies gilt nicht für solche Zeiten, von denen die Anrechnung beitragsloser Zeiten

oder die Rente nach Mindesteinkommen in den gesetzlichen Rentenversicherungen abhängig ist.

(8) Bei der Wertberechnung sind die in einer Versorgung, Rente oder Leistung enthaltenen Zuschläge, die nur auf Grund einer bestehenden Ehe gewährt werden, sowie Kinderzuschläge und ähnliche familienbezogene Bestandteile auszuscheiden.

§ 1587b [Übertragung und Begründung von Anwartschaften] (1) Hat ein Ehegatte in der Ehezeit Rentenanwartschaften in einer gesetzlichen Rentenversicherung im Sinne des § 1587a Abs. 2 Nr. 2 erworben und übersteigen diese die Anwartschaften im Sinne des § 1587a Abs. 2 Nr. 1, 2, die der andere Ehegatte in der Ehezeit erworben hat, so überträgt das Familiengericht auf diesen Rentenanwartschaften in Höhe der Hälfte des Wertunterschiedes. Das Nähere bestimmt sich nach den Vorschriften über die gesetzlichen Rentenversicherungen.

(2) Hat ein Ehegatte in der Ehezeit eine Anwartschaft im Sinne des § 1587a Abs. 2 Nr. 1 gegenüber einer der in § 6 Abs. 1 Nr. 2, § 8 Abs. 1 des Angestelltenversicherungsgesetzes genannten Körperschaften oder Verbände erworben und übersteigt diese Anwartschaft allein oder zusammen mit einer Rentenanwartschaft im Sinne des § 1587a Abs. 2 Nr. 2 die Anwartschaften im Sinne des § 1587a Abs. 2 Nr. 1, 2, die der andere Ehegatte in der Ehezeit erworben hat, so begründet das Familiengericht für diesen Rentenanwartschaften in einer gesetzlichen Rentenversicherung in Höhe der Hälfte des nach Anwendung von Absatz 1 noch verbleibenden Wertunterschiedes. Das Nähere bestimmt sich nach den Vorschriften über die gesetzlichen Rentenversicherungen.

(3) Soweit der Ausgleich nicht nach Absatz 1 oder 2 vorzunehmen ist, hat der ausgleichspflichtige Ehegatte für den Berechtigten als Beiträge zur Begründung von Anwartschaften auf eine bestimmte Rente in einer gesetzlichen Rentenversicherung den Betrag zu zahlen, der erforderlich ist, um den Wertunterschied auszugleichen; dies gilt nur, solange der Berechtigte die Voraussetzungen für ein Altersruhegeld aus einer gesetzlichen Rentenversicherung noch nicht erfüllt. Das Nähere bestimmt sich nach den Vorschriften über die gesetzlichen Rentenversicherungen. Nach Absatz 1 zu übertragende oder nach Absatz 2 zu begründende Rentenanwartschaften sind in den Ausgleich einzubeziehen; im Wege der Verrechnung ist nur ein einmaliger Ausgleich vorzunehmen.

(4) Würde sich die Übertragung oder Begründung von Rentenanwartschaften in den gesetzlichen Rentenversicherungen voraussichtlich nicht zugunsten des Berechtigten auswirken oder wäre der Versorgungsausgleich in dieser Form nach den Umständen des Falles unwirtschaftlich, soll das Familiengericht den Ausgleich auf Antrag einer Partei in anderer Weise regeln; § 1587o Abs. 1 Satz 2 gilt entsprechend.

(5) Der Monatsbetrag der nach Absatz 1 zu übertragenden oder nach Absatz 2, 3 zu begründenden Rentenanwartschaften in den gesetzlichen Rentenversicherungen darf zusammen mit dem Monatsbetrag der in den

gesetzlichen Rentenversicherungen bereits begründeten Rentenanwartschaften des ausgleichsberechtigten Ehegatten den in § 1304a Abs. 1 Satz 4, 5 der Reichsversicherungsordnung, § 83a Abs. 1 Satz 4, 5 des Angestelltenversicherungsgesetzes bezeichneten Höchstbetrag nicht übersteigen.

§ 1587c [Ausschluß] Ein Versorgungsausgleich findet nicht statt,

1. soweit die Inanspruchnahme des Verpflichteten unter Berücksichtigung der beiderseitigen Verhältnisse, insbesondere des beiderseitigen Vermögenserwerbs während der Ehe oder im Zusammenhang mit der Scheidung, grob unbillig wäre; hierbei dürfen Umstände nicht allein deshalb berücksichtigt werden, weil sie zum Scheitern der Ehe geführt haben;
2. soweit der Berechtigte in Erwartung der Scheidung oder nach der Scheidung durch Handeln oder Unterlassen bewirkt hat, daß ihm zustehende Anwartschaften oder Aussichten auf eine Versorgung, die nach § 1587 Abs. 1 auszugleichen wären, nicht entstanden oder entfallen sind;
3. soweit der Berechtigte während der Ehe längere Zeit hindurch seine Pflicht, zum Familienunterhalt beizutragen, gröblich verletzt hat.

§ 1587d [Ruhen und Änderung der Verpflichtung] (1) Auf Antrag des Verpflichteten kann das Familiengericht anordnen, daß die Verpflichtung nach § 1587b Abs. 3 ruht, solange und soweit der Verpflichtete durch die Zahlung unbillig belastet, insbesondere außerstande gesetzt würde, sich selbst angemessen zu unterhalten und seinen gesetzlichen Unterhaltspflichten gegenüber dem geschiedenen Ehegatten und den mit diesem gleichrangig Berechtigten nachzukommen. Ist der Verpflichtete in der Lage, Raten zu zahlen, so hat das Gericht ferner die Höhe der dem Verpflichteten obliegenden Ratenzahlungen festzusetzen.

(2) Das Familiengericht kann eine rechtskräftige Entscheidung auf Antrag aufheben oder ändern, wenn sich die Verhältnisse nach der Scheidung wesentlich geändert haben.

§ 1587e [Erlöschen] (1) Für den Versorgungsausgleich nach § 1587b gilt § 1580 entsprechend.

(2) Mit dem Tode des Berechtigten erlischt der Ausgleichsanspruch.

(3) Der Anspruch auf Entrichtung von Beiträgen (§ 1587b Abs. 3) erlischt außerdem, sobald der schuldrechtliche Versorgungsausgleich nach § 1587g Abs. 1 Satz 2 verlangt werden kann.

(4) Der Ausgleichsanspruch erlischt nicht mit dem Tode des Verpflichteten. Er ist gegen die Erben geltend zu machen.

3. Schuldrechtlicher Versorgungsausgleich

§ 1587f [Ausgleich durch Geldrente] In den Fällen, in denen

1. die Begründung von Rentenanwartschaften in einer gesetzlichen Rentenversicherung mit Rücksicht auf die Vorschrift des § 1587b Abs. 3 Satz 1 zweiter Halbsatz nicht möglich ist,
2. die Übertragung oder Begründung von Rentenanwartschaften in einer gesetzlichen Rentenversicherung mit Rücksicht auf die Vorschrift des § 1587b Abs. 5 ausgeschlossen ist,

3. der ausgleichspflichtige Ehegatte die ihm nach § 1587b Abs. 3 Satz 1 erster Halbsatz auferlegten Zahlungen zur Begründung von Rentenanwartschaften in einer gesetzlichen Rentenversicherung nicht erbracht hat,

4. in den Ausgleich Leistungen der betrieblichen Altersversorgung auf Grund solcher Anwartschaften oder Aussichten einzubeziehen sind, die im Zeitpunkt des Erlasses der Entscheidung noch nicht unverfallbar waren,

5. das Familiengericht nach § 1587b Abs. 4 eine Regelung in der Form des schuldrechtlichen Versorgungsausgleichs getroffen hat oder die Ehegatten nach § 1587o den schuldrechtlichen Versorgungsausgleich vereinbart haben,

erfolgt insoweit der Ausgleich auf Antrag eines Ehegatten nach den Vorschriften der §§ 1587g bis 1587n (schuldrechtlicher Versorgungsausgleich).

§ 1587g [Ausgleichsrente]   (1) Der Ehegatte, dessen auszugleichende Versorgung die des anderen übersteigt, hat dem anderen Ehegatten als Ausgleich eine Geldrente (Ausgleichsrente) in Höhe der Hälfte des jeweils übersteigenden Betrags zu entrichten. Die Rente kann erst dann verlangt werden, wenn beide Ehegatten eine Versorgung erlangt haben oder wenn der ausgleichspflichtige Ehegatte eine Versorgung erlangt hat und der andere Ehegatte wegen Krankheit oder anderer Gebrechen oder Schwäche seiner körperlichen oder geistigen Kräfte auf nicht absehbare Zeit eine ihm nach Ausbildung und Fähigkeiten zumutbare Erwerbstätigkeit nicht ausüben kann oder das fünfundsechzigste Lebensjahr vollendet hat.

(2) Für die Ermittlung der auszugleichenden Versorgung gilt § 1587a entsprechend. Hat sich seit Eintritt der Rechtshängigkeit des Scheidungsantrags der Wert einer Versorgung oder einer Anwartschaft oder Aussicht auf Versorgung geändert oder ist eine bei Eintritt der Rechtshängigkeit des Scheidungsantrags vorhandene Versorgung oder eine Anwartschaft oder Aussicht auf Versorgung weggefallen oder sind Voraussetzungen einer Versorgung eingetreten, die bei Eintritt der Rechtshängigkeit gefehlt haben, so ist dies zusätzlich zu berücksichtigen.

(3) § 1587d Abs. 2 gilt entsprechend.

§ 1587h [Ausschluß]   Ein Ausgleichsanspruch gemäß § 1587g besteht nicht,

1. soweit der Berechtigte den nach seinen Lebensverhältnissen angemessenen Unterhalt aus seinen Einkünften und seinem Vermögen bestreiten kann und die Gewährung des Versorgungsausgleichs für den Verpflichteten bei Berücksichtigung der beiderseitigen wirtschaftlichen Verhältnisse eine unbillige Härte bedeuten würde. § 1577 Abs. 3 gilt entsprechend;

2. soweit der Berechtigte in Erwartung der Scheidung oder nach der Scheidung durch Handeln oder Unterlassen bewirkt hat, daß ihm eine Versorgung, die nach § 1587 auszugleichen wäre, nicht gewährt wird;

3. soweit der Berechtigte während der Ehe längere Zeit hindurch seine Pflicht, zum Familienunterhalt beizutragen, gröblich verletzt hat.

§ 1587i [Abtretung von Versorgungsansprüchen]   (1) Der Berechtigte kann vom Verpflichteten in Höhe der laufenden Ausgleichsrente Abtretung der in den Ausgleich einbezogenen Versorgungsansprüche verlangen, die für den gleichen Zeitabschnitt fällig geworden sind oder fällig werden.

(2) Der Wirksamkeit der Abtretung an den Ehegatten gemäß Absatz 1 steht der Ausschluß der Übertragbarkeit und Pfändbarkeit der Ansprüche nicht entgegen.

(3) § 1587d Abs. 2 gilt entsprechend.

§ 1587k [Erlöschen]   (1) Für den Ausgleichsanspruch nach § 1587g Abs. 1 Satz 1 gelten die §§ 1580, 1585 Abs. 1 Satz 2, 3 und § 1585b Abs. 2, 3 entsprechend.

(2) Der Anspruch erlischt mit dem Tod des Berechtigten; § 1586 Abs. 2 gilt entsprechend. Soweit hiernach der Anspruch erlischt, gehen die nach § 1587i Abs. 1 abgetretenen Ansprüche auf den Verpflichteten über.

§ 1587l [Abfindung]   (1) Ein Ehegatte kann wegen seiner künftigen Ausgleichsansprüche von dem anderen eine Abfindung verlangen, wenn dieser hierdurch nicht unbillig belastet wird.

(2) Für die Höhe der Abfindung ist der nach § 1587g Abs. 2 ermittelte Zeitwert der beiderseitigen Anwartschaften oder Aussichten auf eine auszugleichende Versorgung zugrunde zu legen.

(3) Die Abfindung kann nur in Form der Zahlung von Beiträgen zu einer gesetzlichen Rentenversicherung oder zu einer privaten Lebens- oder Rentenversicherung verlangt werden. Wird die Abfindung in Form der Zahlung von Beiträgen zu einer privaten Lebens- oder Rentenversicherung gewählt, so muß der Versicherungsvertrag vom Berechtigten auf seine Person für den Fall des Todes und des Erlebens des fünfundsechzigsten oder eines niedrigeren Lebensjahres abgeschlossen sein und vorsehen, daß Gewinnanteile zur Erhöhung der Versicherungsleistungen verwendet werden. Auf Antrag ist dem Verpflichteten Ratenzahlung zu gestatten, soweit dies nach seinen wirtschaftlichen Verhältnissen der Billigkeit entspricht.

§ 1587m [Tod des Berechtigten]   Mit dem Tod des Berechtigten erlischt der Anspruch auf Leistung der Abfindung, soweit er von dem Verpflichteten noch nicht erfüllt ist.

§ 1587n [Anrechnung]   Ist der Berechtigte nach § 1587l abgefunden worden, so hat er sich auf einen Unterhaltsanspruch gegen den geschiedenen Ehegatten den Betrag anrechnen zu lassen, den er als Versorgungsausgleich nach § 1587g erhalten würde, wenn die Abfindung nicht geleistet worden wäre.

4. Parteivereinbarungen

§ 1587o [Vertrag über Versorgungsausgleich] (1) Die Ehegatten können im Zusammenhang mit der Scheidung eine Vereinbarung über den Ausgleich von Anwartschaften oder Anrechten auf eine Versorgung wegen Alters oder Berufs- oder Erwerbsunfähigkeit (§ 1587) schließen. Durch die Vereinbarung können Anwartschaftsrechte in einer gesetzlichen Rentenversicherung nach § 1587b Abs. 1 oder 2 nicht begründet oder übertragen werden.

(2) Die Vereinbarung nach Absatz 1 muß notariell beurkundet werden. § 127a ist entsprechend anzuwenden. Die Vereinbarung bedarf der Genehmigung des Familiengerichts. Die Genehmigung soll nur verweigert werden, wenn unter Einbeziehung der Unterhaltsregelung und der Vermögensauseinandersetzung offensichtlich die vereinbarte Leistung nicht zur Sicherung des Berechtigten für den Fall der Erwerbsunfähigkeit und des Alters geeignet ist oder zu keinem nach Art und Höhe angemessenen Ausgleich unter den Ehegatten führt.

5. Schutz des Versorgungsschuldners

§ 1587p Sind durch die rechtskräftige Entscheidung des Familiengerichts Rentenanwartschaften in einer gesetzlichen Rentenversicherung auf den berechtigten Ehegatten übertragen worden, so muß dieser eine Leistung an den verpflichteten Ehegatten gegen sich gelten lassen, die der Schuldner der Versorgung bis zum Ablauf des Monats an den verpflichteten Ehegatten bewirkt, der dem Monat folgt, in dem ihm die Entscheidung zugestellt worden ist.

Achter Titel. Kirchliche Verpflichtungen

§ 1588 Die kirchlichen Verpflichtungen in Ansehung der Ehe werden durch die Vorschriften dieses Abschnitts nicht berührt.

Zweiter Abschnitt. Verwandtschaft

Dritter Titel. Unterhaltspflicht

I. Allgemeine Vorschriften

§ 1601 [Unterhaltspflichtige] Verwandte in gerader Linie sind verpflichtet, einander Unterhalt zu gewähren.

§ 1602 [Unterhaltsberechtigte] (1) Unterhaltsberechtigt ist nur, wer außerstande ist, sich selbst zu unterhalten.

(2) Ein minderjähriges unverheiratetes Kind kann von seinen Eltern, auch wenn es Vermögen hat, die Gewährung des Unterhalts insoweit ver-

langen, als die Einkünfte seines Vermögens und der Ertrag seiner Arbeit zum Unterhalte nicht ausreichen.

§ 1603 [Leistungsunfähigkeit des Verpflichteten] (1) Unterhaltspflichtig ist nicht, wer bei Berücksichtigung seiner sonstigen Verpflichtungen außerstande ist, ohne Gefährdung seines angemessenen Unterhalts den Unterhalt zu gewähren.

(2) Befinden sich Eltern in dieser Lage, so sind sie ihren minderjährigen unverheirateten Kindern gegenüber verpflichtet, alle verfügbaren Mittel zu ihrem und der Kinder Unterhalte gleichmäßig zu verwenden. Diese Verpflichtung tritt nicht ein, wenn ein anderer unterhaltspflichtiger Verwandter vorhanden ist; sie tritt auch nicht ein gegenüber einem Kinde, dessen Unterhalt aus dem Stamme seines Vermögens bestritten werden kann.

§ 1604 [Gütergemeinschaft] Besteht zwischen Ehegatten Gütergemeinschaft, so bestimmt sich die Unterhaltspflicht des Mannes oder der Frau Verwandten gegenüber so, wie wenn das Gesamtgut dem unterhaltspflichtigen Ehegatten gehörte. Sind bedürftige Verwandte beider Ehegatten vorhanden, so ist der Unterhalt aus dem Gesamtgut so zu gewähren, wie wenn die Bedürftigen zu beiden Ehegatten in dem Verwandtschaftsverhältnis ständen, auf dem die Unterhaltspflicht des verpflichteten Ehegatten beruht.

§ 1605 [Auskunftspflicht] (1) Verwandte in gerader Linie sind einander verpflichtet, auf Verlangen über ihre Einkünfte und ihr Vermögen Auskunft zu erteilen, soweit dies zur Feststellung eines Unterhaltsanspruchs oder einer Unterhaltsverpflichtung erforderlich ist. Über die Höhe der Einkünfte sind auf Verlangen Belege, insbesondere Bescheinigungen des Arbeitgebers, vorzulegen. Die §§ 260, 261 sind entsprechend anzuwenden.

(2) Vor Ablauf von zwei Jahren kann Auskunft erneut nur verlangt werden, wenn glaubhaft gemacht wird, daß der zur Auskunft Verpflichtete später wesentlich höhere Einkünfte oder weiteres Vermögen erworben hat.

§ 1606 [Reihenfolge der Haftung] (1) Die Abkömmlinge sind vor den Verwandten der aufsteigenden Linie unterhaltspflichtig.

(2) Unter den Abkömmlingen und unter den Verwandten der aufsteigenden Linie haften die näheren vor den entfernteren.

(3) Mehrere gleich nahe Verwandte haften anteilig nach ihren Erwerbs- und Vermögensverhältnissen. Die Mutter erfüllt ihre Verpflichtung, zum Unterhalt eines minderjährigen unverheirateten Kindes beizutragen, in der Regel durch die Pflege und Erziehung des Kindes.

§ 1607 [Nachrücken entfernterer Verwandter] (1) Soweit ein Verwandter auf Grund des § 1603 nicht unterhaltspflichtig ist, hat der nach ihm haftende Verwandte den Unterhalt zu gewähren.

(2) Das gleiche gilt, wenn die Rechtsverfolgung gegen einen Verwandten

im Inland ausgeschlossen oder erheblich erschwert ist. Der Anspruch gegen einen solchen Verwandten geht, soweit ein anderer Verwandter den Unterhalt gewährt, auf diesen über. Der Übergang kann nicht zum Nachteile des Unterhaltsberechtigten geltend gemacht werden.

§ 1608 [Ersthaftung des Ehegatten] (1) Der Ehegatte des Bedürftigen haftet vor dessen Verwandten. Soweit jedoch der Ehegatte bei Berücksichtigung seiner sonstigen Verpflichtungen außerstande ist, ohne Gefährdung seines angemessenen Unterhalts den Unterhalt zu gewähren, haften die Verwandten vor dem Ehegatten. Die Vorschriften des § 1607 Abs. 2 finden entsprechende Anwendung.

§ 1609 [Mehrere Bedürftige] (1) Sind mehrere Bedürftige vorhanden und ist der Unterhaltspflichtige außerstande, allen Unterhalt zu gewähren, so gehen die minderjährigen unverheirateten Kinder den anderen Kindern, die Kinder den übrigen Abkömmlingen, die Abkömmlinge den Verwandten der aufsteigenden Linie, unter den Verwandten der aufsteigenden Linie die näheren den entfernteren vor.

(2) Der Ehegatte steht den minderjährigen unverheirateten Kindern gleich; er geht anderen Kindern und den übrigen Verwandten vor. Ist die Ehe geschieden oder aufgehoben, so geht der unterhaltsberechtigte Ehegatte den volljährigen oder verheirateten Kindern sowie den übrigen Verwandten des Unterhaltspflichtigen vor.

§ 1610 [Angemessener Unterhalt] (1) Das Maß des zu gewährenden Unterhalts bestimmt sich nach der Lebensstellung des Bedürftigen (angemessener Unterhalt).

(2) Der Unterhalt umfaßt den gesamten Lebensbedarf, bei einer der Erziehung bedürftigen Person auch die Kosten der Erziehung und der Vorbildung zu einem Berufe.

(3) Verlangt ein eheliches Kind, das in den Haushalt eines geschiedenen Elternteils aufgenommen ist, von dem anderen Elternteil Unterhalt, so gilt als Bedarf des Kindes bis zur Vollendung des achtzehnten Lebensjahres mindestens der für ein nichteheliches Kind der entsprechenden Altersstufe festgesetzte Regelbedarf. Satz 1 ist entsprechend anzuwenden, wenn die Eltern nicht nur vorübergehend getrennt leben oder ihre Ehe für nichtig erklärt worden ist.

§ 1611 [Billigkeitsgrundsatz] (1) Ist der Unterhaltsberechtigte durch sein sittliches Verschulden bedürftig geworden, hat er seine eigene Unterhaltspflicht gegenüber dem Unterhaltspflichtigen gröblich vernachlässigt oder sich vorsätzlich einer schweren Verfehlung gegen den Unterhaltspflichtigen oder einen nahen Angehörigen des Unterhaltspflichtigen schuldig gemacht, so braucht der Verpflichtete nur einen Beitrag zum Unterhalt in der Höhe zu leisten, die der Billigkeit entspricht. Die Verpflichtung fällt ganz weg, wenn die Inanspruchnahme des Verpflichteten grob unbillig wäre.

(2) Die Vorschriften des Absatzes 1 sind auf die Unterhaltspflicht von Eltern gegenüber ihren minderjährigen unverheirateten Kindern nicht anzuwenden.

(3) Der Bedürftige kann wegen einer nach diesen Vorschriften eintretenden Beschränkung seines Anspruchs nicht andere Unterhaltspflichtige in Anspruch nehmen.

§ 1612 [Art des Unterhalts] (1) Der Unterhalt ist durch Entrichtung einer Geldrente zu gewähren. Der Verpflichtete kann verlangen, daß ihm die Gewährung des Unterhalts in anderer Art gestattet wird, wenn besondere Gründe es rechtfertigen.

(2) Haben Eltern einem unverheirateten Kinde Unterhalt zu gewähren, so können sie bestimmen, in welcher Art und für welche Zeit im voraus der Unterhalt gewährt werden soll. Aus besonderen Gründen kann das Vormundschaftsgericht auf Antrag des Kindes die Bestimmung der Eltern ändern. Ist das Kind minderjährig, so kann ein Elternteil, dem die Sorge für die Person des Kindes nicht zusteht, eine Bestimmung nur für die Zeit treffen, in der das Kind in seinen Haushalt aufgenommen ist.

(3) Eine Geldrente ist monatlich im voraus zu zahlen. Der Verpflichtete schuldet den vollen Monatsbetrag auch dann, wenn der Berechtigte im Laufe des Monats stirbt.

§ 1612a [Anpassung des Unterhalts] (1) Ist die Höhe der für einen Minderjährigen als Unterhalt zu entrichtenden Geldrente in einer gerichtlichen Entscheidung, einer Vereinbarung oder einer Verpflichtungsurkunde festgelegt, so kann der Berechtigte oder der Verpflichtete verlangen, daß der zu entrichtende Unterhalt gemäß den Vorschriften des Absatzes 2 der allgemeinen Entwicklung der wirtschaftlichen Verhältnisse angepaßt wird. Die Anpassung kann nicht verlangt werden, wenn und soweit bei der Festlegung der Höhe des Unterhalts eine Änderung der Geldrente ausgeschlossen worden oder ihre Anpassung an Veränderungen der wirtschaftlichen Verhältnisse auf andere Weise geregelt ist.

(2) Ist infolge erheblicher Änderungen der allgemeinen Verhältnisse eine Anpassung der Unterhaltsrenten erforderlich, so bestimmt die Bundesregierung nach Maßgabe der allgemeinen Entwicklung, insbesondere der Entwicklung der Verdienste und des Lebensbedarfs, durch Rechtsverordnung (Anpassungsverordnung) den Vomhundertsatz, um den Unterhaltsrenten zu erhöhen oder herabzusetzen sind. Die Verordnung bedarf der Zustimmung des Bundesrates. Die Anpassung kann nicht für einen früheren Zeitpunkt als den Beginn des vierten auf das Inkrafttreten der Anpassungsverordnung folgenden Kalendermonats verlangt werden. Sie wird mit der Erklärung wirksam; dies gilt nicht, wenn sich die Verpflichtung zur Unterhaltszahlung aus einem Schuldtitel ergibt, aus dem die Zwangsvollstreckung stattfindet.

(3) Der Unterhaltsbetrag, der sich bei der Anpassung ergibt, ist auf volle Deutsche Mark abzurunden, und zwar bei Beträgen unter fünfzig Pfennige nach unten, sonst nach oben.

(4) Von der in einer Anpassungsverordnung vorgesehenen Anpassung sind diejenigen Unterhaltsrenten ausgeschlossen, die in den letzten zwölf Monaten vor dem Wirksamwerden der Anpassung festgesetzt, bestätigt oder geändert worden sind.

(5) Das Recht des Berechtigten und des Verpflichteten, auf Grund allgemeiner Vorschriften eine Änderung des Unterhalts zu verlangen bleibt unberührt.

§ 1613 [Unterhalt für die Vergangenheit] (1) Für die Vergangenheit kann der Berechtigte Erfüllung oder Schadensersatz wegen Nichterfüllung nur von der Zeit an fordern, zu welcher der Verpflichtete in Verzug gekommen oder der Unterhaltsanspruch rechtshängig geworden ist.

[Sonderbedarf] (2) Wegen eines unregelmäßigen außergewöhnlich hohen Bedarfs (Sonderbedarf) kann der Berechtigte Erfüllung für die Vergangenheit ohne die Einschränkung des Absatzes 1 verlangen. Der Anspruch kann jedoch nach Ablauf eines Jahres seit seiner Entstehung nur geltend gemacht werden, wenn vorher der Verpflichtete in Verzug gekommen oder der Anspruch rechtshängig geworden ist.

§ 1614 [Verzicht] (1) Für die Zukunft kann auf den Unterhalt nicht verzichtet werden.

(2) Durch eine Vorausleistung wird der Verpflichtete bei erneuter Bedürftigkeit des Berechtigten nur für den in § 760 Abs. 2 bestimmten Zeitabschnitt oder, wenn er selbst den Zeitabschnitt zu bestimmen hatte, für einen den Umständen nach angemessenen Zeitabschnitt befreit.

§ 1615 [Erlöschen] (1) Der Unterhaltsanspruch erlischt mit dem Tode des Berechtigten oder des Verpflichteten, soweit er nicht auf Erfüllung oder Schadensersatz wegen Nichterfüllung für die Vergangenheit oder auf solche im voraus zu bewirkende Leistungen gerichtet ist, die zur Zeit des Todes des Berechtigten oder des Verpflichteten fällig sind.

(2) Im Falle des Todes des Berechtigten hat der Verpflichtete die Kosten der Beerdigung zu tragen, soweit ihre Bezahlung nicht von den Erben zu erlangen ist.

Vierter Titel. Rechtsverhältnis zwischen den Eltern und dem Kinde im allgemeinen

§ 1616 [Name des ehelichen Kindes]   Das eheliche Kind erhält den Ehenamen seiner Eltern.

§ 1617 [Name des nichtehelichen Kindes] (1) Das nichteheliche Kind erhält den Familiennamen, den die Mutter zur Zeit der Geburt des Kindes führt. Als Familienname gilt nicht der gemäß § 1355 Abs. 3 dem Ehenamen vorangestellte Name.

(2) Eine Änderung des Familiennamens der Mutter erstreckt sich auf den Geburtsnamen des Kindes, welches das fünfte Lebensjahr vollendet

hat, nur dann, wenn es sich der Namensänderung anschließt. Ein in der Geschäftsfähigkeit beschränktes Kind, welches das vierzehnte Lebensjahr vollendet hat, kann die Erklärung nur selbst abgeben; es bedarf hierzu der Zustimmung seines gesetzlichen Vertreters. Die Erklärung ist gegenüber dem Standesbeamten abzugeben; sie muß öffentlich beglaubigt werden.

(3) Eine Änderung des Familiennamens der Mutter infolge Eheschließung erstreckt sich nicht auf das Kind.

(4) Ist der frühere Geburtsname zum Ehenamen des Kindes geworden, so erstreckt sich die Namensänderung auf den Ehenamen nur dann, wenn die Ehegatten die Erklärung nach Absatz 2 Satz 1 und 3 gemeinsam abgeben. Für den Namen von Abkömmlingen des Kindes gelten Absatz 2 und Absatz 4 Satz 1 entsprechend.

§ 1618 [Namenserteilung] (1) Die Mutter und deren Ehemann können dem Kinde, das einen Namen nach § 1617 führt und eine Ehe noch nicht eingegangen ist, ihren Ehenamen, der Vater des Kindes seinen Familiennamen durch Erklärung gegenüber dem Standesbeamten erteilen. Als Familienname gilt nicht der gemäß § 1355 Abs. 3 dem Ehenamen vorangestellte Name. Die Erteilung des Namens bedarf der Einwilligung des Kindes und, wenn der Vater dem Kinde seinen Familiennamen erteilt, auch der Einwilligung der Mutter.

(2) Ein in der Geschäftsfähigkeit beschränktes Kind, welches das vierzehnte Lebensjahr vollendet hat, kann seine Einwilligung nur selbst erteilen. Es bedarf hierzu der Zustimmung seines gesetzlichen Vertreters.

(3) Die Erklärungen nach Absatz 1 und 2 müssen öffentlich beglaubigt werden.

(4) Ändert sich der Familienname des Vaters, so gilt § 1617 Abs. 2 bis 4 entsprechend.

§ 1619 [Dienstleistungspflicht hausangehöriger Kinder] Das Kind ist, solange es dem elterlichen Hausstand angehört und von den Eltern erzogen oder unterhalten wird, verpflichtet, in einer seinen Kräften und seiner Lebensstellung entsprechenden Weise den Eltern in ihrem Hauswesen und Geschäfte Dienste zu leisten.

§ 1620 [Aufwendungen] Macht ein dem elterlichen Hausstand angehörendes volljähriges Kind zur Bestreitung der Kosten des Haushalts aus seinem Vermögen eine Aufwendung oder überläßt es den Eltern zu diesem Zweck etwas aus seinem Vermögen, so ist im Zweifel anzunehmen, daß die Absicht fehlt, Ersatz zu verlangen.

§§ 1621 bis 1623 [aufgehoben]

§ 1624 [Ausstattung] (1) Was einem Kinde mit Rücksicht auf seine Verheiratung oder auf die Erlangung einer selbständigen Lebensstellung zur Begründung oder zur Erhaltung der Wirtschaft oder der Lebensstellung von dem Vater oder der Mutter zugewendet wird (Ausstattung), gilt, auch wenn eine Verpflichtung nicht besteht, nur insoweit als Schenkung, als die Ausstattung das den Umständen, insbesondere den Vermögensverhältnissen des Vaters oder der Mutter, entsprechende Maß übersteigt.

(2) Die Verpflichtung des Ausstattenden zur Gewährleistung wegen eines Mangels im Rechte oder wegen eines Fehlers der Sache bestimmt sich, auch soweit die Ausstattung nicht als Schenkung gilt, nach den für die Gewährleistungspflicht des Schenkers geltenden Vorschriften.

§ 1625 [Anrechnung der Ausstattung]   Gewährt der Vater einem Kinde, dessen Vermögen seiner elterlichen oder vormundschaftlichen Verwaltung unterliegt, eine Ausstattung, so ist im Zweifel anzunehmen, daß er sie aus diesem Vermögen gewährt. Diese Vorschrift findet auf die Mutter entsprechende Anwendung.

Fünfter Titel. Elterliche Gewalt über eheliche Kinder

§ 1626 [Elterliche Gewalt; Personensorge]   (1) Das Kind steht, solange es minderjährig ist, unter der elterlichen Gewalt des Vaters und der Mutter.

(2) Der Vater und die Mutter haben, soweit sich aus den folgenden Vorschriften nichts anderes ergibt, kraft der elterlichen Gewalt das Recht und die Pflicht, für die Person und das Vermögen des Kindes zu sorgen; die Sorge für die Person und das Vermögen umfaßt die Vertretung des Kindes.

§ 1627 [Einigungspflicht]   Die Eltern haben die elterliche Gewalt in eigener Verantwortung und in gegenseitigem Einvernehmen zum Wohle des Kindes auszuüben. Bei Meinungsverschiedenheiten müssen sie versuchen, sich zu einigen.

§ 1628   [nichtig]

§ 1629 [Gesetzliche Vertretung]   (1) [nichtig]

(2) Der Vater und die Mutter können das Kind insoweit nicht vertreten, als nach § 1795 ein Vormund von der Vertretung des Kindes ausgeschlossen ist. Leben die Eltern getrennt oder ist die Scheidung ihrer Ehe beantragt, so kann, wenn eine Regelung der Sorge für die Person des Kindes noch nicht getroffen ist, der Elternteil, in dessen Obhut sich das Kind befindet, Unterhaltsansprüche des Kindes gegen den anderen Elternteil geltend machen. Das Vormundschaftsgericht kann dem Vater und der Mutter nach § 1796 die Vertretung entziehen.

(3) Ist die Scheidung der Ehe der Eltern beantragt, so kann ein Elternteil, solange die Scheidungssache anhängig ist, Unterhaltsansprüche des Kindes gegen den anderen Elternteil nur im eigenen Namen geltend machen. Ein von einem Elternteil erwirktes Urteil und ein zwischen den Eltern geschlossener gerichtlicher Vergleich wirken auch für und gegen das Kind.

§ 1630 [Pfleger] (1) Das Recht und die Pflicht der Eltern, für die Person und das Vermögen des Kindes zu sorgen, erstreckt sich nicht auf Angelegenheiten des Kindes, für die ein Pfleger bestellt ist.

(2) Steht die Sorge für die Person oder die Sorge für das Vermögen des Kindes einem Pfleger zu, so entscheidet das Vormundschaftsgericht, falls sich die Eltern und der Pfleger in einer Angelegenheit nicht einigen können, die sowohl die Person als auch das Vermögen des Kindes betrifft.

§ 1631 [Personensorge] (1) Die Sorge für die Person des Kindes umfaßt das Recht und die Pflicht, das Kind zu erziehen, zu beaufsichtigen und seinen Aufenthalt zu bestimmen.

(2) Das Vormundschaftsgericht hat die Eltern auf Antrag bei der Erziehung des Kindes durch geeignete Maßregeln zu unterstützen.

§ 1632 [Herausgabe des Kindes] (1) Die Sorge für die Person des Kindes umfaßt das Recht, die Herausgabe des Kindes von jedem zu verlangen, der es den Eltern widerrechtlich vorenthält.

(2) Verlangt ein Elternteil die Herausgabe des Kindes von dem anderen Elternteil, so entscheidet das Familiengericht.

§ 1633 [Verheiratete Minderjährige] Die Sorge für die Person eines Minderjährigen, der verheiratet ist oder war, beschränkt sich auf die Vertretung in den persönlichen Angelegenheiten.

§ 1634 [Persönlicher Verkehr] (1) Ein Elternteil, dem die Sorge für die Person des Kindes nicht zusteht, behält die Befugnis, mit ihm persönlich zu verkehren.

(2) Das Familiengericht kann den Verkehr näher regeln. Es kann ihn für eine bestimmte Zeit oder dauernd ausschließen, wenn dies zum Wohle des Kindes erforderlich ist.

. . .

§ 1671 [Elterliche Gewalt bei Scheidung] (1) Wird die Ehe der Eltern geschieden, so bestimmt das Familiengericht, welchem Elternteil die elterliche Gewalt über ein gemeinschaftliches Kind zustehen soll.

(2) Von einem gemeinsamen Vorschlag der Eltern soll das Familiengericht nur abweichen, wenn dies zum Wohle des Kindes erforderlich ist.

(3) Haben die Eltern keinen Vorschlag gemacht oder billigt das Familiengericht ihren Vorschlag nicht, so trifft es die Regelung, die unter Berücksichtigung der gesamten Verhältnisse dem Wohle des Kindes am besten entspricht.

(4) Die elterliche Gewalt soll in der Regel einem Elternteil allein übertragen werden. Erfordert es das Wohl des Kindes, so kann einem Elternteil die Sorge für die Person, dem anderen die Sorge für das Vermögen des Kindes übertragen werden.

(5) Das Familiengericht kann die Sorge für die Person und das Vermögen des Kindes einem Vormund oder Pfleger übertragen, wenn dies

erforderlich ist, um eine Gefahr für das geistige oder leibliche Wohl oder für das Vermögen des Kindes abzuwenden.

(6) Die vorstehenden Vorschriften gelten entsprechend, wenn die Ehe der Eltern für nichtig erklärt oder aufgehoben worden ist. Haben die Eltern innerhalb von zwei Monaten nach Rechtskraft des Urteils, durch das die Ehe für nichtig erklärt oder aufgehoben worden ist, keinen Vorschlag gemacht, so trifft das Familiengericht die Regelung, die unter Berücksichtigung der gesamten Verhältnisse dem Wohle des Kindes am besten entspricht.

§ 1672 [Getrenntleben der Eltern]   Leben die Eltern nicht nur vorübergehend getrennt, so bestimmt das Familiengericht, welchem Elternteil die elterliche Gewalt über ein gemeinschaftliches Kind zustehen soll. Das Gericht entscheidet nur auf Antrag eines Elternteils. Die Vorschriften des § 1671 Abs. 2 bis 4 gelten entsprechend.

. . .

§ 1695 [Anhörung von Eltern und Kind]   (1) Das Vormundschaftsgericht und das Familiengericht haben vor einer Entscheidung, welche die Sorge für die Person oder das Vermögen des Kindes betrifft, die Eltern zu hören. Sie dürfen hiervon nur aus schwerwiegenden Gründen absehen.

(2) Die Gerichte können mit dem Kind persönlich Fühlung nehmen.

§ 1696 [Änderung der Anordnungen des Gerichts]   Das Vormundschaftsgericht und das Familiengericht können während der Dauer der elterlichen Gewalt ihre Anordnungen jederzeit ändern, wenn sie dies im Interesse des Kindes für angezeigt halten.

2. Ehegesetz
(Gesetz Nr. 16 des Kontrollrats)

Vom 20. Februar 1946 (Amtsblatt des Kontrollrats in Deutschland S. 77, 294), zuletzt geändert durch das Erste Gesetz zur Reform des Ehe- und Familienrechts (1. EheRG) vom 14. Juni 1976 (BGBl. I S. 1421)

Erster Abschnitt. Recht der Eheschließung

A. Ehefähigkeit

§ 1 Ehemündigkeit (1) Eine Ehe soll nicht vor Eintritt der Volljährigkeit eingegangen werden.

(2) Das Vormundschaftsgericht kann auf Antrag von dieser Vorschrift Befreiung erteilen, wenn der Antragsteller das 16. Lebensjahr vollendet hat und sein künftiger Ehegatte volljährig ist.

§ 2 Geschäftsunfähigkeit Wer geschäftsunfähig ist, kann eine Ehe nicht eingehen.

§ 3 Einwilligung des gesetzlichen Vertreters und der Sorgeberechtigten
(1) Wer minderjährig oder aus anderen Gründen in der Geschäftsfähigkeit beschränkt ist, bedarf zur Eingehung einer Ehe der Einwilligung seines gesetzlichen Vertreters.

(2) Steht dem gesetzlichen Vertreter eines Minderjährigen nicht gleichzeitig die Sorge für die Person des Minderjährigen zu oder ist neben ihm noch ein anderer sorgeberechtigt, so ist auch die Einwilligung des Sorgeberechtigten erforderlich.

(3) Verweigert der gesetzliche Vertreter oder der Sorgeberechtigte die Einwilligung ohne triftige Gründe, so kann der Vormundschaftsrichter sie auf Antrag des Verlobten, der der Einwilligung bedarf, ersetzen.

B. Eheverbote

§ 4 Verwandtschaft und Schwägerschaft (1) Eine Ehe darf nicht geschlossen werden zwischen Verwandten in gerader Linie, zwischen vollbürtigen und halbbürtigen Geschwistern sowie zwischen Verschwägerten in gerader Linie. Das gilt auch, wenn das Verwandtschaftsverhältnis durch Annahme als Kind erloschen ist.

(2) [unwirksam]

(3) Das Vormundschaftsgericht kann von dem Eheverbot wegen Schwä-

gerschaft Befreiung erteilen. Die Befreiung soll versagt werden, wenn wichtige Gründe der Eingehung der Ehe entgegenstehen.

§ 5 Doppelehe   Niemand darf eine Ehe eingehen, bevor seine frühere Ehe für nichtig erklärt oder aufgelöst worden ist.

§ 6 [unwirksam]

§ 7 Annahme als Kind   Eine Ehe soll nicht geschlossen werden zwischen Personen, deren Verwandtschaft oder Schwägerschaft im Sinne von § 4 Abs. 1 durch Annahme als Kind begründet worden ist. Das gilt nicht, wenn das Annahmeverhältnis aufgelöst worden ist.

(2) Das Vormundschaftsgericht kann von dem Eheverbot wegen Verwandtschaft in der Seitenlinie und wegen Schwägerschaft Befreiung erteilen. Die Befreiung soll versagt werden, wenn wichtige Gründe der Eingehung der Ehe entgegenstehen.

§ 8 Wartezeit   (1) Eine Frau soll nicht vor Ablauf von zehn Monaten nach der Auflösung oder Nichtigerklärung ihrer früheren Ehe eine neue Ehe eingehen, es sei denn, daß sie inzwischen geboren hat.

(2) Von dieser Vorschrift kann der Standesbeamte Befreiung erteilen.

§ 9 Auseinandersetzungszeugnis des Vormundschaftsrichters   Wer ein Kind hat, für dessen Vermögen er zu sorgen hat oder das unter seiner Vormundschaft steht, oder wer mit einem minderjährigen oder bevormundeten Abkömmling in fortgesetzter Gütergemeinschaft lebt, soll eine Ehe nicht eingehen, bevor er ein Zeugnis des Vormundschaftsgerichts darüber beigebracht hat, daß er dem Kind oder dem Abkömmling gegenüber die ihm aus Anlaß der Eheschließung obliegenden Pflichten erfüllt hat oder daß ihm solche Pflichten nicht obliegen.

§ 10 Ehefähigkeitszeugnis für Ausländer   (1) Ausländer sollen eine Ehe nicht eingehen, bevor sie ein Zeugnis der inneren Behörde ihres Heimatlandes darüber beigebracht haben, daß der Eheschließung ein in den Gesetzen des Heimatlandes begründetes Ehehindernis nicht entgegensteht.

(2) Von dieser Vorschrift kann der Präsident des Oberlandesgerichts, in dessen Bezirk die Ehe geschlossen werden soll, Befreiung erteilen. Die Befreiung soll nur Staatenlosen und Angehörigen solcher Staaten erteilt werden, deren innere Behörden keine Ehefähigkeitszeugnisse ausstellen. In besonderen Fällen darf sie auch Angehörigen anderer Staaten erteilt werden. Die Befreiung gilt nur für die Dauer von sechs Monaten.

C. Eheschließung

§ 11 [Mitwirkung des Standesbeamten][1]   (1) Eine Ehe kommt nur zustande, wenn die Eheschließung vor einem Standesbeamten stattgefunden hat.

---

1 Die in eckige Klammern [ ] gesetzten Paragraphenüberschriften und sonstigen Zusätze sind nicht Bestandteil des Gesetzes.

(2) Als Standesbeamter im Sinne des Absatzes 1 gilt auch, wer, ohne Standesbeamter zu sein, das Amt eines Standesbeamten öffentlich ausgeübt und die Ehe in das Familienbuch eingetragen hat.

§ 12 Aufgebot (1) Der Eheschließung soll ein Aufgebot vorhergehen. Das Aufgebot verliert seine Kraft, wenn die Ehe nicht binnen sechs Monaten nach Vollziehung des Aufgebots geschlossen wird.

(2) Die Ehe kann ohne Aufgebot geschlossen werden, wenn die lebensgefährliche Erkrankung eines der Verlobten den Aufschub der Eheschließung nicht gestattet.

(3) Von dem Aufgebot kann der Standesbeamte Befreiung erteilen.

§ 13 Form der Eheschließung (1) Die Ehe wird dadurch geschlossen, daß die Verlobten vor dem Standesbeamten persönlich und bei gleichzeitiger Anwesenheit erklären, die Ehe miteinander eingehen zu wollen.

(2) Die Erklärungen können nicht unter einer Bedingung oder einer Zeitbestimmung abgegeben werden.

§ 13a [Ehename] (1) Der Standesbeamte soll die Verlobten vor der Eheschließung befragen, ob sie eine Erklärung darüber abgeben wollen, welchen Ehenamen sie führen werden.

(2) Haben die Ehegatten die Ehe außerhalb des Geltungsbereichs dieses Gesetzes geschlossen, ohne eine Erklärung nach § 1355 Abs. 2 Satz 1 des Bürgerlichen Gesetzbuchs abgegeben zu haben, so können sie diese Erklärung nachholen. Die Erklärung ist abzugeben, wenn die Eintragung des Ehenamens in ein deutsches Personenstandsbuch erforderlich wird, spätestens jedoch vor Ablauf eines Jahres nach Rückkehr in den Geltungsbereich dieses Gesetzes.

(3) Ergibt sich aus einer Erklärung nach Absatz 2 eine Änderung gegenüber dem bisher von den Ehegatten geführten Namen, so erstreckt sich die Namensänderung auf den Geburtsnamen eines Abkömmlings, welcher das vierzehnte Lebensjahr vollendet hat, nur dann, wenn er sich der Namensänderung durch Erklärung anschließt. Ist der frühere Geburtsname zum Ehenamen eines Abkömmlings geworden, so erstreckt sich die Namensänderung auf den Ehenamen nur dann, wenn die Ehegatten die Erklärung nach Satz 1 gemeinsam abgeben. Die Erklärungen sind spätestens vor Ablauf eines Jahres nach Abgabe der Erklärung nach Absatz 2 abzugeben.

(4) Auf die Erklärungen ist § 1617 Abs. 2 Satz 2 und 3 des Bürgerlichen Gesetzbuchs entsprechend anzuwenden.

§ 14 Trauung (1) Der Standesbeamte soll bei der Eheschließung in Gegenwart von zwei Zeugen an die Verlobten einzeln und nacheinander die Frage richten, ob sie die Ehe miteinander eingehen wollen und, nachdem die Verlobten die Frage bejaht haben, im Namen des Rechts aussprechen, daß sie nunmehr rechtmäßig verbundene Eheleute seien.

(2) Der Standesbeamte soll die Eheschließung in das Familienbuch eintragen.

§ 15 Zuständigkeit des Standesbeamten   (1) Die Ehe soll vor dem zuständigen Standesbeamten geschlossen werden.

(2) Zuständig ist der Standesbeamte, in dessen Bezirk einer der Verlobten seinen Wohnsitz oder seinen gewöhnlichen Aufenthalt hat. Unter mehreren zuständigen Standesbeamten haben die Verlobten die Wahl.

(3) Hat keiner der Verlobten seinen Wohnsitz oder seinen gewöhnlichen Aufenthalt im Inland, so ist für die Eheschließung im Inland der Standesbeamte des Standesamts I in Berlin oder der Hauptstandesämter in München, Baden-Baden und Hamburg zuständig.

(4) Auf Grund einer schriftlichen Ermächtigung des zuständigen Standesbeamten kann die Ehe auch vor dem Standesbeamten eines anderen Bezirkes geschlossen werden.

§ 15a [Eheschließung zwischen Ausländern]   (1) Als Ausnahme von den Bestimmungen der §§ 11, 12, 13, 14, 15 und 17 dieses Gesetzes kann eine Ehe zwischen Verlobten, von denen keiner die deutsche Staatsangehörigkeit besitzt, vor einer von der Regierung des Landes, dessen Staatsangehörigkeit einer der Verlobten besitzt, ordnungsgemäß ermächtigten Person in der von den Gesetzen dieses Landes vorgeschriebenen Form geschlossen werden.

(2) Eine beglaubigte Abschrift der Eintragung der so geschlossenen Ehe in das Standesregister, das von der dazu ordnungsgemäß ermächtigten Person geführt wird, erbringt vollen Beweis der Eheschließung. Der deutsche Standesbeamte des Bezirkes, in dem die Eheschließung stattfand, hat auf Grund der Vorlage einer solchen beglaubigten Abschrift eine Eintragung in das Familienbuch zu machen und die Abschrift zu den Akten zu nehmen.

D. Nichtigkeit der Ehe

I. Nichtigkeitsgründe

§ 16   Eine Ehe ist nur in den Fällen nichtig, in denen dies in den §§ 17 bis 22 dieses Gesetzes bestimmt ist.

§ 17 Mangel der Form   (1) Eine Ehe ist nichtig, wenn die Eheschließung nicht in der durch § 13 vorgeschriebenen Form stattgefunden hat.

(2) Die Ehe ist jedoch als von Anfang an gültig anzusehen, wenn die Ehegatten nach der Eheschließung fünf Jahre oder, falls einer von ihnen vorher verstorben ist, bis zu dessen Tode, jedoch mindestens drei Jahre, als Ehegatten miteinander gelebt haben, es sei denn, daß bei Ablauf der fünf Jahre oder zur Zeit des Todes des einen Ehegatten die Nichtigkeitsklage erhoben ist.

§ 18 Mangel der Geschäfts- oder Urteilsfähigkeit   (1) Eine Ehe ist nichtig, wenn einer der Ehegatten zur Zeit der Eheschließung geschäftsunfähig war oder sich im Zustand der Bewußtlosigkeit oder vorübergehenden Störung der Geistestätigkeit befand.

(2) Die Ehe ist jedoch als von Anfang an gültig anzusehen, wenn der Ehegatte nach dem Wegfall der Geschäftsunfähigkeit, der Bewußtlosigkeit oder der Störung der Geistestätigkeit zu erkennen gibt, daß er die Ehe fortsetzen will.

§ 19 [unwirksam]

§ 20 Doppelehe Eine Ehe ist nichtig, wenn einer der Ehegatten zur Zeit der Eheschließung mit einem Dritten in gültiger Ehe lebt.

§ 21 Verwandtschaft und Schwägerschaft (1) Eine Ehe ist nichtig, wenn sie zwischen Verwandten oder Verschwägerten dem Verbote des § 4 zuwider geschlossen worden ist.

(2) Die Ehe zwischen Verschwägerten ist jedoch als von Anfang an gültig anzusehen, wenn die Befreiung nach Maßgabe der Vorschrift des § 4 Abs. 3 nachträglich bewilligt wird.

§ 22 [unwirksam]

II. Berufung auf die Nichtigkeit

§ 23 Niemand kann sich auf die Nichtigkeit einer Ehe berufen, solange nicht die Ehe durch gerichtliches Urteil für nichtig erklärt worden ist.

§ 24 Klagebefugnis (1) In den Fällen der Nichtigkeit kann der Staatsanwalt und jeder der Ehegatten, im Falle des § 20 auch der Ehegatte der früheren Ehe, die Nichtigkeitsklage erheben. Ist die Ehe aufgelöst, so kann nur der Staatsanwalt die Nichtigkeitsklage erheben.

(2) Sind beide Ehegatten verstorben, so kann eine Nichtigkeitsklage nicht mehr erhoben werden.

§ 25 [unwirksam]

§ 26 [Vermögensrechtliche Folgen der Nichtigkeit] (1) Die vermögensrechtlichen Folgen der Nichtigkeit einer Ehe bestimmen sich nach den Vorschriften über die Folgen der Scheidung.

(2) Hat ein Ehegatte die Nichtigkeit der Ehe bei der Eheschließung gekannt, so kann der andere Ehegatte binnen sechs Monaten, nachdem die Ehe rechtskräftig für nichtig erklärt ist, durch Erklärung gegenüber dem Ehegatten die für den Fall der Scheidung vorgesehenen vermögensrechtlichen Folgen für die Zukunft ausschließen. Gibt er eine solche Erklärung ab, ist insoweit die Vorschrift des Absatzes 1 nicht anzuwenden. Hat auch der andere Ehegatte die Nichtigkeit der Ehe bei der Eheschließung gekannt, so steht ihm das in Satz 1 vorgesehene Recht nicht zu.

(3) Im Falle des § 20 stehen dem Ehegatten, der die Nichtigkeit der Ehe bei der Eheschließung gekannt hat, Ansprüche auf Unterhalt und Versorgungsausgleich nicht zu, soweit diese Ansprüche entsprechende Ansprüche des Ehegatten der früheren Ehe beeinträchtigen würden.

§ 27 [unwirksam]

E. Aufhebung der Ehe

I. Allgemeine Vorschriften

§ 28 Die Aufhebung der Ehe kann nur in den Fällen der §§ 30 bis 34 und 39 dieses Gesetzes begehrt werden.

§ 29 Die Ehe wird durch gerichtliches Urteil aufgehoben. Sie ist mit der Rechtskraft des Urteils aufgelöst.

II. Aufhebungsgründe

§ 30 Mangel der Einwilligung des gesetzlichen Vertreters (1) Ein Ehegatte kann Aufhebung der Ehe begehren, wenn er zur Zeit der Eheschließung oder im Falle des § 18 Abs. 2 zur Zeit der Bestätigung in der Geschäftsfähigkeit beschränkt war und sein gesetzlicher Vertreter nicht die Einwilligung zur Eheschließung oder zur Bestätigung erteilt hatte. Solange der Ehegatte in der Geschäftsfähigkeit beschränkt ist, kann nur sein gesetzlicher Vertreter die Aufhebung der Ehe begehren.

(2) Die Aufhebung ist ausgeschlossen, wenn der gesetzliche Vertreter die Ehe genehmigt oder der Ehegatte, nachdem er unbeschränkt geschäftsfähig geworden ist, zu erkennen gegeben hat, daß er die Ehe fortsetzen will.

(3) Verweigert der gesetzliche Vertreter die Genehmigung ohne triftige Gründe, so kann der Vormundschaftsrichter sie auf Antrag eines Ehegatten ersetzen.

§ 31 Irrtum über die Eheschließung oder über die Person des anderen Ehegatten (1) Ein Ehegatte kann Aufhebung der Ehe begehren, wenn er bei der Eheschließung nicht gewußt hat, daß es sich um eine Eheschließung handelt, oder wenn er dies zwar gewußt hat, aber eine Erklärung, die Ehe eingehen zu wollen, nicht hat abgeben wollen. Das gleiche gilt, wenn der Ehegatte sich in der Person des anderen Ehegatten geirrt hat.

(2) Die Aufhebung ist ausgeschlossen, wenn der Ehegatte nach Entdeckung des Irrtums zu erkennen gegeben hat, daß er die Ehe fortsetzen will.

§ 32 Irrtum über die persönlichen Eigenschaften des anderen Ehegatten (1) Ein Ehegatte kann Aufhebung der Ehe begehren, wenn er sich bei der Eheschließung über solche persönlichen Eigenschaften des anderen Ehegatten geirrt hat, die ihn bei Kenntnis der Sachlage und bei verständiger Würdigung des Wesens der Ehe von der Eingehung der Ehe abgehalten haben würden.

(2) Die Aufhebung ist ausgeschlossen, wenn der Ehegatte nach Entdeckung des Irrtums zu erkennen gegeben hat, daß er die Ehe fortsetzen will, oder wenn sein Verlangen nach Aufhebung der Ehe mit Rücksicht auf die bisherige Gestaltung des ehelichen Lebens der Ehegatten als sittlich nicht gerechtfertigt erscheint.

§ 33 Arglistige Täuschung (1) Ein Ehegatte kann Aufhebung der Ehe begehren, wenn er zur Eingehung der Ehe durch arglistige Täuschung über solche Umstände bestimmt worden ist, die ihn bei Kenntnis der Sachlage und bei richtiger Würdigung des Wesens der Ehe von der Eingehung der Ehe abgehalten hätten.

(2) Die Aufhebung ist ausgeschlossen, wenn die Täuschung von einem Dritten ohne Wissen des anderen Ehegatten verübt worden ist, oder wenn der Ehegatte nach Entdeckung der Täuschung zu erkennen gegeben hat, daß er die Ehe fortsetzen will.

(3) Auf Grund einer Täuschung über Vermögensverhältnisse kann die Aufhebung der Ehe nicht begehrt werden.

§ 34 Drohung (1) Ein Ehegatte kann Aufhebung der Ehe begehren, wenn er zur Eingehung der Ehe widerrechtlich durch Drohung bestimmt worden ist.

(2) Die Aufhebung ist ausgeschlossen, wenn der Ehegatte nach Aufhören der durch die Drohung begründeten Zwangslage zu erkennen gegeben hat, daß er die Ehe fortsetzen will.

III. Erhebung der Aufhebungsklage

§ 35 Klagefrist (1) Die Aufhebungsklage kann nur binnen eines Jahres erhoben werden.

(2) Die Frist beginnt in den Fällen des § 30 mit dem Zeitpunkt, in welchem die Eingehung oder die Bestätigung der Ehe dem gesetzlichen Vertreter bekannt wird oder der Ehegatte die unbeschränkte Geschäftsfähigkeit erlangt; in den Fällen der §§ 31 bis 33 mit dem Zeitpunkt, in welchem der Ehegatte den Irrtum oder die Täuschung entdeckt; in dem Falle des § 34 mit dem Zeitpunkt, in welchem die Zwangslage aufhört.

(3) Der Lauf der Frist ist gehemmt, solange der klageberechtigte Ehegatte innerhalb der letzten sechs Monate der Klagefrist durch einen unabwendbaren Zufall an der Erhebung der Aufhebungsklage gehindert ist.

(4) Hat ein klageberechtigter Ehegatte, der geschäftsunfähig ist, keinen gesetzlichen Vertreter, so endet die Klagefrist nicht vor dem Ablauf von sechs Monaten nach dem Zeitpunkt, von dem an der Ehegatte die Aufhebungsklage selbständig erheben kann oder in dem der Mangel der Vertretung aufhört.

§ 36 Versäumung der Klagefrist durch den gesetzlichen Vertreter Hat der gesetzliche Vertreter eines geschäftsunfähigen Ehegatten die Aufhebungsklage nicht rechtzeitig erhoben, so kann der Ehegatte selbst innerhalb von sechs Monaten seit dem Wegfall der Geschäftsunfähigkeit die Aufhebungsklage erheben.

IV. Folgen der Aufhebung

§ 37 (1) Die Folgen der Aufhebung einer Ehe bestimmen sich nach den Vorschriften über die Folgen der Scheidung.

(2) Hat ein Ehegatte in den Fällen der §§ 30 bis 32 die Aufhebbarkeit der Ehe bei der Eheschließung gekannt oder ist in den Fällen der §§ 33 und 34 die Täuschung oder Drohung von ihm oder mit seinem Wissen verübt worden, so kann der andere Ehegatte ihm binnen sechs Monaten

nach der Rechtskraft des Aufhebungsurteils erklären, daß die für den Fall der Scheidung vorgesehenen vermögensrechtlichen Folgen für die Zukunft ausgeschlossen sein sollen. Gibt er eine solche Erklärung ab, findet insoweit die Vorschrift des Absatzes 1 keine Anwendung. Hat im Falle des § 30 auch der andere Ehegatte die Aufhebbarkeit der Ehe bei der Eheschließung gekannt, so steht ihm das in Satz 1 vorgesehene Recht nicht zu.

F. Wiederverheiratung im Falle der Todeserklärung

§ 38 (1) Geht ein Ehegatte, nachdem der andere Ehegatte für tot erklärt worden ist, eine neue Ehe ein, so ist die neue Ehe nicht deshalb nichtig, weil der für tot erklärte Ehegatte noch lebt, es sei denn, daß beide Ehegatten bei der Eheschließung wissen, daß er die Todeserklärung überlebt hat.

(2) Mit der Schließung der neuen Ehe wird die frühere Ehe aufgelöst. Sie bleibt auch dann aufgelöst, wenn die Todeserklärung aufgehoben wird.

§ 39 (1) Lebt der für tot erklärte Ehegatte noch, so kann sein früherer Ehegatte die Aufhebung der neuen Ehe begehren, es sei denn, daß er bei der Eheschließung wußte, daß der für tot erklärte Ehegatte die Todeserklärung überlebt hat.

(2) Macht der frühere Ehegatte von dem ihm nach Absatz 1 zustehenden Recht Gebrauch und wird die neue Ehe aufgehoben, so kann er zu Lebzeiten seines Ehegatten aus der früheren Ehe eine neue Ehe nur mit diesem eingehen. Im übrigen bestimmen sich die Folgen der Aufhebung nach § 37 Abs. 1. Hat der beklagte Ehegatte bei der Eheschließung gewußt, daß der für tot erklärte Ehegatte die Todeserklärung überlebt hat, so findet § 37 Abs. 2 Satz 1, 2 entsprechende Anwendung.

3. Verordnung über die Behandlung der Ehewohnung und des Hausrats (6. Durchführungsverordnung zum Ehegesetz)

Vom 21. Oktober 1944 (RGBl. S. 256),
zuletzt geändert durch das Erste Gesetz
zur Reform des Ehe- und Familienrechts (1. EheRG)
vom 14. Juni 1976 (BGBl. I S. 1421)

(Auszug)

Erster Abschnitt. Allgemeine Vorschriften

§ 1 Aufgabe des Richters (1) Können sich die Ehegatten anläßlich der Scheidung nicht darüber einigen, wer von ihnen die Ehewohnung künftig bewohnen und wer die Wohnungseinrichtung und den sonstigen Hausrat erhalten soll, so regelt auf Antrag der Richter die Rechtsverhältnisse an der Wohnung und am Hausrat.

(2) Die in Absatz 1 genannten Streitigkeiten werden nach den Vorschriften dieser Verordnung und den Vorschriften des Zweiten und Dritten Titels des Ersten Abschnitts im Sechsten Buch der Zivilprozeßordnung behandelt und entschieden.

§ 2 Grundsätze für die rechtsgestaltende Entscheidung Soweit der Richter nach dieser Verordnung Rechtsverhältnisse zu gestalten hat, entscheidet er nach billigem Ermessen. Dabei hat er alle Umstände des Einzelfalls, insbesondere das Wohl der Kinder und die Erfordernisse des Gemeinschaftslebens zu berücksichtigen.

Zweiter Abschnitt. Besondere Vorschriften für die Wohnung

§ 3 Wohnung im eigenen Hause eines Ehegatten (1) Ist einer der Ehegatten allein oder gemeinsam mit einem Dritten Eigentümer des Hauses, in dem sich die Ehewohnung befindet, so soll der Richter die Wohnung dem anderen Ehegatten nur zuweisen, wenn dies notwendig ist, um eine unbillige Härte zu vermeiden.

(2) Das gleiche gilt, wenn einem Ehegatten allein oder gemeinsam mit einem Dritten der Nießbrauch, daß Erbbaurecht oder ein dingliches Wohnrecht an dem Grundstück zusteht, auf dem sich die Ehewohnung befindet.

§ 4 Dienst- und Werkwohnung Eine Wohnung, die die Ehegatten auf Grund eines Dienst- oder Arbeitsverhältnisses innehaben, das zwischen einem von ihnen und einem Dritten besteht, soll der Richter dem anderen Ehegatten nur zuweisen, wenn der Dritte einverstanden ist.

§ 5 Gestaltung der Rechtsverhältnisse (1) Für eine Mietwohnung kann der Richter bestimmen, daß ein von beiden Ehegatten eingegangenes Mietverhältnis von einem Ehegatten allein fortgesetzt wird oder daß ein Ehegatte an Stelle des anderen in ein von diesem eingegangenes Mietverhältnis eintritt. Der Richter kann den Ehegatten gegenüber Anordnungen treffen, die geeignet sind, die aus dem Mietverhältnis herrührenden Ansprüche des Vermieters zu sichern.

(2) Besteht kein Mietverhältnis an der Ehewohnung, so kann der Richter zugunsten eines Ehegatten ein Mietverhältnis an der Wohnung begründen. Hierbei setzt der Richter den Mietzins fest. Ist dieser neu zu bilden, so soll der Richter vorher die Preisbehörde hören.

§ 6 Teilung der Wohnung (1) Ist eine Teilung der Wohnung möglich und zweckmäßig, so kann der Richter auch anordnen, daß die Wohnung zwischen den Ehegatten geteilt wird. Dabei kann er bestimmen, wer die Kosten zu tragen hat, die durch die Teilung und ihre etwaige spätere Wiederbeseitigung entstehen.

(2) Für die Teilwohnungen kann der Richter neue Mietverhältnisse begründen, die, wenn ein Mietverhältnis schon bestand, an dessen Stelle treten. § 5 Abs. 2 Sätze 2 und 3 gelten sinngemäß.

§ 7 Beteiligte Außer den Ehegatten sind im gerichtlichen Verfahren auch der Vermieter der Ehewohnung, der Grundstückseigentümer, der Dienstherr (§ 4) und Personen, mit denen die Ehegatten oder einer von ihnen hinsichtlich der Wohnung in Rechtsgemeinschaft stehen, Beteiligte.

Dritter Abschnitt. Besondere Vorschriften für den Hausrat

§ 8 Gemeinsames Eigentum beider Ehegatten (1) Hausrat, der beiden Ehegatten gemeinsam gehört, verteilt der Richter gerecht und zweckmäßig.

(2) Hausrat, der während der Ehe für den gemeinsamen Haushalt angeschafft ist, gilt für die Verteilung (Absatz 1) auch dann, wenn er nicht zum Gesamtgut einer Gütergemeinschaft gehört, als gemeinsames Eigentum, es sei denn, daß das Alleineigentum eines Ehegatten feststeht.

(3) Die Gegenstände gehen in das Alleineigentum des Ehegatten über, dem sie der Richter zuteilt. Der Richter soll diesem Ehegatten zugunsten des anderen eine Ausgleichszahlung auferlegen, wenn dies der Billigkeit entspricht.

§ 9 Alleineigentum eines Ehegatten (1) Notwendige Gegenstände, die im Alleineigentum eines Ehegatten stehen, kann der Richter dem anderen Ehegatten zuweisen, wenn dieser auf ihre Weiterbenutzung angewiesen ist und es dem Eigentümer zugemutet werden kann, sie dem anderen zu überlassen.

(2) Im Falle des Absatzes 1 kann der Richter ein Mietverhältnis zwi-

schen dem Eigentümer und dem anderen Ehegatten begründen und den
Mietzins festsetzen. Soweit im Einzelfall eine endgültige Auseinandersetzung über den Hausrat notwendig ist, kann er statt dessen das Eigentum
an den Gegenständen auf den anderen Ehegatten übertragen und dafür
ein angemessenes Entgelt festsetzen.

§ 10 Gläubigerrechte   (1) Haftet ein Ehegatte allein oder haften beide
Ehegatten als Gesamtschuldner für Schulden, die mit dem Hausrat zusammenhängen, so kann der Richter bestimmen, welcher Ehegatte im Innenverhältnis zur Bezahlung der Schuld verpflichtet ist.

(2) Gegenstände, die einem der Ehegatten unter Eigentumsvorbehalt
geliefert sind, soll der Richter dem anderen nur zuteilen, wenn der Gläubiger einverstanden ist.

4. Zivilprozeßordnung

Vom 30. Januar 1877 (RGBl. S. 83)
in der Fassung der Bekanntmachung vom 12. September 1950
(BGBl. S. 533)
Zuletzt geändert durch das Erste Gesetz
zur Reform des Ehe- und Familienrechts (1. EheRG)
vom 14. Juni 1976 (BGBl. I S. 1421)

(Auszug)

Erstes Buch. Allgemeine Vorschriften

Zweiter Abschnitt. Parteien

Vierter Titel. Prozeßbevollmächtigte und Beistände

§ 78 [Anwaltsprozeß] (1) Vor den Landgerichten und vor allen Gerichten des Höheren Rechtszuges müssen die Parteien sich durch einen bei dem Prozeßgericht zugelassenen Rechtsanwalt als Bevollmächtigten vertreten lassen (Anwaltsprozeß). Das gleiche gilt vor den Familiengerichten
1. für Ehesachen,
2. für Folgesachen von Scheidungssachen,
3. für solche Familiensachen des § 621 Abs. 1 Nr. 8, die nicht als Folgesachen von Scheidungssachen anhängig sind, wenn in diesen der Gegenstand an Geld oder Geldeswert die Summe von dreitausend Deutsche Mark übersteigt;
die Parteien können sich im ersten Rechtszug auch durch einen beim übergeordneten Landgericht zugelassenen Rechtsanwalt vertreten lassen.

(2) Diese Vorschrift ist auf das Verfahren vor einem beauftragten oder ersuchten Richter sowie auf Prozeßhandlungen, die von dem Urkundsbeamten der Geschäftsstelle vorgenommen werden können, nicht anzuwenden.

(3) Ein Rechtsanwalt, der nach Maßgabe des Absatzes 1 zur Vertretung berechtigt ist, kann sich selbst vertreten.

§ 78a [Vertretung durch einen Anwalt][1] (1) In Familiensachen des § 621 Abs. 1 Nr. 8, die nicht als Folgesachen von Scheidungssachen anhängig gemacht werden, geht das Gericht für den Anwaltsprozeß von den

---

1 Die in eckige Klammern [ ] gesetzten Paragraphenüberschriften sind nicht Bestandteil des Gesetzes.

Streitwertangaben in der Klageschrift aus, soweit es nicht anderweitig entscheidet.

(2) Reicht eine Partei im Anwaltsprozeß die Klage ein, ohne ordnungsgemäß vertreten zu sein, so lehnt das Gericht die Terminsbestimmung und die Zustellung der Klage ab.

(3) Ist die Terminsbestimmung nicht abzulehnen, so kann das Gericht bis zum Beginn der mündlichen Verhandlung in der Hauptsache eine von den Angaben in der Klageschrift abweichende Entscheidung zum Anwaltsprozeß treffen. Auf Antrag des Beklagten hat das Gericht hierüber zu entscheiden. Der Antrag kann nur binnen zwei Wochen nach dem Hinweis gemäß § 621b Abs. 2 gestellt werden; er kann vor der Geschäftsstelle zu Protokoll erklärt werden.

(4) Der Beschluß nach Absatz 3 kann ohne mündliche Verhandlung ergehen. Er ist unanfechtbar und kann durch das Gericht nicht geändert werden. Rechtshandlungen, welche die nicht vertretene Partei vorher vorgenommen hat, bleiben wirksam.

(5) Stellt das Gericht durch Beschluß in der mündlichen Verhandlung fest, daß im Anwaltsprozeß zu verhandeln ist, so hat es zugleich einen neuen Termin zur mündlichen Verhandlung zu bestimmen, wenn eine der Parteien nicht durch einen Rechtsanwalt vertreten, aber in der Verhandlung anwesend oder durch einen anderen Bevollmächtigten vertreten ist.

(6) Erhöht sich der Wert des Streitgegenstandes infolge einer Änderung oder Erweiterung des Klageantrages auf mehr als dreitausend Deutsche Mark, so gelten die Absätze 3 bis 5 entsprechend. Vermindert sich der Wert des Streitgegenstandes auf einen Betrag von dreitausend Deutsche Mark oder weniger, so wird das Gebot, sich durch Rechtsanwälte vertreten zu lassen, nicht berührt.

(7) Für das Verfahren, das sich an ein Mahnverfahren nach Erhebung des Widerspruchs oder Einlegung des Einspruchs anschließt, gelten die Absätze 1 bis 5 entsprechend.

Fünfter Titel. Prozeßkosten

§ 93a [Scheidungskosten] (1) Wird auf Scheidung einer Ehe erkannt, so sind die Kosten der Scheidungssache und der Folgesachen, über die gleichzeitig entschieden wird oder über die nach § 627 Abs. 1 vorweg entschieden worden ist, gegeneinander aufzuheben; die Kosten einer Folgesache sind auch dann gegeneinander aufzuheben, wenn über die Folgesache infolge einer Abtrennung nach § 628 Abs. 1 Satz 1 gesondert zu entscheiden ist. Das Gericht kann die Kosten nach billigem Ermessen anderweitig verteilen, wenn eine Kostenverteilung nach Satz 1 einen der Ehegatten in seiner Lebensführung unverhältnismäßig beeinträchtigen würde oder wenn eine solche Kostenverteilung im Hinblick darauf als unbillig erscheint, daß ein Ehegatte in Folgesachen der in § 621 Abs. 1 Nr. 4, 5, 8 bezeichneten Art ganz oder teilweise unterlegen ist. Haben die Parteien eine Vereinbarung über die Kosten getroffen, so kann das Gericht sie ganz oder teilweise der Entscheidung zugrunde legen.

(2) Wird ein Scheidungsantrag abgewiesen, so hat der Antragsteller auch die Kosten der Folgesachen zu tragen, die infolge der Abweisung gegenstandslos werden; dies gilt auch für die Kosten einer Folgesache, über die infolge einer Abtrennung nach § 623 Abs. 1 Satz 2 oder nach § 628 Abs. 1 Satz 1 gesondert zu entscheiden ist. Das Gericht kann die Kosten anderweitig verteilen, wenn eine Kostenverteilung nach Satz 1 im Hinblick auf den bisherigen Sach- und Streitstand in Folgesachen der in § 621 Abs. 1 Nr. 4, 5, 8 bezeichneten Art als unbillig erscheint.

(3) Wird eine Ehe aufgehoben oder für nichtig erklärt, so sind die Kosten des Rechtsstreits gegeneinander aufzuheben. Das Gericht kann die Kosten nach billigem Ermessen anderweitig verteilen, wenn eine Kostenverteilung nach Satz 1 einen der Ehegatten in seiner Lebensführung unverhältnismäßig beeinträchtigen würde oder wenn eine solche Kostenverteilung im Hinblick darauf als unbillig erscheint, daß bei der Eheschließung ein Ehegatte allein in den Fällen der §§ 30 bis 32 des Ehegesetzes die Aufhebbarkeit oder die Nichtigkeit der Ehe gekannt hat oder ein Ehegatte durch arglistige Täuschung oder widerrechtliche Drohung seitens des anderen Ehegatten oder mit dessen Wissen zur Eingehung der Ehe bestimmt worden ist.

(4) Wird eine Ehe auf Klage des Staatsanwalts oder im Falle des § 20 des Ehegesetzes auf Klage des früheren Ehegatten für nichtig erklärt, so ist Absatz 3 nicht anzuwenden.

Siebenter Titel. Armenrecht und Prozeßkostenvorschuß

§ 127a [Prozeßkostenvorschuß]　(1) In einer Unterhaltssache kann das Prozeßgericht auf Antrag einer Partei durch einstweilige Anordnung die Verpflichtung zur Leistung eines Prozeßkostenvorschusses für diesen Rechtsstreit unter den Parteien regeln.

(2) Die Entscheidung nach Absatz 1 ist unanfechtbar. Im übrigen gelten die §§ 620a bis 620g entsprechend.

Sechstes Buch. Familiensachen. Kindschaftssachen. Unterhaltssachen nichtehelicher Kinder. Entmündigungssachen

Erster Abschnitt. Verfahren in Familiensachen

Erster Titel. Allgemeine Vorschriften für Ehesachen

§ 606 [Zuständigkeit des Familiengerichts] (1) Für Verfahren auf Scheidung, Aufhebung oder Nichtigerklärung einer Ehe, auf Feststellung des Bestehens oder Nichtbestehens einer Ehe zwischen den Parteien oder auf Herstellung des ehelichen Lebens (Ehesachen) ist das Familiengericht ausschließlich zuständig, in dessen Bezirk die Ehegatten ihren gemeinsamen gewöhnlichen Aufenthalt haben. Fehlt es bei Eintritt der Rechtshängigkeit an einem solchen Aufenthalt im Inland, so ist das Familiengericht ausschließlich zuständig, in dessen Bezirk einer der Ehegatten mit den gemeinsamen minderjährigen Kindern den gewöhnlichen Aufenthalt hat.

(2) Ist eine Zuständigkeit nach Absatz 1 nicht gegeben, so ist das Familiengericht ausschließlich zuständig, in dessen Bezirk die Ehegatten ihren gemeinsamen gewöhnlichen Aufenthalt zuletzt gehabt haben, wenn einer der Ehegatten bei Eintritt der Rechtshängigkeit im Bezirk dieses Gerichts seinen gewöhnlichen Aufenthalt hat. Fehlt ein solcher Gerichtsstand, so ist das Familiengericht ausschließlich zuständig, in dessen Bezirk der gewöhnliche Aufenthaltsort des Beklagten oder, falls ein solcher im Inland fehlt, der gewöhnliche Aufenthaltsort des Klägers gelegen ist. Haben beide Ehegatten das Verfahren rechtshängig gemacht, so ist von den Gerichten, die nach Satz 2 zuständig wären, das Gericht ausschließlich zuständig, bei dem das Verfahren zuerst rechtshängig geworden ist; dies gilt auch, wenn die Verfahren nicht miteinander verbunden werden können. Sind die Verfahren am selben Tage rechtshängig geworden, so ist § 36 entsprechend anzuwenden.

(3) Ist die Zuständigkeit eines Gerichts nach diesen Vorschriften nicht begründet, so ist das Familiengericht beim Amtsgericht Schöneberg in Berlin ausschließlich zuständig.

§ 606a [Anerkennung ausländischer Entscheidungen] Die Vorschriften des § 606 stehen der Anerkennung einer von einer ausländischen Behörde getroffenen Entscheidung nicht entgegen,

1. wenn der Beklagte eine fremde Staatsangehörigkeit besitzt,
2. wenn der Beklagte seinen gewöhnlichen Aufenthalt im Ausland hat oder wenn die Ehegatten ihren gemeinsamen gewöhnlichen Aufenthalt zuletzt im Ausland gehabt haben oder
3. wenn der Beklagte die Anerkennung der Entscheidung beantragt.

§ 606b [Zuständigkeit für Ausländer] Besitzt keiner der Ehegatten die deutsche Staatsangehörigkeit, so kann von einem deutschen Gericht in der Sache nur entschieden werden,

1. wenn der gewöhnliche Aufenthaltsort des Mannes oder der Frau im Inland gelegen ist und nach dem Heimatrecht des Mannes die von dem deutschen Gericht zu fällende Entscheidung anerkannt werden wird oder auch nur einer der Ehegatten staatenlos ist;

2. wenn die Frau zur Zeit der Eheschließung deutsche Staatsangehörige war und sie auf Aufhebung oder Nichtigerklärung der Ehe oder auf Feststellung des Bestehens oder Nichtbestehens der Ehe oder der Staatsanwalt auf Nichtigerklärung der Ehe klagt.

§ 607 [Prozeßfähigkeit]   (1) In Ehesachen ist ein in der Geschäftsfähigkeit beschränkter Ehegatte prozeßfähig; dies gilt jedoch insoweit nicht, als nach § 30 des Ehegesetzes nur sein gesetzlicher Vertreter die Aufhebung der Ehe begehren kann.

(2) Für einen geschäftsunfähigen Ehegatten wird das Verfahren durch den gesetzlichen Vertreter geführt. Der gesetzliche Vertreter ist jedoch zur Erhebung der Klage auf Herstellung des ehelichen Lebens nicht befugt; für den Scheidungsantrag oder die Aufhebungsklage bedarf er der Genehmigung des Vormundschaftsgerichts.

§ 608   Für Ehesachen gelten im ersten Rechtszug die Vorschriften über das Verfahren vor den Landgerichten entsprechend.

§ 609 [Vollmacht]   Der Bevollmächtigte bedarf einer besonderen, auf das Verfahren gerichteten Vollmacht.

§ 610 [Verbindung von Verfahren]   (1) Die Verfahren auf Herstellung des ehelichen Lebens, auf Scheidung und auf Aufhebung können miteinander verbunden werden.

(2) Die Verbindung eines anderen Verfahrens mit den erwähnten Verfahren, insbesondere durch die Erhebung einer Widerklage anderer Art, ist unstatthaft. § 623 bleibt unberührt.

§ 611   Bis zum Schluß der mündlichen Verhandlung, auf die das Urteil ergeht, können andere Gründe, als in dem das Verfahren einleitenden Schriftsatz vorgebracht worden sind, geltend gemacht werden.

§ 612 [Ladung; Versäumnisurteil]   (1) Die Vorschrift des § 261 ist nicht anzuwenden.

(2) Der Beklagte ist zu jedem Termin, der nicht in seiner Gegenwart anberaumt wurde, zu laden.

(3) Die Vorschrift des Absatzes 2 ist nicht anzuwenden, wenn der Beklagte durch öffentliche Zustellung geladen, aber nicht erschienen ist.

(4) Ein Versäumnisurteil gegen den Beklagten ist unzulässig.

(5) Die Vorschriften der Absätze 2 bis 4 sind auf den Widerbeklagten entsprechend anzuwenden.

§ 613 [Persönliches Erscheinen]   (1) Das Gericht soll das persönliche Erscheinen der Ehegatten anordnen und sie anhören; es kann sie als Parteien vernehmen. Ist ein Ehegatte am Erscheinen vor dem Prozeßgericht verhindert oder hält er sich in so großer Entfernung von dessen Sitz auf, daß ihm das Erscheinen nicht zugemutet werden kann, so kann er durch einen ersuchten Richter angehört oder vernommen werden.

(2) Gegen einen zur Anhörung oder zur Vernehmung nicht erschienenen Ehegatten ist wie gegen einen im Vernehmungstermin nicht erschienenen Zeugen zu verfahren; auf Ordnungshaft darf nicht erkannt werden.

§ 614 [Aussetzung des Verfahrens] (1) Das Gericht soll das Verfahren auf Herstellung des ehelichen Lebens von Amts wegen aussetzen, wenn es zur gütlichen Beilegung des Verfahrens zweckmäßig ist.

(2) Das Verfahren auf Scheidung soll das Gericht von Amts wegen aussetzen, wenn nach seiner freien Überzeugung Aussicht auf Fortsetzung der Ehe besteht. Leben die Ehegatten länger als ein Jahr getrennt, so darf das Verfahren nicht gegen den Widerspruch beider Ehegatten ausgesetzt werden.

(3) Hat der Kläger die Aussetzung des Verfahrens beantragt, so darf das Gericht über die Herstellungsklage nicht entscheiden oder auf Scheidung nicht erkennen, bevor das Verfahren ausgesetzt war.

(4) Die Aussetzung darf nur einmal wiederholt werden. Sie darf insgesamt die Dauer von einem Jahr, bei einer mehr als dreijährigen Trennung die Dauer von sechs Monaten nicht überschreiten.

(5) Mit der Aussetzung soll das Gericht in der Regel den Ehegatten nahelegen, eine Eheberatungsstelle in Anspruch zu nehmen.

§ 615 [Prozeßverschleppung] (1) Angriffs- oder Verteidigungsmittel, die nicht rechtzeitig vorgebracht werden und deren Zulassung die Erledigung des Rechtsstreits verzögern würde, können zurückgewiesen werden, wenn nach der freien Überzeugung des Gerichts der Ehegatte in der Absicht, den Prozeß zu verschleppen, oder aus grober Nachlässigkeit das Angriffs- oder Verteidigungsmittel nicht früher vorgebracht hat.

(2) § 529 Abs. 2, 3 ist nicht anzuwenden.

§ 616 [Ermittlungen von Amts wegen] (1) Das Gericht kann auch von Amts wegen die Aufnahme von Beweisen anordnen und nach Anhörung der Ehegatten auch solche Tatsachen berücksichtigen, die von ihnen nicht vorgebracht sind.

(2) Im Verfahren auf Scheidung oder Aufhebung der Ehe oder auf Herstellung des ehelichen Lebens kann das Gericht gegen den Widerspruch des die Auflösung der Ehe begehrenden oder ihre Herstellung verweigernden Ehegatten Tatsachen, die nicht vorgebracht sind, nur insoweit berücksichtigen, als sie geeignet sind, der Aufrechterhaltung der Ehe zu dienen.

(3) Im Verfahren auf Scheidung kann das Gericht außergewöhnliche Umstände nach § 1568 des Bürgerlichen Gesetzbuchs nur berücksichtigen, wenn sie von dem Ehegatten, der die Scheidung ablehnt, vorgebracht sind.

§ 617 [Einschränkung der Parteiherrschaft] Die Vorschriften über die Wirkung eines Anerkenntnisses, über die Folgen der unterbliebenen oder

verweigerten Erklärung über Tatsachen oder über die Echtheit von Ur-
kunden, die Vorschriften über den Verzicht der Partei auf die Beeidigung
der Gegenpartei oder von Zeugen und Sachverständigen und die Vorschriften über die Wirkung eines gerichtlichen Geständnisses sind nicht
anzuwenden.

§ 618 [Zustellung der Urteile] Urteile in Ehesachen sind von Amts
wegen zuzustellen.

§ 619 [Tod einer Partei] Stirbt einer der Ehegatten, bevor das Urteil
rechtskräftig ist, so ist das Verfahren in der Hauptsache als erledigt anzusehen.

§ 620 [Einstweilige Anordnung] Das Gericht kann im Wege der einstweiligen Anordnung auf Antrag regeln:
1. die elterliche Gewalt über ein gemeinschaftliches Kind;
2. den persönlichen Verkehr des nicht sorgeberechtigten Elternteils mit
   dem Kinde;
3. die Herausgabe des Kindes an den anderen Elternteil;
4. die Unterhaltspflicht gegenüber einem Kinde im Verhältnis der Ehegatten zueinander;
5. das Getrenntleben der Ehegatten;
6. den Unterhalt eines Ehegatten;
7. die Benutzung der Ehewohnung und des Hausrats;
8. die Herausgabe oder Benutzung der zum persönlichen Gebrauch eines
   Ehegatten oder eines Kindes bestimmten Sachen;
9. die Verpflichtung zur Leistung eines Prozeßkostenvorschusses.
Im Falle des Satzes 1 Nr. 1 kann das Gericht eine einstweilige Anordnung auch von Amts wegen erlassen.

§ 620a (1) Der Beschluß kann ohne mündliche Verhandlung ergehen.

(2) Der Antrag ist zulässig, sobald die Ehesache anhängig oder ein Ge-
such um Bewilligung des Armenrechts eingereicht ist. Der Antrag kann zu
Protokoll der Geschäftsstelle erklärt werden. Der Antragsteller soll die
Voraussetzungen für die Anordnung glaubhaft machen.

(3) Vor einer Anordnung nach § 620 Satz 1 Nr. 1, 2 oder 3 soll das
Jugendamt angehört werden; ist dies wegen der besonderen Eilbedürftig-
keit nicht möglich, so soll das Jugendamt unverzüglich nach der Anordnung gehört werden. § 1695 Abs. 2 des Bürgerlichen Gesetzbuchs gilt entsprechend.

(4) Zuständig ist das Gericht des ersten Rechtszuges, wenn die Ehesache
in der Berufungsinstanz schwebt, das Berufungsgericht.

§ 620b (1) Das Gericht kann auf Antrag den Beschluß aufheben oder
ändern. Das Gericht kann von Amts wegen entscheiden, wenn die Anordnung die elterliche Gewalt über ein gemeinschaftliches Kind betrifft oder
wenn eine Anordnung nach § 620 Satz 1 Nr. 2 oder 3 ohne vorherige
Anhörung des Jugendamts erlassen worden ist.

(2) Ist der Beschluß oder die Entscheidung nach Absatz 1 ohne mündliche Verhandlung ergangen, so ist auf Antrag auf Grund mündlicher Verhandlung erneut zu beschließen.

(3) Schwebt die Ehesache in der Berufungsinstanz, so ist das Berufungsgericht auch zuständig, wenn das Gericht des ersten Rechtszuges die Anordnung oder die Entscheidung nach Absatz 1 erlassen hat.

§ 620c [Sofortige Beschwerde] Hat das Gericht des ersten Rechtszuges auf Grund mündlicher Verhandlung die elterliche Gewalt über ein gemeinschaftliches Kind geregelt, die Herausgabe des Kindes an den anderen Elternteil angeordnet oder die Ehewohnung einem Ehegatten ganz zugewiesen, so findet die sofortige Beschwerde statt. Im übrigen sind die Entscheidungen nach den §§ 620, 620b unanfechtbar.

§ 620d In den Fällen der §§ 620b, 620c sind die Anträge und die Beschwerde zu begründen; das Gericht entscheidet durch begründeten Beschluß.

§ 620e Das Gericht kann in den Fällen der §§ 620b, 620c vor seiner Entscheidung die Vollziehung einer einstweiligen Anordnung aussetzen.

§ 620f Die einstweilige Anordnung tritt beim Wirksamwerden einer anderweitigen Regelung sowie dann außer Kraft, wenn der Scheidungsantrag oder die Klage zurückgenommen wird oder rechtskräftig abgewiesen ist oder wenn das Eheverfahren nach § 619 in der Hauptsache als erledigt anzusehen ist. Auf Antrag ist dies durch Beschluß auszusprechen. Gegen die Entscheidung findet die sofortige Beschwerde statt.

§ 620g [Kosten] Die im Verfahren der einstweiligen Anordnung entstehenden Kosten gelten für die Kostenentscheidung als Teil der Kosten der Hauptsache; § 96 gilt entsprechend.

Zweiter Titel. Verfahren in anderen Familiensachen

§ 621 [Zuständigkeit] (1) Für Familiensachen, die

1. die Regelung der elterlichen Gewalt über ein eheliches Kind, soweit nach den Vorschriften des Bürgerlichen Gesetzbuchs hierfür das Familiengericht zuständig ist,
2. die Regelung des persönlichen Verkehrs des nicht sorgeberechtigten Elternteils mit dem Kinde,
3. die Herausgabe des Kindes an den anderen Elternteil,
4. die gesetzliche Unterhaltspflicht gegenüber einem ehelichen Kinde,
5. die durch Ehe begründete gesetzliche Unterhaltspflicht,
6. den Versorgungsausgleich,
7. die Regelung der Rechtsverhältnisse an der Ehewohnung und am Hausrat (Verordnung über die Behandlung der Ehewohnung und des Hausrats – Sechste Durchführungsverordnung zum Ehegesetz – vom 21. Oktober 1944, Reichsgesetzbl. I S. 256),

8. Ansprüche aus dem ehelichen Güterrecht, auch wenn Dritte am Verfahren beteiligt sind,

9. Verfahren nach den §§ 1382 und 1383 des Bürgerlichen Gesetzbuchs betreffen, ist das Familiengericht ausschließlich zuständig.

(2) Während der Anhängigkeit einer Ehesache ist das Gericht ausschließlich zuständig, bei dem die Ehesache im ersten Rechtszug anhängig ist oder war. Ist eine Ehesache nicht anhängig, so richtet sich die örtliche Zuständigkeit nach den allgemeinen Vorschriften.

(3) Wird eine Ehesache rechtshängig, während eine Familiensache der in Absatz 1 genannten Art bei einem anderen Gericht im ersten Rechtszug anhängig ist, so ist diese von Amts wegen an das Gericht der Ehesache zu verweisen oder abzugeben. § 276 Abs. 2, 3 Satz 1 gilt entsprechend.

§ 621a [Verfahren]   (1) Für die Familiensachen des § 621 Abs. 1 Nr. 1 bis 3, 6, 7, 9 bestimmt sich, soweit sich aus diesem Gesetz oder dem Gerichtsverfassungsgesetz nichts Besonderes ergibt, das Verfahren nach den Vorschriften des Gesetzes über die Angelegenheiten der freiwilligen Gerichtsbarkeit und nach den Vorschriften der Verordnung über die Behandlung der Ehewohnung und des Hausrats. An die Stelle der §§ 2 bis 6, 8 bis 11, 13, 14, 16 Abs. 2, 3 und des § 17 des Gesetzes über die Angelegenheiten der freiwilligen Gerichtsbarkeit treten die für das zivilprozessuale Verfahren maßgeblichen Vorschriften.

(2) Wird in einem Rechtsstreit über eine güterrechtliche Ausgleichsforderung ein Antrag nach § 1382 Abs. 5 oder nach § 1383 Abs. 3 des Bürgerlichen Gesetzbuchs gestellt, so ergeht die Entscheidung einheitlich durch Urteil. § 629a Abs. 2 gilt entsprechend.

§ 621b   (1) In Familiensachen des § 621 Abs. 1 Nr. 8 soll die Klageschrift, wenn der Streitgegenstand nicht in einer bestimmten Geldsumme besteht, die Angabe des Wertes des Streitgegenstandes enthalten.

(2) Mit der Zustellung der Klageschrift oder, wenn ein Mahnverfahren vorausgegangen ist, mit der ersten Ladung ist der Beklagte auf die Voraussetzungen, unter denen der Anwaltsprozeß stattfindet, und auf das Antragsrecht nach § 78a Abs. 3 Satz 2, 3 hinzuweisen.

(3) Ist der Rechtsstreit als Anwaltsprozeß zu führen, so gelten die Vorschriften über das Verfahren vor den Landgerichten entsprechend.

§ 621c [Zustellung der Urteile]   Die Endentscheidungen in den Familiensachen des § 621 Abs. 1 sind von Amts wegen zuzustellen.

§ 621d [Revision]   (1) Gegen die in der Berufungsinstanz erlassenen Endurteile über Familiensachen des § 621 Abs. 1 Nr. 4, 5, 8 findet die Revision nur statt, wenn das Oberlandesgericht sie in dem Urteil zugelassen hat; § 546 Abs. 1 Satz 2, 3 gilt entsprechend.

(2) Die Revision findet ferner statt, soweit das Berufungsgericht die Berufung als unzulässig verworfen hat.

§ 621e [Beschwerde; weitere Beschwerde]   (1) Gegen die im ersten Rechtszug ergangenen Endentscheidungen über Familiensachen des § 621 Abs. 1 Nr. 1 bis 3, 6, 7, 9 findet die Beschwerde statt.

(2) In den Familiensachen des § 621 Abs. 1 Nr. 1 bis 3, 6 findet die weitere Beschwerde statt, wenn das Oberlandesgericht sie in dem Beschluß zugelassen hat; § 546 Abs. 1 Satz 2, 3 gilt entsprechend. Die weitere Beschwerde findet ferner statt, soweit das Oberlandesgericht die Beschwerde als unzulässig verworfen hat. Die weitere Beschwerde kann nur darauf gestützt werden, daß die Entscheidung auf einer Verletzung des Gesetzes beruht.

(3) Die Beschwerde wird durch Einreichung der Beschwerdeschrift bei dem Beschwerdegericht eingelegt. Die §§ 516, 517, 519 Abs. 1, 2, §§ 552, 554 Abs. 1, 2, § 577 Abs. 3 gelten entsprechend.

(4) Für die weitere Beschwerde müssen die Beteiligten sich durch einen beim Bundesgerichtshof zugelassenen Rechtsanwalt als Bevollmächtigten vertreten lassen.

§ 621f [Kostenvorschuß] (1) In einer Familiensache des § 621 Abs. 1 Nr. 1 bis 3, 6 bis 9 kann das Gericht auf Antrag durch einstweilige Anordnung die Verpflichtung zur Leistung eines Kostenvorschusses für dieses Verfahren regeln.

(2) Die Entscheidung nach Absatz 1 ist unanfechtbar. Im übrigen gelten die §§ 620a bis 620g entsprechend.

Dritter Titel. Scheidungs- und Folgesachen

§ 622 [Anhängigkeit] (1) Das Verfahren auf Scheidung wird durch Einreichung einer Antragsschrift anhängig.

(2) Die Antragsschrift muß vorbehaltlich des § 630 Angaben darüber enthalten, ob
1. gemeinschaftliche minderjährige Kinder vorhanden sind,
2. ein Vorschlag zur Regelung der elterlichen Gewalt unterbreitet wird,
3. Familiensachen der in § 621 Abs. 1 bezeichneten Art anderweitig anhängig sind.
Im übrigen gelten die Vorschriften über die Klageschrift entsprechend.

(3) Bei der Anwendung der allgemeinen Vorschriften treten an die Stelle der Bezeichnungen Kläger und Beklagter die Bezeichnungen Antragsteller und Antragsgegner.

§ 623 [Folgesachen] (1) Soweit in Familiensachen des § 621 Abs. 1 eine Entscheidung für den Fall der Scheidung zu treffen ist und von einem Ehegatten rechtzeitig begehrt wird, ist hierüber gleichzeitig und zusammen mit der Scheidungssache zu verhandeln und, sofern dem Scheidungsantrag stattgegeben wird, zu entscheiden (Folgesachen). Wird bei einer Familiensache des § 621 Abs. 1 Nr. 8 ein Dritter Verfahrensbeteiligter, so wird diese Familiensache abgetrennt.

(2) Das Verfahren muß bis zum Schluß der mündlichen Verhandlung erster Instanz in der Scheidungssache anhängig gemacht sein. Satz 1 gilt entsprechend, wenn die Scheidungssache nach § 629b an das Gericht des ersten Rechtszuges zurückverwiesen ist.

(3) Für die Regelung der elterlichen Gewalt über ein gemeinschaftliches Kind und für die Durchführung des Versorgungsausgleichs in den Fällen des § 1587b des Bürgerlichen Gesetzbuchs bedarf es keines Antrags. Eine Regelung des persönlichen Verkehrs mit dem Kinde soll im allgemeinen nur ergehen, wenn ein Ehegatte dies anregt.

(4) Die vorstehenden Vorschriften gelten auch für Verfahren, die nach § 621 Abs. 3 an das Gericht der Ehesache übergeleitet worden sind, soweit eine Entscheidung für den Fall der Scheidung zu treffen ist.

§ 624 (1) Die Vollmacht für die Scheidungssache erstreckt sich auf die Folgesachen.

(2) Eine Bewilligung des Armenrechts für die Scheidungssache erstreckt sich auf die Folgesachen, soweit sie nicht ausdrücklich ausgenommen werden.

(3) Die Vorschriften über das Verfahren vor den Landgerichten gelten entsprechend, soweit in diesem Titel nichts Besonderes bestimmt ist.

(4) Vorbereitende Schriftsätze, Ausfertigungen oder Abschriften werden am Verfahren beteiligten Dritten nur insoweit mitgeteilt oder zugestellt, als das mitzuteilende oder zuzustellende Schriftstück sie betrifft. Dasselbe gilt für die Zustellung von Entscheidungen an Dritte, die zur Einlegung von Rechtsmitteln berechtigt sind.

§ 625 [Beiordnung eines Anwalts] (1) Hat in einer Scheidungssache der Antragsgegner keinen Rechtsanwalt als Bevollmächtigten bestellt, so ordnet das Prozeßgericht ihm von Amts wegen zur Wahrnehmung seiner Rechte im ersten Rechtszug hinsichtlich des Scheidungsantrags und der Regelung der elterlichen Gewalt über ein gemeinschaftliches Kind einen Rechtsanwalt bei, wenn diese Maßnahme nach der freien Überzeugung des Gerichts zum Schutz des Antragsgegners unabweisbar erscheint; § 116b Abs. 1 Satz 1, Abs. 3 gilt sinngemäß. Vor einer Beiordnung soll der Antragsgegner persönlich gehört und dabei besonders darauf hingewiesen werden, daß die Familiensachen des § 621 Abs. 1 gleichzeitig mit der Scheidungssache verhandelt und entschieden werden können.

(2) Der beigeordnete Rechtsanwalt hat die Stellung eines Beistandes.

§ 626 [Zurücknahme des Scheidungsantrags] (1) Wird ein Scheidungsantrag zurückgenommen, so gilt § 271 Abs. 3 auch für die Folgesachen. Erscheint die Anwendung des § 271 Abs. 3 Satz 2 im Hinblick auf den bisherigen Sach- und Streitstand in den Folgesachen der in § 621 Abs. 1 Nr. 4, 5, 8 bezeichneten Art als unbillig, so kann das Gericht die Kosten anderweitig verteilen. Das Gericht spricht die Wirkungen der Zurücknahme auf Antrag eines Ehegatten aus.

(2) Auf Antrag einer Partei ist ihr durch Beschluß vorzubehalten, eine Folgesache als selbständige Familiensache fortzuführen. Der Beschluß bedarf keiner mündlichen Verhandlung. In der selbständigen Familiensache wird über die Kosten besonders entschieden.

§ 627 [Abweichung vom Vorschlag der Ehegatten] (1) Beabsichtigt das Gericht, von einem übereinstimmenden Vorschlag der Ehegatten zur Regelung der elterlichen Gewalt über ein gemeinschaftliches Kind abzuweichen, so ist die Entscheidung vorweg zu treffen.

(2) Über andere Folgesachen und die Scheidungssache wird erst nach Rechtskraft des Beschlusses entschieden.

§ 628 (1) Das Gericht kann dem Scheidungsantrag vor der Entscheidung über eine Folgesache stattgeben, soweit

1. in einer Folgesache nach § 621 Abs. 1 Nr. 6 oder 8 vor der Auflösung der Ehe eine Entscheidung nicht möglich ist,

2. in einer Folgesache nach § 621 Abs. 1 Nr. 6 das Verfahren ausgesetzt ist, weil ein Rechtsstreit über den Bestand oder die Höhe einer auszugleichenden Versorgung vor einem anderen Gericht anhängig ist, oder

3. die gleichzeitige Entscheidung über die Folgesache den Scheidungsausspruch so außergewöhnlich verzögern würde, daß der Aufschub auch unter Berücksichtigung der Bedeutung der Folgesache eine unzumutbare Härte darstellen würde.

Hinsichtlich der übrigen Folgesachen bleibt § 623 anzuwenden.

(2) Will das Gericht nach Absatz 1 dem Scheidungsantrag vor der Regelung der elterlichen Gewalt über ein gemeinschaftliches Kind stattgeben, so trifft es, wenn hierzu eine einstweilige Anordnung noch nicht vorliegt, gleichzeitig mit dem Scheidungsurteil eine solche einstweilige Anordnung.

§ 629 (1) Ist dem Scheidungsantrag stattzugeben und gleichzeitig über Folgesachen zu entscheiden, so ergeht die Entscheidung einheitlich durch Urteil.

(2) Absatz 1 gilt auch, soweit es sich um ein Versäumnisurteil handelt. Wird hiergegen Einspruch und auch gegen das Urteil im übrigen ein Rechtsmittel eingelegt, so ist zunächst über den Einspruch und das Versäumnisurteil zu verhandeln und zu entscheiden.

(3) Wird ein Scheidungsantrag abgewiesen, so werden die Folgesachen gegenstandslos. Auf Antrag einer Partei ist ihr in dem Urteil vorzubehalten, eine Folgesache als selbständige Familiensache fortzusetzen. § 626 Abs. 2 Satz 3 gilt entsprechend.

§ 629a (1) Gegen Urteile des Berufungsgerichts ist die Revision nicht zulässig, soweit darin über Folgesachen der in § 621 Abs. 1 Nr. 7 oder 9 bezeichneten Art erkannt ist.

(2) Soll ein Urteil nur angefochten werden, soweit darin über Folgesachen der in § 621 Abs. 1 Nr. 1 bis 3, 6, 7, 9 bezeichneten Art erkannt ist, so ist § 621e entsprechend anzuwenden. Wird nach Einlegung der Beschwerde auch Berufung oder Revision eingelegt, so gelten § 623 Abs. 1, § 629 Abs. 1 entsprechend.

§ 629b [Aufhebung des Scheidungsurteils] (1) Wird ein Urteil aufgehoben, durch das der Scheidungsantrag abgewiesen ist, so ist die Sache an das Gericht zurückzuverweisen, das die Abweisung ausgesprochen hat, wenn bei diesem Gericht eine Folgesache zur Entscheidung ansteht. Dieses Gericht hat die rechtliche Beurteilung, die der Aufhebung zugrunde gelegt ist, auch seiner Entscheidung zugrunde zu legen.

(2) Das Gericht, an das die Sache zurückverwiesen ist, kann, wenn gegen das Aufhebungsurteil Revision eingelegt wird, auf Antrag anordnen, daß über die Folgesachen verhandelt wird.

§ 629c Wird eine Entscheidung auf Revision oder weitere Beschwerde teilweise aufgehoben, so kann das Gericht auf Antrag einer Partei die Entscheidung auch insoweit aufheben und die Sache zur anderweitigen Verhandlung und Entscheidung an das Berufungs- oder Beschwerdegericht zurückverweisen, als dies wegen des Zusammenhangs mit der aufgehobenen Entscheidung geboten erscheint.

§ 629d [Rechtskraft] Vor der Rechtskraft des Scheidungsausspruchs werden die Entscheidungen in Folgesachen nicht wirksam.

§ 630 [Einverständlicher Scheidungsantrag] (1) Für das Verfahren auf Scheidung nach § 1565 in Verbindung mit § 1566 Abs. 1 des Bürgerlichen Gesetzbuchs muß die Antragsschrift eines Ehegatten auch enthalten:

1. die Mitteilung, daß der andere Ehegatte der Scheidung zustimmen oder in gleicher Weise die Scheidung beantragen wird;
2. den übereinstimmenden Vorschlag der Ehegatten zur Regelung der elterlichen Gewalt über ein gemeinschaftliches Kind und über die Regelung des persönlichen Verkehrs des nicht sorgeberechtigten Elternteils mit dem Kinde;
3. die Einigung der Ehegatten über die Regelung der Unterhaltspflicht gegenüber einem Kinde, die durch die Ehe begründete gesetzliche Unterhaltspflicht sowie die Rechtsverhältnisse an der Ehewohnung und am Hausrat.

(2) Die Zustimmung zur Scheidung kann bis zum Schluß der mündlichen Verhandlung, auf die das Urteil ergeht, widerrufen werden. Die Zustimmung und der Widerruf können zu Protokoll der Geschäftsstelle oder in der mündlichen Verhandlung zur Niederschrift des Gerichts erklärt werden.

(3) Das Gericht soll dem Scheidungsantrag erst stattgeben, wenn die Ehegatten über die in Absatz 1 Nr. 3 bezeichneten Gegenstände einen vollstreckbaren Schuldtitel herbeigeführt haben.

Vierter Titel. Verfahren auf Nichtigerklärung und auf Feststellung des Bestehens oder Nichtbestehens einer Ehe

§ 631 [Nichtigkeitsklage] Für die Nichtigkeitsklage gelten die in den nachfolgenden Paragraphen enthaltenen besonderen Vorschriften.

§ 632 [Klagegegner] (1) Die Nichtigkeitsklage des Staatsanwalts ist gegen beide Ehegatten und, wenn einer von ihnen verstorben ist, gegen den überlebenden Ehegatten zu richten. Die Nichtigkeitsklage des einen Ehegatten ist gegen den anderen zu richten.

(2) Im Falle der Doppelehe ist die Nichtigkeitsklage des Ehegatten der früheren Ehe gegen beide Ehegatten der späteren Ehe zu richten.

§ 633 [Klagenverbindung] (1) Mit der Nichtigkeitsklage kann nur eine Klage auf Feststellung des Bestehens oder Nichtbestehens einer Ehe zwischen den Parteien verbunden werden.

(2) Eine Widerklage ist nur statthaft, wenn sie eine Nichtigkeitsklage oder eine Feststellungsklage der im Absatz 1 bezeichneten Art ist.

§ 634 [Befugnisse des Staatsanwalts] Der Staatsanwalt kann, auch wenn er die Klage nicht erhoben hat, den Rechtsstreit betreiben, insbesondere selbständig Anträge stellen und Rechtsmittel einlegen.

§ 635 [Versäumnisurteil] Das Versäumnisurteil gegen den im Termin zur mündlichen Verhandlung nicht erschienenen Kläger ist dahin zu erlassen, daß die Klage als zurückgenommen gelte.

§ 636 [Tod eines Ehegatten] Hat der Staatsanwalt die Nichtigkeitsklage zu Lebzeiten beider Ehegatten erhoben, so ist, wenn ein Ehegatte stirbt, § 619 nicht anzuwenden. Das Verfahren wird gegen den überlebenden Ehegatten fortgesetzt.

§ 636a [Rechtskraft] Das auf eine Nichtigkeitsklage ergehende Urteil wirkt, wenn es zu Lebzeiten beider Ehegatten oder, falls der Staatsanwalt die Nichtigkeitsklage erhoben hatte, des Längstlebenden von ihnen rechtskräftig geworden ist, für und gegen alle.

§ 637 [Kosten] In den Fällen, in denen der als Partei auftretende Staatsanwalt unterliegt, ist die Staatskasse zur Erstattung der dem obsiegenden Gegner erwachsenen Kosten nach den Vorschriften des fünften Titels des zweiten Abschnitts des ersten Buchs zu verurteilen.

§ 638 [Feststellungsklage] Die Vorschriften der §§ 633 bis 635 gelten für eine Klage, welche die Feststellung des Bestehens oder Nichtbestehens einer Ehe zwischen den Parteien zum Gegenstand hat, entsprechend. Das Urteil, durch welches das Bestehen oder Nichtbestehen der Ehe festgestellt wird, wirkt, wenn es zu Lebzeiten beider Parteien rechtskräftig geworden ist, für und gegen alle.

Sachregister

Die Ziffern verweisen auf die Seiten

Goldmann Verlag München